Hubertus von Schoenebeck

Kinder sind wunderbar!

Unterstützen statt erziehen

W0059500

Herausgeber
AMICATION – Förderkreis e.V.
Münster 2023

Druck und Herstellung: BoD – Books on Demand, Norderstedt
Foto: Hubertus v. Schoenebeck

www.amication.de

ISBN 978-3-88739-034-1

Buch

Eltern lieben ihre Kinder – und erziehen sie?

Im Land jenseits der Erziehung müssen Kinder nicht erst zu richtigen Menschen gemacht (erzogen) werden. Sie tragen *von Geburt an* die Würdekrone des vollwertigen, ja selbstverantwortlichen Menschen auf dem Kopf und in der Seele – nicht erst mit achtzehn Jahren.

Und wenn diese wunderbaren Kronenwesen dann mit acht Monaten in die Steckdose fassen wollen? Mit drei Jahren keine Dreckstiefel ausziehen? Mit fünf den x-ten Schokohasen von der Oma essen? Mit zwölf die Zigarette nicht ausmachen? Mit siebzehn von der Party nicht nach Hause kommen?

Allen Alltagsproblemen lässt sich mit einer Beziehung ohne pädagogische Übergriffigkeit (»Sieh das ein!«) begegnen. Ein Nein ist und bleibt ein Nein – nur dass die Würde von Kindern und Eltern dabei nicht auf der Strecke bleiben muss.

In großer Breite und Tiefe wird das postpädagogische Projekt »Unterstützen statt erziehen« vorgestellt. Es gilt nicht nur in Bezug auf Kinder – auch Eltern brauchen nicht bessere Mütter und Väter zu werden. Sie sind wie ihre Kinder wunderbar, können sich lieben, so wie sie sind, und müssen gar nichts!

Der erste Teil des Buches enthält die Grundlagen und ist leicht verständlich, mit humorvoller Fantasie und bunten Sprachbildern geschrieben. Der zweite Teil besteht aus vielen anschaulichen Beispielen und eigenen Erlebnissen des Autors.

Autor

Ich – Dr. phil. Hubertus von Schoenebeck – wurde 1947 geboren und bin Vater und Großvater.

Ich war Mitte zwanzig, als ich nach einem Jurastudium Kindern im Zuge der Lehrerausbildung wieder begegnete. Ich ging auf sie zu wie früher in meiner Kindheit – auf gleicher Augenhöhe. Das sollte aber nicht sein: Erziehung und Menschenbildung waren die selbstverständliche Norm. Nach einem Jahr Lehrersein war mir klar geworden, was die traditionelle Erziehung bei den Kindern, in ihrem Herzen und in ihrer Seele anrichtet.

Ich suchte nach einem neuen Weg, verließ die Schule und führte eine wissenschaftliche Studie mit Kindern über »erziehungsfreie Kommunikation« durch. Ich diskutierte in Kalifornien mit Carl R. Rogers meine Forschungsergebnisse und promovierte darüber 1980 an der Universität Osnabrück zum Dr. phil.

Ich wusste nun, dass »Unterstützen statt erziehen« gelingt, dass es konstruktiv ist und Eltern und Kindern hilft. Ich ging in die Erwachsenenbildung, um Eltern und pädagogischen Fachleuten davon zu berichten. Seit über 40 Jahren bin ich als Referent an Universitäten, Bildungsstätten, Kindergärten und Schulen im In- und Ausland mit bisher über 2000 Veranstaltungen tätig und habe zahlreiche Bücher publiziert.

Für meine Kinder und Enkelkinder

Inhalt

Einführung

Guten Tag und herzlich willkommen!

Heutzutage werden die vielfältigsten gesellschaftlichen Gruppen mit einer neuartigen Perspektive in den Blick genommen: Sie werden in ihrer Eigenständigkeit wahrgenommen und geachtet. Man bemüht sich, die anderen von innen heraus zu verstehen – so wie diese sich selbst sehen. Kann sich ein solcher Perspektivenwechsel auch auf Kinder beziehen? Ich meine ja, und wenn wir uns darauf einlassen, gelangen wir zu einer neuen Welt des Zusammenseins mit den Kindern.

Schon seit über 40 Jahren schreibe ich hierüber Bücher, halte Vorträge und stelle meine Sicht auf Kinder vor: damals eine revolutionäre Idee, die sich nun in die heutige Diversitätsdebatte und allgemeine Umorientierung einfügt.

Der Vortrag

Meine Vorträge heißen »Kinder sind wunderbar! Unterstützen statt erziehen«. Vor einiger Zeit hatte ich die Idee, meine frei gehaltenen Vorträge einmal zu Papier zu bringen. Dabei geht es mir so wie den Gebrüdern Grimm, als sie die mündlich überlieferten Märchen aufzuzeichnen begannen: die Märchen verloren dadurch ihre besondere Dynamik. Auch meine Vorträge wollen ja erzählt und gehört, wollen erlebt sein – wie die Märchen. Ich erzähle bei jedem Vortrag dieselbe Geschichte, seit Jahr und Tag. Aber immer wieder ein wenig verschieden und aus der Situation heraus, vor diesen Eltern so, vor jenen anders.

Und ich bin im Erzählen auch mitreißend und magisch. Eben wie ein richtiger Märchenerzähler. Wenn ich meine Geschichte

aufschreibe, verliert sie dann ihre Lebendigkeit und Kraft? Tja –
aber! Es hat ja auch etwas, ein Märchen zu *lesen*. Alles in eigenem
Tempo aufzunehmen und in die eigene Vorstellungswelt zu ziehen. Aktiv zu sein als Leserin und Leser statt passiv zu sein als
Zuhörerin und Zuhörer. Das ist schon gut so. Außerdem geht
meine Geschichte auch nicht verloren, wenn ich sie aufschreibe.

In meinen Vorträgen nehme ich meine Zuhörer – die Eltern
und Fachleute – mit in meine Welt. Ich mache es behutsam und
knüpfe erst einmal dort an, wo meine Zuhörer und Sie, liebe
Leserin und lieber Leser, sich auskennen. Ich gebrauche viele
Sprachbilder und bin mit Humor und manchmal auch etwas
surreal unterwegs. Dann nimmt es Fahrt auf, und Klarheit und
Wahrheit fordern wie meine Zuhörer auch Sie mehr und mehr
heraus. Die Botschaft nimmt Gestalt an.

Ich versuche so zu schreiben, wie ich vor dem Publikum spreche: frei und einfach drauflos. Also schreibe ich drauflos. An
den Abenden erzähle ich immer zügig ohne Punkt und Komma
und ohne Pause. So wie jedes Märchen bis zum Schluss ohne
abzusetzen erzählt sein will. Fragen? Die beantworte ich dann
nach dem Vortrag.

Ich mache es hier aber doch etwas anders als beim Erzählen, ein
Buch ist ja auch etwas anderes als ein Vortrag. Beim freien Vortrag fliegt es so dahin, aber jetzt lese ich meinen Text oft durch
und verfeinere ihn, hier etwas weg und dort etwas hin. Es soll alles gut lesbar sein, aber doch seinen Vortragscharakter behalten.

Außerdem habe ich mir gesagt, dass ich im Buch ja auch *alle* Gedanken und Bilder versammeln kann, was in dieser Fülle einen
Vortragsabend überladen würde. An den Abenden gibt es immer
eine spontane Auswahl. Aber nun ist alles hier, und das freut
mich einfach.

Von Umsetzung und Praxis

Nach dem Vortrag werden viele Fragen gestellt. Zu allem und jedem, besonders zur Umsetzung und zur Praxis. Auf die Fragen gehe ich dann gerne und mit Geduld ein. Ich weiß ja, dass vieles von dem, was ich erzähle, für meine Zuhörerinnen und Zuhörer ungewohnt oder auch ganz neu ist und leicht entgleitet. Es ist alles doch recht mächtig.

Ich denke, dass auch Sie, liebe Leserin und lieber Leser, solche Fragen haben und gespannt sind, welche Antworten ich gebe.

Auf den Vortragsabenden gebe ich meine Antworten direkt. Hier im Buch habe ich mir mehr Zeit genommen und am Schreibtisch über Zusammenhänge nachsinnen und in die Tiefe gehen können.

Um Ihnen auch einen kleinen Einblick in meine eigene Praxis zu geben, stelle ich dann einige meiner Erlebnisse mit Kindern vor, ergänzt mit Erlebnisberichten aus meiner Studie mit Kindern.

Es wird immer wieder einmal die Frage gestellt: »Wie sind Sie dazu gekommen, so über Kinder zu denken? Hat das etwas mit Ihrer Kindheit zu tun?« Ich antworte dann offen und persönlich, und das soll der Schlusspunkt des Buches sein.

Prolog und Epilog

Prolog und Epilog handeln vom Honig. Beide Teile umspannen den Buchinhalt – Sie werden es verstehen.

Anhang

Zwei Wegmarken geben Auskunft über meinen Hintergrund:
Die *Postmoderne* und die *Frage nach Gut und Böse*. Ich stelle
meine Überlegungen hierzu ausführlich im Anhang vor.

Amication

Meine Ideenwelt trägt den Fachausdruck »Amication«. Den Begriff habe ich mir überlegt, um meiner Sichtweise einen eigenen
Namen zu geben. Amication bedeutet so viel wie Freundschaft-
lichkeit und ist abgeleitet von dem lateinischen Wort »amicus«,
Freund. Es geht um eine besondere, eine freundliche und freund-
schaftliche Beziehung zu Kindern, zu sich selbst und zur Welt.

*

Nun gut. Ich freue mich, wenn Sie mit meinen Ideen etwas anfangen können. Der Unterstützen-statt-erziehen-Kosmos hat
mich mein Leben lang begleitet, und es kamen immer Menschen,
die meine Ideenwelt befreit und glücklich gemacht hat. Das Buch
ist eine Einladung zur Empathie: Lassen Sie sich verzaubern und
kommen Sie mit!

Herzliche Grüße!
Ihr
Hubertus von Schoenebeck

Prolog

Honig, pures Glück

»Hast Du genascht?«

Das Honigglas steht auf dem Tisch vor mir, es ist offen, der Deckel liegt auf dem Tisch. Der Finger, der eben noch süß im Mund war, ist blitzschnell verborgen in der anderen Hand. Ich bin gelähmt, erstarrt. Die Sonne, das Licht, die Bienen, der Garten draußen mit all den Blumen und den Düften, die klangvolle Sommerwelt: aus. Eine dunkle Wolke dringt von der Stimme des Großen hinter mir in die Küche.

»Ich sehe doch, dass Du genascht hast!«

Ich will all das schützen, bewahren, bergen. All das, was gut, heilig, schön, prächtig, liebevoll ist. Den Honig im Glas, die zigtausend Bienen, die mir ihr Geschenk gemacht haben, die Freude, die vom Mund aus in mich hineinzieht, der erfüllte Wunsch, die Verheißung: Du kannst glücklich sein. Honig, pures Glück.

»Nein.«

Ich will mir das nicht entreißen lassen, wegstehlen lassen, schlechtreden lassen. Ich bin im Rosenland unterwegs, im Honigland, im Lichtland. Diese verhexende Dunkelheit in meinem Rücken, ich spüre ja, wie sie stärker wird, der Schicksalstornado rast heran. Ich kenne das ja, ich werde mitgerissen werden, zerschellt irgendwo stranden, zerschlagen, gedemütigt, herabgesetzt, vertrieben.

»Zeig her!«

Die Finger der Bergehand werden aufgestemmt, der Honigfinger triumphierend hochgerissen, Beweis meiner Unartigkeit, Türöffner für die folgende Seelenfingerei. Grenzüberschreitung, Willkür, Gehirnwäsche. Ich bin chancenlos, ich bin ausgeliefert, mein Herz, meine Seele, meine Liebe: beiseite gestoßen, Pech und Schwefel über mich.

*

»Hast Du genascht?«

Ich fahre erschrocken hoch … und weiß mich doch geborgen. Klar habe ich genascht, wie die Großen das nennen. Ich bin dem Honig gefolgt, der Einladung der Bienen, des Lichts und des Lebens, des Sommers und der Blumen. Er steht uns Kindern zu, dieser Honig, ein Finger voll, viele Finger, das ganze Glas. Die Wucht der Richtigkeit meines Seins und die Wahrheit des Honigs tragen mich. Die Stimme des Mädchens hinter mir schwingt ein, sie ist so süß wie der Honig im Glas.

»Willst Du auch?«

Schnelle Schritte, Einverständnis der Herzen, leuchtende Augen, wir lachen, und es tut gut. So viel Friede, so viel Freude. So viel Vertrauen, so viel In-die-Seele-Sehen. Ja, wir sind auch verschmitzt. Wir wissen schon, was die Großen davon halten. Aber sie sind fern, wir sind geschützt durch die Macht des Honigs und durch unseren Glauben an uns selbst. Wir schließen das Glas, klettern durchs Fenster und laufen in unser Glück.

I

Der Vortrag
»Kinder sind wunderbar!
Unterstützen statt erziehen«

Grundlage Nummer eins

Guten Tag, schön, dass Sie da sind. Mein Name ist Hubertus von Schoenebeck, ich bin Ihr Referent heute Abend. »Kinder sind wunderbar!« ist unser Thema. Mal sehen, ob das alles auch so stimmt, dieses »wunderbar«.

Wenn die Kinder abends im Bett sind und schlafen – dann kommt das schöne Gefühl wieder, dass sie eigentlich doch wunderbar sind, die Kinder. Aber tagsüber kann das schon ganz schön anstrengend sein, alles sehr zickig. Wenn sie nicht tun, was sie tun sollen. Und was man ihnen zum hundertsten Mal gesagt hat.

Damit das Gefühl, dass sie eigentlich doch wunderbar sind, nicht erst abends wieder auftaucht, sondern schon eher, vielleicht eine Viertelstunde vor dem Einschlafen oder auch mal zwischendurch, dafür bin ich heute Abend da. Damit Sie den wunderbaren Blick auf Ihre Kinder nicht so leicht verlieren.

Im Programm steht auch etwas von »Unterstützen statt erziehen«. Das haben Sie vielleicht überlesen, vielleicht hat es Sie aber auch angelockt. Und auch von einer Beziehung auf gleicher Augenhöhe steht etwas im Programm. Davon werde ich ausführlich berichten.

Ich möchte zunächst etwas zu meiner Person sagen. Ich habe sechs erwachsene Kinder, drei Mädchen und drei Jungen. Und ich habe neun Enkelkinder. Ich habe das Erziehungsgeschäft also hinter mir. Aber ich werde auch immer wieder als Großvater zum Babysitten eingeladen und mache mit den Enkeln Tagesausflüge. Ich bin also noch etwas im aktiven und konkreten Alltag mit Kindern unterwegs.

Ich will Ihnen das Thema der wunderbaren Kinder mit einem biographischen Bericht nahebringen. Ich erzähle zunächst davon, wie ich zu dem »Unterstützen statt erziehen« gekommen bin.

Nun: Ich habe nach meiner eigenen Kindheit die Kinder zufällig wiedergefunden, ich bin sozusagen über sie gestolpert. Ich hatte nach dem Abitur Jura studiert. Das war mir aber nach einer Weile nicht mehr recht. Dann wollte ich Physik studieren. Physik war mein Lieblingsfach in der Schule.

Aber ein Physikstudium kam mir irgendwie zu schwer vor. Ich erhielt einen Tipp aus dem Freundeskreis: »Werde doch Physiklehrer, das ist kein so schwieriges Studium. Da hast Du dann Deine Experimente und Geräte.«

Mal abgesehen davon, ob ein Lehrerstudium wirklich leichter ist als ein Physikstudium, habe ich zu den Freunden gesagt: »Da sind doch Kinder dabei.« »Kinder? Das kann jeder«, war die Antwort. »Na gut«, sagte ich zu mir, »Kinder kann jeder.« Ich dachte mir nichts Böses und begann das Lehramtsstudium.

Ich hatte mit Kindern also nichts Besonderes im Sinn. Ich wollte auch nicht, wie es damals durchaus üblich war, durch die Arbeit mit Kindern an der Verbesserung der Welt arbeiten. Ich wollte nur irgendein halbwegs interessantes Hochschulstudium machen, meinetwegen also Lehramt.

Und Kinder kommen an der Uni nicht vor. Nicht leibhaftig, nur als Papierwesen in den Büchern. Kinder waren kein Problem, nicht in Sicht und nicht im Blick. Dann aber kamen die ersten Kinder wieder in mein Leben.

Ein Lehrer hatte uns Studenten eingeladen, wir könnten doch mal seinen Unterricht besuchen. Wir da hin. Und wenn man in der großen Pause über den Schulhof geht – da sind sie dann, diese Papierwesen, lebendig, wild und leibhaftig.

Das kannte ich ja von meiner eigenen Schulzeit. Das Tohuwabohu, den Lärm, die Emotionen, das Chaos des Schulhofs. »Worauf hast Du Dich denn da bloß eingelassen? Wie willst Du diese Rasselbande jemals bändigen?« Ich war erstaunt, belustigt und ganz schön irritiert.

Wir saßen in der Klasse, hinten, in der Besucherreihe. Die Kinder waren erstaunlicherweise ruhig, vielleicht weil Besuch da war. Vor uns also die Kinder. Sie waren konzentriert und aufmerksam – wenn der Lehrer mit ihnen sprach. Mit dem jeweiligen Kind sprach. Wenn er sich einem anderen Kind an einem anderen Tisch zuwendete, waren sie – ganz woanders: im richtigen Leben, im wahren Leben!

Und das spielte sich unter dem Tisch ab. Was der Lehrer nicht sehen konnte, weil die Tische im Unterschied zu heute vorn eine Blende hatten. Was man aber gut sehen kann, wenn man hinten sitzt. Da hat man einen unverstellten Blick auf das, was sich unter dem Tisch abspielt. Und da gab es Micky Maus und Co, Zettelchen und sonst was. Das gab mir zu denken: Wenn ich einmal mit Kindern arbeite und unterrichte, sollten sie wirklich dabei sein und nicht sonst wo mit ihren Gedanken.

»Man müsste zu den Kindern doch erst einmal richtigen Kontakt herstellen, ehe man sie mit den Unterrichtsinhalten konfrontiert«, war dann auch mein Statement in der Nachbesprechung. »Die tun doch nur so als ob und sind unterm Tisch zugange.«

Das war für alle eine witzige Bemerkung. Jeder kennt das ja aus der eigenen Schulzeit. Es war witzig, nicht wichtig.

Wichtig, bekam ich zu hören, waren die Ziele des Unterrichts. Sie stehen in den Lehrplänen. Ob der Lehrer seine Ziele erreicht hatte? Und wichtig war der Weg dahin. Welche Methode hatte der Lehrer ausgesucht? Frontalunterricht? Gruppenarbeit? Stillarbeit? Mir war aber wichtig, ob ein wirklicher Kontakt hergestellt wurde, ehe es losging und während es lief.

Ich merkte, dass Ziele und Wege für den Umgang mit Kindern wichtig sind. Nicht nur in der Schule, sondern überhaupt, auch für Eltern. Die Ziele für Eltern? Sind klar. Es gibt zwar keine Lehrpläne für Eltern, aber es herrscht doch Einigkeit darüber, wohin die Reise gehen soll.

Was die Kinder können sollen, wenn sie groß sind: Sie sollen sich einigermaßen benehmen können, ein bisschen sozial engagiert sein, einen vernünftigen Schulabschluss machen, nicht zu viel Alkohol, keine Drogen und so weiter und so fort. Die Ziele sind klar.

Die Frage nach den Wegen »Wie erreiche ich diese Ziele bei den Kindern?« aber ist das Problem. Wie soll man das machen, dass es gelingt, dass die Kinder gelingen? Lange Leine, mittlere Leine, kurze Leine?

Autoritär, autoritativ, antiautoritär, laissez-faire, demokratisch-partnerschaftlich, emanzipatorisch, egalitär, permissiv, christlich, Montessori, Waldorf? Meine Güte! Was ist der richtige Weg zu den Kindern? Jeder hat da seine eigene Antwort, doch das Problem ist riesig.

Mir ging aber etwas anderes durch den Kopf. Nicht die Ziele – die waren eh klar – oder die Wege – die waren kompliziert und strittig – waren mein Problem, sondern die Basis des Ganzen: Was sind Kinder eigentlich für Wesen? Anthropologische Grundfrage: »Wer bist Du?«

Darauf gab es keine Antwort, Ziele und Wege waren wichtig. Wenn mich interessierte, was Kinder sind, sollte ich in die Bücher gucken. Und das tat ich. Da gab es viele berühmte Fachleute: Montessori, Pestalozzi, Rousseau und wie sie alle heißen.

Aber es gab keine Antwort auf meine Frage: »Was sind Kinder für Wesen?« Stattdessen fand ich in den Büchern, dass alle Fachleute von zwei Grundgrößen ausgingen, die für den Umgang mit Kindern wichtig und entscheidend sind.

Erstens: die Liebe zum Kind. Das stand in jedem Text, auf jeder Seite. Nicht in Worten, denn es gibt keine Bücher darüber, wie man Kinder liebt, und auch keine Kapitel dazu. Sondern zwischen den Zeilen. Unübersehbar. Jedenfalls: Die Autoren liebten Kinder.

Was ja nicht selbstverständlich ist, wie ich fand. Im Umgang mit Kindern ist gar nichts selbstverständlich. Kinder lieben? Das kann man auch ganz anders sehen. Nämlich so: »Nein, Kinder will ich in meinem Leben nicht haben. Die sind viel zu anstrengend, die machen Krach, die kosten Nerven, Zeit und Geld.« Wäre eine Position.

Oder: »Kinder? Prima, die können für mich arbeiten. Die knüpfen mit ihren kleinen Händen viel schönere Teppiche, die holen Kohle aus Stollen, in die Erwachsene gar nicht reinpassen.« Man kann Kinder ausbeuten und sonst was mit ihnen anstellen. Man muss Kinder nicht lieben. Aber man kann.

Die Autoren der Pädagogik liebten Kinder, das war klar. Eltern lieben ihre Kinder, das war auch klar. Also, lernte ich, Grundlage Nummer eins für den Umgang mit Kindern: Die Liebe zum Kind.

Ich prüfte mich: »Liebst Du Kinder?« Tja, das war für einen Studenten wie mich, Mitte zwanzig, viel zu hoch gestochen. Eigene hatte ich nicht, und Kinder lieben? Na ja, ich weiß nicht, da gab es gruselige Seltsamkeiten. Aber das mit der Liebe war wohl wichtig, wenn man als Lehrer mit Kindern arbeitet.

Ich sagte mir dann: »Die sind mir ja nicht unsympathisch, das mit der Liebe kriege ich irgendwie hin.« Und machte da mal einen Haken daran. Liebe? Passt schon.

Verantwortung

Die zweite Grundgröße kam gleich hinterher: Verantwortung. Liebe und Verantwortung sind eine Einheit, gehören zusammen. Wer Kinder liebt, der ist auch für sie verantwortlich. Also: kann ich die Verantwortung für Kinder übernehmen? Eltern sind für alles und jedes verantwortlich, richtige Ernährung, richtige Kleidung, alles.

Als Lehrer bin ich nicht für alles verantwortlich, sondern nur für das Oberstübchen der Kinder, für ihre geistige Entwicklung. Im Sportunterricht auch für ihren Körper. Und danebenbenehmen sollten sie sich auch nicht. Ich werde für die Kinder vor allem in Bezug auf ihre geistige Entwicklung verantwortlich sein.

Den Haken hier zu setzen war eigentlich ganz einfach. »Kann ich Verantwortung?«, habe ich mich gefragt. Wofür wird man denn Lehrer? Damit in den Kopf der Kinder das reinkommt, was reingehört. Aber das mit dem Haken war doch nicht ganz so einfach. Es war überhaupt nicht einfach. Es gab einen Widerstand, in mir.

Bin ich wirklich für die Kinder verantwortlich? Habe ich zu entscheiden, was in ihrem Kopf sein soll? Haben Erwachsene das überhaupt zu entscheiden? Eltern für ihre Kinder? Lehrer für die Schüler? Ja doch, Eltern und Lehrer lieben Kinder und sind für sie verantwortlich. Aber so ging das nicht. Es gab diesen seltsamen Widerstand.

Da habe ich die Kinder gefragt, beim nächsten Unterrichtsbesuch, in der Pause. »Soll ich für Euch die Verantwortung übernehmen? Für Eure geistige Entwicklung? Und ein bisschen auch für Eure körperliche und allgemeine Entwicklung, sozial und so?«

Die Kinder sind solche Fragen nicht gewohnt. Sie sahen mich seltsam an und rannten weg. Ich habe nicht lockergelassen, und sie ließen sich schließlich auf eine Antwort ein. »Willst Du eine ehrliche Antwort?« »Na klar.« »Wirklich?« »Ja.« Und dann kam es, laut und deutlich, nachdrücklich:

»Okay, wenn Du es wissen willst: Du hast sie wohl nicht alle! Du bist doch nicht für uns verantwortlich! Sowieso nicht und auch nicht für unsere geistige Entwicklung! Wir gehören uns selbst, nicht den Erwachsenen, nicht den Eltern, nicht der Schule, nicht den Lehrern, nicht der Gesellschaft noch sonst wem! Wir gehören uns! Lass den Unsinn, Dich für uns verantwortlich zu fühlen! Wir gehören uns selbst und sind selbst für uns verantwortlich! Du bist nicht für uns verantwortlich!«

Peng! Da stand ich. Klare Antwort: Ich bin nicht für Kinder verantwortlich! Also kein Haken an die Verantwortung. Nun ja, man redet nicht so mit Kindern, ich habe sie ja nicht wirklich gefragt. Ich habe mir die Kinder bei den Unterrichtsbesuchen angesehen und mir selbst diese Frage gestellt, die Frage nach der Verantwortung für Kinder. Und in mir die Antwort gehört.

Diese Antwort: »Du bist nicht für jemanden verantwortlich, der das selbst ist. So etwas ist herabsetzend, entmündigend und demütigend. Letztlich Herrschaft.« Ich war in Resonanz geraten mit einem Wissen, das in mir aufstieg, einem Wissen aus meiner eigenen Kindheit.

Als ich damit rausrückte, bekam ich was zu hören: »Natürlich bist Du für die Kinder verantwortlich. Das geht doch gar nicht anders. Wenn Du das nicht willst, kannst Du nicht Lehrer werden. Außerdem wirst Du schon sehen, was Sache ist, wenn Du erst mal selbst Kinder hast. Was redest Du auch für einen Unsinn!«

Und mir wurde erklärt: »Selbstverantwortung muss gelernt werden. Kinder können das nicht von Anfang an. Das muss sich entwickeln. Nicht nur die Haare und die Zähne müssen wachsen, sondern auch die innere Welt. Auch die Fähigkeit zur Selbstverantwortung.«

Und: »Wir merken, wenn die Kinder selbstverantwortlicher werden, wann sie wieder einen neuen Lebensbereich in eigener Regie meistern können. Wir sind für die Kinder verantwortlich, bis sie das mit 18 Jahren zu 100 Prozent selbst können.«

Die Liebe zu den Kindern bleibt ein Leben lang. Es sei denn, man zerstreitet sich. Die Verantwortung für Kinder ist ein anderes Ding. Sie wird weniger im Laufe der Kindheit. Eltern geben immer mehr Verantwortung an ihre Kinder ab. Sie übergeben ihnen die Selbstverantwortung.

Schrittweise, da, wo es passt. Bis die Kinder mit 18 Jahren dann gänzlich selbstverantwortlich sind. Und mir wurden Beispiele genannt, wie die Kinder selbstverantwortlich werden und wo wir ihnen die Selbstverantwortung übergeben. Solche Beispiele kennen Sie.

Die Treppe. Die Treppe kommt ins Spiel, wenn die Kinder anfangen zu krabbeln. Was tut man, damit nichts passiert? Man macht ein Gittertürchen oben an die Treppe. Oder zieht um in eine Wohnung ohne Treppe. Oder macht eine Rutschbahn. Oder. Irgendetwas fällt einem ja ein, damit die Kinder die Treppe nicht runterfallen.

Ab wann können die Kinder sicher mit der Treppe umgehen? So dass wir ein gutes Gefühl haben? Ab wann übergeben wir Kindern die Treppe in ihre Souveränität? Die Kinder kommen eines Tages mit dem Selbstverantwortungsausweis. Wir sollen die Treppe abstempeln. Damit die Krone der Souveränität auf ihrem Kopf ein Stückchen wachsen kann.

Wann? Mit acht Monaten, wenn sie krabbeln? Zu früh. Wenn sie anfangen zu laufen, mit einem Jahr? Zu unsicher. Aber mit 18 Monaten hat jedes Kind den Stempel im Pass, und die Treppe gehört ihnen. Und wir ziehen uns von diesem Verantwortungsbereich zurück. Im Tagebuch Ihrer Mutter steht: »Ich bin für die Treppe nicht mehr verantwortlich, ich fühle mich dafür nicht mehr verantwortlich. Wuselchen kriegt das jetzt alleine hin.«

Was soll ein Kind anziehen, wenn es rausgeht? Bei so einem Wetter? Sicher einen Anorak. Weiter: Mütze, T-Shirt, barfuß, Handschuhe, Schal, Gummistiefel. Wann ist ein Kind gummistiefelsouverän? Wann können die Kinder selbst entscheiden, was sie anziehen, wenn sie rausgehen? Mit sechs, bei Schulbeginn? Zu früh.

Doppelt so alt: mit zwölf? Da wird es schon schwierig, aber man fühlt sich noch verantwortlich. Mit 14 ist dann jedes Kind gummistiefelsouverän. Stempel in den Pass, die Krone ist wieder ein Stück gewachsen. Wann wurden Sie gummistiefelsouverän? Vielleicht können Sie sich noch erinnern …

Ich erinnere mich an ein Mädchen, zu Besuch, 14 Jahre alt, wie sie im Herbst mit dem Rad losfuhr. Der Rücken unten frei, so ein Top an. »Pullover bitte!« Ich sehe die Nierenschäden, die sie mit 35 oder 40 kriegt. Doch weg ist sie! Was will man machen! Die Jacke hinterherwerfen? In der Anziehfrage ist jeder mit 14 in die Selbstverantwortung entlassen oder entkommen, auch die Nachzügler.

Bei noch älteren Kindern gibt es wieder andere Probleme. Das Rauchen, der Alkohol, die Freunde, das Nachhausekommen. »Wird spät heute Abend.« »Was heißt das?« Mutter und Tochter im Gespräch. »Wann kommst Du nach Hause?«

»Weiß ich nicht.« »Was ist denn los?« »Eine Party. Ich weiß nicht, wie spät es wird.« »Wie bitte?« »Ja Mama, und vielleicht komme ich gar nicht nach Hause!« »Spinnst Du? Du bist doch erst 17! Das kannst Du machen, wenn Du 18 bist! Ich bin schließlich noch für Dich verantwortlich. Sieh zu, dass Du pünktlich bist. Wie immer um Punkt elf. Sonst platz ich in Eure Party und hol Dich da raus. Das wird superpeinlich für Dich!«

Oder: »Vielleicht komme ich gar nicht nach Hause!« »Ja gut, Du bist zwar erst 17, aber okay. Und wenn Du noch kommen willst, ruf an, auch wenn es mitten in der Nacht ist, ich hol Dich ab.«

Ab wann können die Kinder selbst entscheiden, wann sie nach Hause kommen? Übergeben wir ihnen die Nachthoheit schon mit 17? Mit 18 sind sie es sowieso. Sie werden sich daran erinnern: wann wurden Sie Königin der Nacht, wann wurden Sie König der Nacht?

Wie auch immer. Wir sind für die Kinder verantwortlich. Aber diese Verantwortung baut sich ab. Die Kinder nehmen zu, sie werden immer selbstverantwortlicher. Bis sie es mit 18 Jahren gänzlich sind.

Wieso mit 18 und nicht mit 17, 19 oder 20? Als ich Kind war, gab es Volljährigkeit und volle Selbstverantwortung mit 21. Aus vielerlei Gründen haben die Erwachsenen damals beschlossen, die Volljährigkeit auf 18 Jahre zu senken. Da ging es sicher um wirtschaftliche und politische Interessen, vielleicht waren aber auch ein paar kinderfreundliche Gedanken dabei. Jedenfalls gab es ab Januar 1975 die Volljährigkeit mit 18.

Somit: Wir sind für die Kinder verantwortlich, sie lernen die Selbstverantwortung, und mit 18 gehören sie sich dann selbst. So wird es gespielt. Ich konterte: »Nein, so wird es nicht gespielt!« Als ich dabei blieb, dass die Kinder selbstverantwortlich sind von Anfang an und sich selbst gehören, wurde es eng. »Beweise, dass das stimmt.«

Ich kam mit einem Bild: »Ich sehe auf dem Kopf der Kinder die Würdekrone der Souveränität.« »Ja, mit 18. Diese Krone muss sich entwickeln.« »Nein, die ist von Geburt an vorhanden.« »Was für ein Unsinn!«

Ich malte mein Bild aus: »Du siehst, dass die Kinder mit einem kleinen Schild auf der Stirn geboren werden. Darauf steht in großen Buchstaben ›Homo educandus‹. Das ist fachchinesische Pädagogik, Latein, und heißt auf gut Deutsch ›Ich brauche Erziehung‹. Vornehmer ausgedrückt: ›Der Mensch ist ein zu erziehendes Wesen, ein Erziehungswesen.‹«

»Im Kleingedruckten steht dann: ›Ich brauche Deine Hilfe, damit ich ein richtiger Mensch werde. Ich bin ein Kind und werde erst noch ein richtiger Mensch. Du bist dafür verantwortlich, dass das gelingt, dass ich gelinge. Du bist für mich und meine Entwicklung verantwortlich.‹«

»Ja, das ist ein gutes Bild«, war die Antwort. »Ich sehe aber dieses Schild nicht«, sagte ich. »Doch, jedes Kind wird mit diesem

Schild geboren. Und am 18. Geburtstag kann man es von der Stirn ablösen und ihnen die Krone aufsetzen. Die Krone ihrer Souveränität. Mit 18!«

»Nein«, hielt ich dagegen, »sie haben die Krone der Souveränität von Geburt an auf dem Kopf. Sie werden damit geboren. Nicht mit einem Schild auf der Stirn.« »Du spinnst ja!« Tja … was ist die Wahrheit: Krone oder Schild – Schild oder Krone? Womit werden die Kinder denn nun geboren?

Menschenbild

Ich war bei einer anthropologischen Basishypothese angekommen, bei einem Menschenbild. Dem Menschenbild vom Kind. Was sind Kinder für Wesen? »Wer bist Du?« war ja meine Frage.

Sind Kinder selbstverantwortlich von Geburt an oder müssen sie die Selbstverantwortung erst lernen? Sind sie Erziehungswesen? Es geht um unsere Sicht auf die Kinder. Es geht um etwas Grundlegendes, ein Menschenbild. Und Menschenbilder kann man nicht beweisen. Es sind ja Hypothesen, Vermutungen, Bilder eben. Nach denen man aber lebt.

Mein Bild ist das des Wesens mit der Souveränitätskrone. Für sich selbst verantwortlich, von Anfang an. In diesem Punkt besteht für mich völlige Gleichwertigkeit aller Menschen, auch von Erwachsenen und Kindern, von erwachsenen und jungen Menschen.

Gleichwertigkeit! Kein Oben-Unten à la »Erwachsene sind die richtigen, vollwertigen, selbstverantwortlichen Menschen – Kinder werden es erst«. Gleichwertigkeit statt Oben-Unten.

Man kann nichts beweisen in dieser Frage. Aber man kann etwas nachvollziehbar, plausibel machen. Ich versuche das mit zwei

Beispielen aus anderen Bereichen und komme dann wieder zu den Kindern zurück.

Sie werden nach dem Weg zum Bahnhof gefragt. Von einem Afrikaner, einem Menschen mit dunkler Hautfarbe. Sie erklären gerne den Weg, keine große Sache, keine Minute. »Danke«, sagt der Afrikaner, »ich kenne jetzt den Weg. Aber ich wollte Ihnen noch etwas anderes sagen: Ich fühle mich von Ihnen respektiert und geachtet.«

Sie sind erstaunt: »Wie kommen Sie denn darauf?« »Ihre Ausstrahlung, Sie stellen sich nicht über mich. Das kommt so aus Ihnen, ohne Worte. Es tut mir gut.« »Das ist doch selbstverständlich.« »Ist es nicht. Vorhin habe ich jemanden gefragt, der war zwar höflich, aber aus seinem Herzen kam die klare Botschaft: Ich wäre ein Nigger, ich hätte zu verschwinden.« »So jemand bin ich nicht.« »Ja, das merke ich, danke«, sagt er und geht seiner Wege.

Was ist passiert? Die Menschenbilder, die wir in uns tragen, kann man zwar nicht beweisen, aber sie sind da, in uns. Und sie machen sich bemerkbar. Sie werden transportiert zu den anderen Menschen. Ohne Worte, zwischen den Zeilen, in der ganzen Art, wie wir mit den anderen umgehen.

In unserer Frage entweder von oben nach unten – der Weiße oben, der Schwarze unten. Oder eben Gleichwertigkeit, Weiße und Schwarze sind gleichwertig. Sie haben wie ich dieses Gleichwertigkeitsbild in sich, und das merkt der Afrikaner.

Wieso tragen wir das Bild der Gleichwertigkeit von Weißen und Schwarzen in uns? Selbstverständlich ist das nicht. Das war vor 200 Jahren ganz anders. Da gab es die Sklaverei. Die Weißen am Mississippi sahen keine Krone des vollwertigen Menschseins auf dem Kopf der Schwarzen. Ihr Herz strahlte ihre Sicht auch aus: Oben-Unten. Weiße oben, Schwarze unten.

Dann kam Abraham Lincoln, er schaffte 1865 die Sklaverei ab. Dann kam Martin Luther King, dann Mandela, dann Obama. Und für uns heute ist es ganz klar, dass wir auf dem Kopf eines Afrikaners die Würdekrone sehen. Gleichwertigkeit im Herzen tragen. Aber selbstverständlich ist das eben nicht. Es ist unser Ding, gehört zu unserer Kultur, heute. Nicht zu allen, aber zu vielen, zu Ihnen und zu mir.

»Sehr verehrte Damen und Herren, liebe Neger!« Angeblicher Beginn einer Ansprache des Bundespräsidenten Heinrich Lübke im Jahr 1962 in Afrika. »Liebe Neger«? Und vorher »Sehr verehrte Damen und Herren«? Heute unmöglich: Die Zeiten haben sich geändert, statt Oben-Unten jetzt Gleichwertigkeit.

Das hat auch die Industrie gemerkt. Sie wollen ja schließlich Geschäfte machen, ihre Produkte verkaufen. »Negerkuss«? Ging ja gar nicht. Aber die Dinger sind da und wollen verkauft sein. Sie werden der neuen Gleichwertigkeit angepasst und umgetauft. Heute heißen sie Dickmann oder Schokokuss. »Neger« ist passé.

Riesendiskussion in einem großen Verlag. »Das können wir nicht mehr drucken!« Was ist passiert? Es geht um den Vater von Pippi Langstrumpf. Der Verlag entschließt sich, in den Neuauflagen der Pippi-Langstrumpf-Bücher ihren Vater als Südseekönig zu präsentieren, nicht mehr als – Negerkönig, wie von Astrid Lindgren geschrieben. Lindgrens Erben waren einverstanden.

Und im Kindergarten gibt es jetzt »Zehn kleine Fledermäuse« und nicht mehr »Zehn kleine Negerlein«.

Was bedeutet das alles? Nun, die Sicht der Weißen auf die Schwarzen hat sich geändert. Statt »Weiße oben – Schwarze unten« jetzt Gleichwertigkeit. Eine solche Veränderung eines

Menschenbildes erleben wir mit, so etwas ist möglich. Und wir handeln nach dem Bild, das uns entspricht.

Sind Frauen richtige Menschen? Klar, sie sind Menschen. Ohne Frauen gibt es keine Menschheit. Aber sind sie ganz! richtige! Menschen!? Vollwertige Menschen, mit der Würdekrone der Gleichwertigkeit auf dem Kopf? Blöde Frage. Natürlich nicht! Vollwertige Menschen sind Männer. Frauen sind wichtig, aber zweite Wahl. Wer denkt so? Ich nicht, aber andere schon.

»Frauen gehören nicht in die Politik, nicht in die Wissenschaft. Frauen gehören in die Küche und zu den Kindern. Frauen sind nicht gleichwertig. Sie haben keine Würdekrone auf dem Kopf.« Gehen Sie 5000 Kilometer nach Osten, zu Herrn Taliban.

Das Jahr 1900. Junge Männer machen einen gemütlichen Weinabend und diskutieren über Gott und die Welt. Auf einmal sagt einer: »Ich glaube, meine Freundin ist ein richtiger Mensch.« Stille. »Was willst Du damit sagen?« »Frauen sind Männern ebenbürtig, gleichwertig, eben vollwertige Menschen.« Noch mehr Stille. »Sie wollen an die Uni und studieren. Sie wollen in die Politik. Sie wollen das Wahlrecht.«

Große Aufregung. »Du spinnst doch wohl, Frauen können nicht mal rechnen, und wenn sie in der Politik mitbestimmen, geht die Welt zugrunde.« »Lasst den Unsinn, ich finde, meine Freundin hat recht. Sie hat auf ihrem Kopf die Würdekrone der Gleichwertigkeit.« »Da kannst Du fühlen, da sind Haare, sonst nichts.« »Das mein ich doch nicht so! Ich seh das eben. Mit dem Herzen. Männer und Frauen sind gleichwertig.« Die Freunde streiten sich. Er soll beweisen, dass das stimmt.

Wie wollen Sie – die Frauen hier im Raum – denn *beweisen*, dass Sie gleichwertig sind wie Männer? Sie fahren mit dem Zug nach München. Unterwegs setzt sich ein braungebrannter Mann neben Sie. Langer Bart, sympathisch. Sie kommen ins Gespräch. »Im übrigen«, sagt er, »ich heiße Taliban. Sie haben noch zwei Stunden, um mich zu überzeugen, dass Sie mir gleichwertig sind.«

Wenn Sie das nicht als unverschämt zurückweisen, sondern eine Chance sehen, diesen Mann zu erreichen, und sich darauf einlassen: Was wollen Sie tun? Diskutieren? Grundgesetz zitieren? Gedicht vorlesen? Ein Lied singen? Sie erzählen von unserer Art zu leben und ziehen alle Register.

In München steigt er aus und sagt: »Ich habe das schon verstanden. Ich kenne die Position Ihrer Kultur. Es ist ja nicht so, dass ich meine Frau nicht liebe. Aber gleichwertig – ist sie mir nicht.« Sie haben sein Herz nicht erreicht. Er bleibt bei seinem Menschenbild: Männer oben – Frauen unten.

»Beweise, dass das stimmt«, sagen die Freunde. »Das kann ich nicht«, sagt er, »es ist ein Menschenbild. So etwas kann man nur mit dem Herzen sehen, nicht beweisen.« »Mal angenommen – aber nur mal angenommen – da ist was dran. Frauen sind gleichwertig! Aber okay. Wie willst Du das denn realisieren? Die tanzt Dir doch nur auf der Nase rum. Oder Du musst Frauenkleider anziehen. Oder Dir die Lippen schminken. Wegen der Gleichwertigkeit.«

Was soll er sagen? Er weiß es nicht. Wen kann er fragen? Keiner weiß, wie das geht, gleichwertige Beziehungen mit Frauen. Der Bruder nicht, der Vater nicht, der Onkel nicht, und diese Freunde erst recht nicht. »Ich weiß nicht, wie das geht«, sagt er. »Klar, und da wirst Du scheitern!« Und rotzig-trotzig antwortet er: »Ich tu's aber nicht anders!«

Genau mein Problem! »Beweise, dass das stimmt: Erwachsene und Kinder sind gleichwertig.« »Das kann ich nicht beweisen.

Das ist ein Menschenbild, das kann man nur mit dem Herzen sehen.« »Mal angenommen – aber nur mal angenommen – da ist was dran. Kinder sind gleichwertig! Aber okay. Wie willst Du das denn realisieren? Die schmeißen Dir doch nur Spinat an die Wand und packen in jede Steckdose. Die können doch dann machen, was sie wollen. Das gibt Chaos und tote Kinder!«

Was soll ich sagen? Keiner rechts und links weiß das. Auch die Experten nicht, Montessori und Co. »Ich weiß nicht, wie das geht.« »Dann wirst Du scheitern!« Und rotzig-trotzig wie der Freund 1900 sagte ich: »Ich tu's aber nicht anders!«

Zwanzig Jahre später treffen sich die Freunde wieder. Er wird gefragt: »Du hast doch Deine Freundin geheiratet. Wie geht das denn jetzt mit der Gleichwertigkeit von Männern und Frauen? Musst Du High Heels anziehen? Entscheidest Du an graden Tagen und sie an ungraden?«

Die Freunde haben immer noch keine Ahnung, wie eine gleichwertige Beziehung von Männern und Frauen aussehen soll. Der Freund sagt: »Nicht so komisch, mit einer Strichliste, wer dran ist mit Abwaschen.« »Aber wie denn dann?« »Ich kann es erklären, wenn Ihr zuhören wollt.« Und dann erzählt er, wie das so geht, wenn Männer von der Gleichwertigkeit überzeugt sind.

Und das werde ich dann auch gefragt. Zwanzig, dreißig, vierzig Jahre später. »Wie viel Spinat ist an Deiner Wand gelandet? Haben die sich jemals die Hände gewaschen? Das Wort Hausaufgaben ist doch für Deine Kinder ein Fremdwort.«

Die Leute können es sich nicht vorstellen, wie das gehen soll – und zwar *gut* gehen soll: gleichwertige Beziehungen zwischen Erwachsenen und Kindern. Ich sage dann wie der Freund zu seinen Freunden: »Ich kann erklären, wie es geht, wenn Ihr Zeit zum Zuhören habt.«

Jetzt etwas Grundsätzliches: Ich komme aus einem philosophischen Großraum, der Postmoderne genannt wird. Die Postmoderne gibt es seit gut hundert Jahren. In der Postmoderne gilt, dass es keine objektiven Wahrheiten gibt, sondern nur subjektive. Die dann gleichwertig nebeneinander stehen.

Es gilt das Grundmuster, das Paradigma der Gleichwertigkeit. Das heißt: Nichts und niemand steht über etwas oder unter etwas anderem, alles hat gleichen Wert. Die neue Gleichwertigkeitsidee ist machtvoll und zieht nach und nach in viele Lebensbereiche ein.

Zwei Beispiele habe ich genannt: Weiße stehen nicht über Schwarzen, Männer nicht über Frauen. Ein weiteres Beispiel ist der ökumenische Gedanke in der religiösen Frage. Katholiken und Protestanten sehen sich heute gleichwertig. Früher stand der eine über dem anderen, und es gab im Dreißigjährigen Krieg deswegen Mord und Totschlag.

Oder der Umgang mit der Natur. Es gilt der ökologische Gedanke. Heute sieht sich der Mensch nicht mehr als Krone der Schöpfung, der sich die Erde untertan macht, sondern als Teil der Natur. Wir müssen mit der Natur im Einklang leben, gleichwertig.

Diesen Gleichwertigkeitsgedanken habe ich auf die Beziehung Erwachsene-Kinder übertragen. Das fand ich eigentlich doch sehr naheliegend und zeitgemäß. »Nein, Du musst die Kirche im Dorf lassen. Kinder werden erst richtige, vollwertige Menschen, wenn sie erwachsen sind«, war die Antwort. »Die Gleichwertigkeit gilt nicht für den Umgang mit Kindern.«

Lehrer

Ich blieb bei meiner Sicht. Und mit so einer unmöglichen Sicht von Kindern sollte ich nicht Lehrer werden. »Studieren Sie etwas anderes. Werden Sie Architekt oder Ingenieur. Denn wenn Sie mit Kindern arbeiten wollen, sind Sie für sie verantwortlich.«

Aber es konnte mir ja niemand verbieten, Lehramt zu studieren. Also: erste Staatsprüfung, zweite Staatsprüfung. Und dann war ich fertiger Lehrer und stand eines Morgens nach den Sommerferien vor einer neuen 5. Klasse.

Ich machte die Klassenzimmertür zu. Und wenn man fertiger Lehrer ist und keiner einem mehr über die Schulter guckt, kann man im Klassenzimmer machen, was man will. Die Kinder sind einem gnadenlos ausgeliefert. Es sei denn, man schneidet einem Kind die Finger ab oder so. Die Kinder haben Glück, wenn Sie ein netter Lehrer sind. Sie haben Pech, wenn Sie ein Fiesling sind. So einfach ist das.

Also Tür zu. Die Kinder standen auf. »Guten Morgen Kinder«, sagte ich. Und sie antworteten im Chor: »Guten Morgen Herr Schoenebeck!« Und dann erzählte ich ihnen meine Sicht der Dinge. Dass sie vollwertige Menschen sind mit vollen Menschenrechten: Gedankenfreiheit, Meinungsfreiheit, Freizügigkeit, körperliche Unversehrtheit.

Ich sagte es ihnen nicht mit Worten. Ich sah sie schweigend fünf Sekunden an, eine lange Zeit, um Seelendinge zu transportieren, fünftausend Tausendstelsekunden. Ich sagte ihnen ohne Worte:

»Ihr seid für mich richtige Menschen. Vollwertige Menschen. Ihr *seid* es, Ihr werdet es nicht erst. Und Ihr habt aus meiner Sicht volle Menschenrechte. Das Menschenrecht auf Gedankenfreiheit: Ihr könnt denken was Ihr wollt und wann Ihr wollt. Das

Menschenrecht auf Meinungsfreiheit: Ihr könnt sagen, was Ihr wollt, wann Ihr wollt, wie laut Ihr wollt. Das Menschenrecht auf Freizügigkeit: Ihr könnt dieses Schulgebäude betreten und verlassen, wie Ihr wollt. Und Ihr habt das Menschenrecht auf Euren Körper, körperliche Unversehrtheit.«

»Aber. Aber hier wird das anders gesehen. Hier ist eine pädagogische Institution, eine Schule. Hier ist es so, dass Ihr noch nicht als vollwertige Menschen gesehen werdet. Sondern dass Ihr erst richtige Menschen *werdet*. Mit meiner Hilfe. Und da Ihr noch keine richtigen und vollwertigen Menschen seid, habt Ihr aus der Sicht der Schule zwar Rechte aus der UN-Kinderrechtskonvention, aber keine vollwertigen Menschenrechte.«

(Und weiter laut in energischem Ton jetzt direkt zu meinen Zuhörerinnen und Zuhörern, unvermittelt und überraschend!)

(Laut) »Schlag Dein Buch auf, Seite 24! Lies was dort steht! Und gib das mit eigenen Worten wieder! Deine Gedanken gehören mir, der Schule! Gedankenfreiheit? Nix da!«

(Laut) »Meinungsfreiheit? Was ist denn das für ein Lärm! Ihr zeigt erst mal auf, wenn Ihr etwas sagen wollt! Und redet so, wie es sich gehört!«

(Laut) »Freizügigkeit? Die Schule verlassen? Ihr könnt nach Hause gehen, wenn die Schule aus ist! Hier ist ein Teilzeitgefängnis, das man hochtrabend Schule nennt!«

(Laut) »Körperliche Unversehrtheit? Es wird doch nicht rumgerannt! Kippel nicht! Setz Dich ordentlich hin! Hände auf den Tisch! Ja, wenn es gegongt hat, kannst Du auf die Toilette gehen! Pack Dein Brot weg, das kannst Du in der Pause essen! Im Musikunterricht gehören mir Deine Stimmbänder! Und im Sportunterricht jeder Muskel! Hier ist eine Diktatur!«

(Und wieder ruhig, zu den Kindern) »Hier ist eine Diktatur – aber nur, wenn Ihr schon richtige Menschen *seid*. Wenn Ihr noch nicht richtige Menschen seid, sondern erst welche *werdet*, ist dies hier eine wertvolle Errungenschaft, Schule genannt. *Ich* halte Euch für vollwertige Menschen, und deswegen seid Ihr aus meiner Sicht auch in einer Diktatur gefangen. Warum ich dann hier arbeite, gegen meine Überzeugung, Eure Menschenrechte beuge, das besprechen wir später. Setzen!«

Die Kinder rissen Augen, Mund, Nase, Ohren auf nach dieser Ansprache, starrten mich an wie ein Weltwunder und setzten sich ganz langsam. Es brauchte drei Tage, bis sie ihre Sprache wiederfanden: »Herr Schoenebeck, ein richtiger Lehrer bist Du aber nicht!« Sie hatten verstanden.

Was hatten sie verstanden? Das, was der Afrikaner versteht, wenn Sie ihm den Weg zum Bahnhof erklären: Er versteht Ihr Herz, er sieht Ihr Menschenbild. Er spürt, dass Sie sich nicht über ihn stellen. Er spürt die Gleichwertigkeit, die Sie im Herzen tragen. Genau das spürten die Kinder.

»Er tut dasselbe wie die anderen Lehrer. Wir müssen lesen, was er anordnet. Wir müssen still sein. Und aufzeigen. Wir müssen in der Klasse bleiben bis zum Schluss. Wir können nur in der Pause unser Brot essen. Und wir müssen seine Lieder singen und seine Kletterwand hoch. *Aber es fühlt sich anders an!*«

Ich tat ja dasselbe wie alle anderen Lehrer. Aber es fühlte sich anders an. Wie war der Unterricht? Ganz normal, würde ich sagen. Mal lauter, mal leiser. Von außen kein Unterschied. Nur dass im Klassenzimmer ein anderer Ton, eine andere Atmosphäre als bei den Kollegen war, eine andere Schwingung.

Obwohl ich die Kinder unterdrückte und beherrschte, ihre Menschenrechte mit Füßen trat wie die Kollegen auch, war es doch anders. Und das gefiel den Kindern.

Die Eltern? Ich erzählte nichts von meiner Position, die unerquicklichen Diskussionen aus meiner Studienzeit wollte ich nicht noch einmal erleben. Die Eltern merkten, dass ihre Kinder den neuen Lehrer mochten. Und das ist die halbe Miete, denn dann machen sie ordentlich ihre Hausaufgaben und die Versetzung ist gesichert. Das reichte den Eltern.

Die Kollegen waren das Problem. »Was machen Sie mit den Kindern?« »Was mache ich mit den Kindern?« »Wer nach Ihnen Unterricht hat – das geht gar nicht! Die Kinder sind aufgedreht und ungenießbar. Was machen Sie denn mit denen?« Ja, was machte ich mit den Kindern?

Da dachte ich nach, grundlegend. Kinder untereinander haben ihre souveräne Art der Kommunikation. Sie begegnen sich von Gleich zu Gleich, ohne psychisches Oben-Unten. *Sie erziehen sich nicht.* Kein Kind liest Erziehungsbücher, besucht Seminare, macht ein Examen in Pädagogik, bevor es im Kindergarten auf die anderen Kinder stößt.

Sie treffen sich morgens, vieles ist miteinander möglich. Spielen, Lachen, Toben, Teilen, Gewinnen, Verlieren, Streiten, Versöhnen. Sie gehen auseinander und kommen morgen wieder. Sie leben unpädagogische Beziehungen. Für diese gleichwertigen Beziehungen der Kinder untereinander gibt es keinen eigenen Begriff, ich nenne es »authentische Beziehungen«.

Wir alle kennen diese Gleich-zu-Gleich-Beziehungen mit Kindern, weil wir Kinder waren. Aus unserer eigenen Kindheit. Wir konnten das, mit Kindern auf gleicher Augenhöhe zusammensein. Wir haben es verlernt, mit Kindern so umzugehen, weil wir jetzt keine Kinder mehr sind. Aber wir wissen darum, dieses Wissen ist in unserer Biographie, in unserer Erinnerung gespeichert. Es lebt dort, und es kann wachgerufen werden.

Als Erwachsene setzen wir diese gleichwertigen Beziehungen von früher fort: Wir Erwachsenen untereinander! Und wenn einer anfängt, sich besserwisserisch über den anderen zu stellen, heißt es: »Willst Du mich erziehen oder was?« Das ist nicht gut, und wir kommen wieder runter.

Gleichwertige Beziehungen lebten wir als Kinder untereinander, wir leben sie als Erwachsene untereinander. Nur zwischen Erwachsenen und Kindern muss das anders sein. Warum? Das habe ich nicht eingesehen.

Die Kinder verlassen den Kindergarten mit sechs. Sechs lange Jahre, ihr ganzes junges Leben, sind sie untereinander in gleichwertigen Beziehungen. Ein jedes mit seiner Würdekrone. Dann treffen sie sich morgens vor Schulbeginn auf dem Schulhof. Sie quatschen, und zwischen ihnen schwingt diese unpädagogische authentische Gleichwertigkeit.

Dann kommt der Gong, und sie setzen ihre Krone ab und verstauen sie in der Schultasche. Die Krone wird hier nämlich nicht gerne gesehen. Genauer: sie wird für Teufelszeug gehalten, und man nimmt sie lieber ab. Die Kinder gehen durch das Schultor, durch die Gänge, in die Klassenzimmer, ihre Gefängnisräume.

Sie toben da hin oder schleichen auf ihren Platz. Sie spüren und wissen, was hier gespielt wird: Krone runter, Krone weg, Lehrer, ein Erwachsener oben, Kinder unten. Der Lehrer sagt, wo es langgeht. Langgehen soll. Der Glanz der Kinder wird stumpf, sie verwandeln sich in Lern-Marionetten.

Die Stunde ist vorbei, es kommt der Gong. Die Kinder sausen auf den Schulhof, Krone rauf! Sie sind unter ihresgleichen. Ihre Würde erwacht wieder. Das ganze Gewusel, die Lautstärke, die Emotionen sind voll davon. Dann kommt der nächste Gong, die Pause ist vorbei, und jetzt haben sie Unterricht bei Lehrer Schoenebeck.

Und, welch himmlisches Glück: Sie können ihre Krone auf-behalten, dieser Lehrer verbannt sie nicht in die Schultasche. Ganz im Gegenteil, er freut sich darüber. Aber er ist ein Leh-rer. »Er tut dasselbe wie die anderen Lehrer, aber es fühlt sich anders an!«

Stunde vorbei, die Kinder wieder in die Pause. Krone weiter auf, ihre Kronenerfahrung wird ausgebaut: Krone in der ersten Pause – Krone im Unterricht bei Schoenebeck – Krone in der zweiten Pause. Dann kommt der nächste Gong, die Kinder haben jetzt Unterricht bei Lehrer Müller. Die Kinder rennen mit der Krone in die Klasse und rufen ihm zu: »Mach das doch so wie Schoenebeck, lass uns die Krone aufbehalten!«

Und das versteht Lehrer Müller nicht. Er weiß nicht, wovon die Rede ist. Und er kann solch ein Begehr auch nicht handhaben, er kann ihre Menschenrechte nicht im Zaum halten – es ufert aus. Die Kinder denken, was sie wollen: sie passen nicht auf. Und sie reden drauflos, wie ihnen der Schnabel gewachsen ist, laut und lauter. Und sie rennen rum. Packen ihr Brot aus, verschwinden aufs Klo. Kurz: Es herrscht das Chaos.

Kollege Müller braucht seine Minuten, bis er sie wieder dort hat, wo sie hingehören. Auf den Boden der Tatsachen, der pädago-gischen Tatsachen. »Kommt auf den Teppich!« Lehrer-Schüler-Schule-Unterricht. Und das ist anstrengend. Nach Schoenebeck zu unterrichten ist erst mal einfach nur anstrengend.

»Was machen Sie mit den Kindern?« Ich antwortete kurz und bündig. Sagte aber nichts über Menschenbilder und so. Das Theater aus der Studienzeit sollte sich auch hier nicht wiederholen. Ich sagte kurz angebunden etwas, was ich lieber nicht hätte sagen sollen. Ich sagte: »Ich erziehe sie nicht.« »Das sehen wir!« Die Kollegen waren empört.

Man *muss* erziehen! Fragt sich wie – lange Leine, kurze Leine, mittlere Leine. Aber wenn man gar nicht erzieht?! Das gibt doch nur Chaos! Was die Kollegen sahen. »Nicht erziehen? Der spinnt doch wohl. Unfähig. Stiehlt sich aus der Verantwortung. Lässt die Kinder und uns hängen. Der ist untragbar.« Ich hatte meinen Stempel weg. Und kam nicht mehr dazwischen. Ich wurde gemobbt.

Forschen

Das tat ich mir ein Jahr lang an. Was stimmte nicht? Hatte ich mich verrannt? Braucht es doch Erziehung? Ich wollte in Ruhe herausfinden, ob das nun stimmt, die Sache mit der Krone. Ich verließ die Schule. Ich wollte an der Uni eine Forschung dazu durchführen.

»Gehst Du wegen uns?« fragten die Kinder. »Nein, nicht wegen Euch.« »Du sollst auch nicht gehen, Du bist der einzige Lichtblick in dieser Finsternis.« Und solche Sprüche. »An Deiner Stelle kommt ein ganz normaler Lehrer. Das wollen wir nicht.« Ich sagte ihnen, dass wir gut miteinander auskommen und dass es andere Gründe gibt.

Welche, sagte ich nicht. Ich wollte sie nicht gegen die Kollegen aufbringen. Ausweichend sagte ich: »Ich will ein Buch über Kinder schreiben.« Es war schon schwer für mich, ich ließ sie irgendwie im Stich. Aber ich würde es ihnen vergelten, ich würde für ihre Gleichwertigkeit arbeiten und dafür kämpfen, mein Leben lang. Das tröstete sie nicht, aber mich.

Zurück zur Uni. Meine Psychologieprofessorin von damals war amüsiert. Sie kannte ja meine Position. »Sind Sie gescheitert, Herr von Schoenebeck?« »Das kann man so nicht sagen, mit den Kindern komme ich gut zurecht, aber mit den Kollegen nicht. Ich will mir Zeit nehmen und der Sache auf den Grund gehen.«

»Ich will eine Studie durchführen, ob meine Sicht stimmt. Ob Kinder selbstverantwortlich sind, ob man nichtpädagogische Beziehungen allen Ernstes realisieren kann. Ich will darüber ein empirisches Forschungsprojekt durchführen.« »Forschen Sie mal«, sagte sie.

Und dann nahm ich mir zweieinhalb Jahre Zeit und führte eine Feldstudie über nichtpädagogische Beziehungen durch. Das heißt eine praktische Arbeit mit Kindern. Die Forschungskinder waren drei bis siebzehn Jahre alt. In kleinen Gruppen, jeweils im gleichen Alter. Zwei Dreijährige, drei Vier- bis Sechsjährige, dann Sieben- bis Neunjährige, Zehn- bis Zwölfjährige und so weiter. Wir trafen uns nachmittags, an Wochenenden und in den Ferien in meinem Ferienhaus.

Wie verlief das? Nach dem »Prinzip des Einfach-So«, wie ich das nannte. Ich kam mit meinem Käfer zur festgesetzten Zeit zu den Treffpunkten, meist um 15 Uhr. Erst mal rein ins Auto und losfahren. »Was machen wir heute?« Sie hatten Vorschläge. Wenn nichts kam, hatte ich welche.

Irgendetwas passierte dann, je nach Alter. Ab in den Wald, Baggersee, alter Steinbruch, Felsenklettern, Abenteuerböschung, Kanal, Fluss, Geländespiel, Bumerangwerfen, meine Wohnung, Würfelspiel, Bilder malen, Jugendzentrum, Rudern, Bäumeklettern, Zoo, Pferde, Disco, sonst was.

Rumfahren im Auto und dabei Quatschen war sehr beliebt, ich chauffierte und hörte zu. Und immer wieder einfach Abhängen, passte immer. Mit was zu Futtern aus meinem Picknickkorb. Oder aus der Pommesbude. Von nachmittags um drei bis abends um sechs, sieben, acht oder neun, das Ende setzten sie selbst fest.

Die Kinder machten ihr Ding, ich war dabei, als »Gast im Kinderland«, machte mit oder auch nicht. Ich war akzeptiert und gemocht und störte sie nicht. Vor allem: Ich war nicht distanziert, ich beobachtete sie nicht mit weißem Forscherkittel.

Ich war eingebunden, ich erlebte mit. Ich war ganz da, die Person, die ich bin. Ich dirigierte sie nicht, ich nahm mich aber auch nicht zurück. Und wenn mir etwas nicht passte, dann sagte ich das auch. Kurzum, ich ging mit ihnen so um, wie ich mit meinen erwachsenen Freunden auch umgehe: auf gleicher Augenhöhe. Es war ein großes Abenteuer in einem fremden und zugleich vertrauten Land.

Ich nahm das alles in mich auf. Und nach und nach wurde es klarer und dichter: So – so sind sie, die Kinder. Und so – so komme ich mit ihnen zurecht, wenn ich sie nicht pädagogisch sehe und angehe, sondern authentisch mit ihnen unterwegs bin. Was das »so« bedeutet?

Tja! Was bedeutet das »so« im gleichwertigen Umgang mit Afrikanern? Mit Frauen? Mit einer anderen Religion? Mit der Natur? Das lässt sich nicht in drei Worte fassen. Ich notierte dazu 782 »Determinanten personaler Kommunikation mit jungen Menschen«, Orientierungen für unser gleichwertiges Miteinander. Das »so« ist eine besondere Qualität des Miteinanders. Was ich Ihnen heute Abend vorstelle.

Ich lernte also von der Pike auf, worauf man achten muss, wenn man mit Afrikanern gleichwertige Beziehungen machen will.

Wie viel Heuschrecken muss man sich auf den Teller tun? War ja nicht mein Thema. Worauf muss man achten, wenn man mit Frauen gleichwertige Beziehungen hinbekommen will? Wie viel Kleider muss man im Schrank haben? War ja nicht mein Thema.

Worauf muss man achten, wenn man mit Kindern gleichwertige Beziehungen realisieren will? Wo sind die Ecken und Kanten? Spinat, Händewaschen, Steckdose? Das war mein Thema – und ich fand es heraus. Ich schrieb einen Bericht darüber, eine Doktorarbeit, gab ordentlich alle Zitate an. Sie wurde anerkannt mit »magna cum laude«, »sehr gut«. Ich war Doktor der Philosophie.

Ich wusste nun, wie es geht, mit Kindern in gleichwertigen Beziehungen zu sein, und worauf man achten muss, damit das nicht misslingt. Was aber tun mit diesem Wissen? Ich habe gerne Märchen erzählt, »Unterrichten« heißt das. Geschichten vom Einmaleins, von Licht und Schatten, von Maikäfer und Hirschkäfer. Ich wollte wieder mit Kindern arbeiten, als Lehrer.

Aber diesmal nur mit Kindern, die sich wirklich selbst gehören. Hochoffiziell anerkannt als vollwertige Menschen. Ohne diesen ganzen pädagogischen Schnickschnack. Also suchte ich diese Kinder. Diese Kinder waren nicht zu finden.

Doch endlich fand ich sie, ich konnte nur nicht hin: Im Alten Ägypten, vor 5000 Jahren, hatten die Frauen und die Kinder der Eliten eine besondere Position: es bestand Gleichwertigkeit. Aber Zeitreise ging nicht. Ich suchte weiter und fand wieder Kinder, die sich selbst gehören: Bei nordamerikanischen Indigenen, vor 200 Jahren. Nicht ganz so weit weg, aber auch unerreichbar.

Endlich aber fand ich Kinder, die sich selbst gehören. Die im Unterricht denken dürfen, was sie wollen, sagen dürfen, was sie wollen, Räume verlassen dürfen, wann sie wollen, sich hinlümmeln, essen und trinken können, wie sie wollen. Diese Kinder gibt es wirklich hier und heute.

Ich begann wieder zu unterrichten. Aber nicht mehr Mathe, Bio und Physik, sondern so etwas wie Beziehungslehre, Kommunikation von Großen und Kleinen. Diese Kinder sitzen vor mir, das sind Sie, groß gewordene Kinder. Ich bin in die Erwachsenenbildung gegangen.

Und natürlich gehören Sie sich selbst. Sie können von meinen Ausführungen halten, was Sie wollen, zuhören oder weghören. Sie können mir ins Wort fallen, den Raum verlassen, mit oder ohne Türknallen. Und Sie können sich so hinsetzen, wie es Ihnen passt. Aber das könnte auch ganz anders sein.

So nämlich (plötzlich und unvermittelt, laut mit erhobenem Ton): »Ich bin Ihr Bildungskommissar, und Sie passen gefälligst auf! Wieso machen Sie, dahinten, Sie da, sich eigentlich keine Notizen? Sie wissen doch genau, dass wir gleich einen Test über das Thema ›Kinder sind wunderbar!‹ schreiben. Und wenn Sie den nicht bestehen, zahlen Sie 100 Euro Bußgeld und sind morgen wieder hier!!!«

(Ruhig weiter) So könnte es ja auch sein, ich bin der Bildungskommissar und Sie sind zum Zuhören und Mitarbeiten *verpflichtet*. Weiterbildungspflichtprogramm. So ist es aber nicht, glücklicherweise. Sie sind erwachsene mündige Bürger, gehören sich selbst, haben Ihre Rechte und sind freiwillig da. Für die Kinder morgen früh in der Schule um die Ecke ist das aber anders, ganz anders!

Ich bin also seit vielen Jahren in der Erwachsenen- und Familienbildung unterwegs und stelle meine Sicht vom Kind und meinen Weg zu Kindern vor. Da, wo es sich gerade ergibt, in Elterngruppen, Kindergärten, Schulen, Bildungsstätten, Volkshochschulen, Universitäten, Kongressen, Kleiner Kreis, Großer Kreis, wo auch immer.

Und stets ist da die Schwierigkeit, nachvollziehbar zu machen, was ich überhaupt meine mit »Unterstützen statt erziehen«.

Es ist eben eine Wanderung in unbekannte Gefilde. So wie wenn Städter zum ersten Mal einen Waldausflug machen. Ich muss Sie am Waldrand abholen und mit Ihnen Schritt für Schritt und behutsam in den Wald gehen. Und langsam erklären, was das alles ist und zu bedeuten hat, die Sträucher und Bäume, die winzigen, die kleinen, die großen und die seltsamen Tiere. Und wie es rauscht und riecht, ruft und raunt und wispert. Ich erschließe Ihnen einen neuen Kosmos.

Lebensanfang

Die Selbstverantwortlichkeit des Kindes ist schwer zu vermitteln. Und das gilt auch für mein Menschenbild vom Kind: Krone, kein Schild. Es ist nicht zu beweisen, dass die Kinder diese Würdekrone von Anfang an auf dem Kopf haben. Aber es gibt Bilder und Nachdenklichkeiten, Plausibilitäten und Hinweise, die aufschließen können, was mit dem »Die Kinder gehören sich selbst« gemeint ist.

Ich stelle Ihnen dazu einen Bilderreigen vor, der aus einem Bereich kommt, in dem ich mich auskenne. Ich habe ja neben Physik auch Biologie für das Lehramt studiert. Es gibt jetzt etwas zum Hineinhören und Hineinfühlen aus der Biologie. Der Denkbogen ist ungewöhnlich und abenteuerlich, aber er hat etwas!

Also: Mein Menschenbild aus biologischer Perspektive. Wann fängt ein Mensch an zu existieren? Wann habe ich und wann haben Sie angefangen zu leben? Die Wissenschaft sagt, wir beginnen mit der Verschmelzung von Samenfaden und Eizelle. Sehen wir uns das mal an, der Reihe nach.

Viele Samenfäden wandern zur Eizelle. Es starten bis zu 500 Millionen, aber nur rund 500 kommen noch in die Nähe ihres Ziels, nach etlichen Hindernissen und Gefahren. Sie rufen: »Wo bist Du?« »Hier bin ich«, ruft die Eizelle, die ihnen langsam entgegenkommt, und sie schickt Lockstoffe los, chemische Wegweiser. Es ist etwas dabei, Bourgeonal, das wie Maiglöckchen riecht.

»Herrlich, immer den Maiglöckchen nach!« rufen die Fäden. Nun: riechen können sie zwar nicht, aber sie finden mit dieser Hilfe ihren Weg. Die Eizelle unterstützt also aktiv das Navigieren der Fäden. Ist das alles nur »blinde« Natur oder schon erstes Rufen und Antworten, Agieren und Reagieren selbstverantwortlicher Wesen?

Schließlich kommt der erste Samenfaden zur Eizelle. »Mach auf, wir müssen verschmelzen, sonst gibt es kein neues Lebewesen«, ruft er. »So geht das nicht«, sagt die Eizelle. »Meine Haut ist zu dick. Da kommst Du nicht durch. Du musst auf die anderen warten, Ihr helft Euch gegenseitig mit Euren Enzymen. Dann wird meine Haut an dieser Stelle so dünn, dass einer von Euch durch kann. Aber nur einer. Vielleicht bist Du es ja, ich wähle aus. Und dann mache ich sofort wieder dicht.«

»Stimmt, habe ich glatt vergessen im Eifer des Gefechts, ich muss warten.« Pause. »Nimmst Du mich?« – Die Wissenschaft sagt, dass die Eizelle entscheidet, wer hineinkommt. – »Ich muss erst mal sehen, was die anderen drauf haben.« »Und dann machst Du sofort wieder zu?« »Ja, elektrisch, ich verändere das Potential.« »Klingt kompliziert.« »Kriege ich hin.« »Na dann!« Gespräch von Souverän zu Souverän, auf gleicher Augenhöhe.

Die anderen Fäden kommen an, einige wenige haben durchgehalten. Sie kennen ihren Job und helfen sich. Schließlich kann ein Samenfaden in die Einzelle schlüpfen, sie zieht ihn hinein, beide verschmelzen – und wir sind entstanden. Verantwortungsvolle Zusammenarbeit auf allen Seiten.

Sofort gibt es ein Problem. »Im Eileiter, wo ich entstanden bin, kann ich nicht bleiben, das ist lebensgefährlich.« Was ist los? Wenn wir dort vor Ort bleiben, gibt es eine Eileiterschwangerschaft, und die endet tödlich für uns und die Mutter. Wir müssen weiter zur Gebärmutter. Wer entscheidet das? Nur die Natur? Oder tragen wir auch da schon Verantwortung für uns, sagen: »Weiter geht's!«, auf dass wir uns zur Gebärmutter transportieren lassen?

Auf dem Weg zur Gebärmutter sehen wir nach einiger Zeit so aus wie eine Himbeere oder Brombeere. Das kennen Sie vielleicht noch aus dem Biounterricht. Wir sind ein beerenförmiger Zellhaufen geworden. Es gibt einen Riesenkrach. »Wir nicht!« »Wir auch nicht!« Was stimmt nicht? Nun, die eine Hälfte des Zellhaufens muss dienen, wird Plazenta, die andere Hälfte wird Mensch.

Wer soll das entscheiden? Die Natur? Nein, wir bestimmen und managen selbst in diesen unseren Angelegenheiten. Es gibt eine Konferenz, mit Fachleuten, Gruppengesprächen und Plenum. Dann: »Okay, okay, diesmal werden wir zur Plazenta«, sagt die eine Hälfte von uns, »beim nächsten Mal sind wir aber dran.«

Wir kommen zur Gebärmutter. »Ich freue mich, dass Du kommst, da ist der richtige Platz für Dich zum Großwerden.« »Da?« Ungläubiges Erstaunen. »Das ist doch viel zu nah an der Bauchdecke, das gibt nur Knüffe und Püffe.« »Nein, das ist der richtige Platz. Du bist das zweite Kind, ich kenne mich aus.« »Blödsinn.« Wir streiten uns mit der Gebärmutter. Schließlich akzeptieren wir ihre Kompetenz und ziehen dahin, wohin wir sollen. Einsicht und Handeln in eigener Verantwortung.

Das Training der Selbstverantwortung geht so weiter, neun Monate lang. Erst einmal: »Meine Mutter raucht ja noch und hat auf der Party neulich Wein getrunken. Die merkt nicht, dass ich da bin! Dass sie schwanger ist!« Anruf im Himmel, wen kann man um Rat fragen? Petrus ist zuständig. Ich frage ihn: »Was soll ich machen?« »Geh in ihre Träume«, sagt er, »mach ihr klar, dass Du da bist und dass sie mit dem Rauchen und dem Trinken aufhören soll.«

Okay. Nachts: »Hallo Mama, ich bin da!« Sie freut sich über den Traum und macht einen Test. Und es gibt kein Rauchen und keinen Alkohol mehr. »Hab ich selbst für gesorgt!« »Geht doch«, sagt Petrus.

Wie viel Schlaf brauche ich? Wie viel Sauerstoff? Wie viel Nahrung? Wie viel Bewegung? Wie viel hiervon und wie viel davon? Was wächst jetzt und was wächst später? In eigener Regie managen wir unsere neun Monate, werden größer und größer – und dabei ausgebildet und kundig in Sachen Selbstverantwortlichkeit. Wir brauchen Ressourcen, klar doch, aber wir bestimmen ihren Einsatz.

Eine Beule kommt aus der Bauchdecke. »Das ist ein Fuß oder der Po«, sagt Mama. »Nein, die Babys haben Schluckauf, wenn es diese Beulen gibt«, sagt Papa. »Ihr liegt daneben«, denke ich, »das sind meine Turnübungen, das ist meine Geburtsvorbereitung. Ich will mithalten bei der Geburt, meinen Part übernehmen, fit sein. Ihr macht Geburtsvorbereitungskurse, Papa ist modern und geht mit. Ist ja auch gut so, mache ich auch, aber hier im Bauch. Ein jeder in seinem Bereich.«

Dann kommt der Zeitpunkt der Geburt. Wer bestimmt den? Klar, die Mutter. Sie beginnt nach neun Monaten mit den Wehen. »Nein«, sagt die Wissenschaft. »Die Babys bestimmen selbst den Zeitpunkt der Geburt. Sie schicken einen Hormon-Cocktail in das Blut der Mutter, und der mütterliche Organismus kann dann gar nicht anders, als auf dieses Startsignal ihres Babys mit den Wehen zu beginnen. Das ist eine eigene Sache jedes Babys.«

Wann ist der rechte Zeitpunkt? Nach etwa neun Monaten gibt es einen Anruf von Petrus: »Du musst raus, schick die Hormone los.« »Nein, das ist zu früh. Ich habe noch 14 Tage.« »Was meinst Du?« »Meine Mutter und ihre Ärztin haben sich verrechnet.«

»Ja, das weiß ich auch«, sagt Petrus. »Aber Deine Mutter weiß es nicht. Sie glaubt an ihren Kalender. Und wenn Du nicht pünktlich die Geburt einleitest, macht das die Ärztin mit der Spritze, gar nicht gut diese Giftstoffe. Oder Du kriegst einen Kaiserschnitt verpasst.«

»Eklig. Kannst Du nicht mit ihr reden über die 14 Tage?« »Nein, sie ist empfindlich.« »Bitte!« »Na gut, ich versuche es, aber mehr als drei Tage werde ich nicht schaffen.« »Wenigstens drei Tage«, seufze ich und mache Bauchpurzelbaum. Und dann beginne ich meine Geburt. So wie dies jeder von uns getan hat.

Dann kommt die Geburt selbst. Da kann man nun gar nichts machen, ist der Natur ausgeliefert und muss passiv warten, bis das vorbei ist. »Nein«, sagt die Märchenforschung, diesmal ein Beitrag aus der psychologischen Ecke: »Die Babys machen aktiv und in eigener Verantwortung bei der Geburt mit.«

Der Kampf mit dem Drachen in den Märchen ist die Rückerinnerung der Menschen an ihre Geburt, wo es um Leben und Tod ging. Kollektive Menschheitserinnerung, eingefangen in den Märchen. Wir haben gekämpft um unser Leben. Und wer es nicht geschafft hat, ist auch nicht da, wird tot geboren. Wir aber haben den Drachen besiegt und das Leben gewonnen.

Die Babys sind also in eigener Verantwortung und Regie aktiv bei der Geburt dabei. »Auf geht's Mama, streng Dich an. Damit es diesmal nicht so lange dauert wie bei meiner Schwester. Ich streng mich auch an. Ich mach mich so klein wie möglich, komme mit dem Kopf zuerst, wie sich's gehört, und die Nabelschnur ist auch nicht um meinen Hals gewickelt. Sonst kommt doch noch der blöde Kaiserschnitt!«

Es gibt Teamarbeit auf Augenhöhe. Dann sind wir da, erschöpft, aber glücklich. Mama sieht das Baby an, Baby sieht die Mama an. »Wir sind ein gutes Team.« Wir kommen als neun Monate lang hochwertig ausgebildete Selbstverantworter auf die Welt und haben die Würdekrone auf dem Kopf.

Atmen

Es kommt der erste Atemzug. Das Atmen bringt uns den Sauerstoff – aus der Luft. Sauerstoff ist wichtig, ohne Sauerstoff läuft nichts. Zu wenig Sauerstoff im Gehirn macht krank, die Kinder können dann nicht richtig denken oder nicht richtig laufen. Sauerstoff muss sein.

Bisher bekommen wir den Sauerstoff gratis. Er wird durch die Nabelschnur mit dem Blut der Mutter geliefert, wo er drinsteckt. Nach der Geburt gibt es aber die Nabelschnur mit Blut und Sauerstoff nicht mehr. Wir müssen uns den Sauerstoff selbst aus der Luft holen: Wir müssen atmen. Mit Atmen anfangen.

Wer sagt den Babys, dass sie jetzt atmen müssen? Woher sollen die Babys das wissen? Zuständig und verantwortlich sind die Erwachsenen. Erwachsene sagen den Babys, dass sie jetzt atmen müssen. Sagen? Die Babys werden nicht mit Worten zum Atmen veranlasst, sondern durch Handeln.

Handeln: Die Nabelschnur wird zugedrückt, abgeklemmt, kaum dass wir da sind, und das heißt: »Du musst Dir den Sauerstoff jetzt selbst besorgen, und zwar mit Atmen.« Das Abklemmen machen Hebamme oder Arzt. Sie sind dafür verantwortlich, dass die Atmung beginnt, sofort. Zu spätes Atmen heißt zu wenig Sauerstoff heißt Schäden im Gehirn. Es ist nichts für Larifari.

Nach dem Abklemmen der Nabelschnur gibt es auf einmal kein Mamablut mit Sauerstoff mehr. »Wo bleibt denn jetzt mein Sauerstoff?! Wo bleibt denn jetzt mein Sauerstoff??!!« Die Babys geraten in Not, in Panik. Vor lauter Angst reißen sie dem Mund weit auf und holen tief tief Luft, ein Überlebensreflex. Aber keine gute Idee! Denn durch das verzweifelte tiefe Luftholen wird die Lunge ganz plötzlich und ruckartig auseinander gedrückt.

Bisher wurde die Lunge nicht gebraucht, sie ist da, aber noch klein und nicht entfaltet. Jetzt wird sie durch den ersten übervollen Atemzug mit Wucht auseinander gedrückt: und das tut weh, schrecklich weh! Wie Feuer braust die Luft in die Brust.

Die Babys schreien vor Schmerz – und die Welt der besorgten Erwachsenen am Geburtsbett ist wieder heil: »Der erste Schrei, wie gut. Es atmet.« Aber es ist nicht gut. Es geht auch ganz ganz anders.

Damals, als ich die Kinder wiederfand und sie in ihrer Selbstverantwortung als Kronenwesen sah, kam in Frankreich ein Arzt, ein Gynäkologe und Geburtshelfer, auch auf solche Gedanken. Dass die Kinder in den neun Monaten lernen für sich zu sorgen. Dass sie als Selbstverantworter auf die Welt kommen.

Und dass sie selbstverständlich auch die Umstellung auf die Luftatmung in die eigene Hand nehmen. Erwachsene sind dafür nicht verantwortlich und auch nicht zuständig. Sie müssen die Nabelschnur nicht sofort zudrücken – mit den schlimmen Folgen für das Baby. Und sie sollten es auch nicht tun.

»Wie, die Nabelschnur nicht zudrücken? Das gibt irreparable Schäden! Was soll der Unsinn?!« Es gab großen Streit unter den Experten. Frédérick Leboyer, der Arzt aus Paris, sollte diese absurde Idee – die Nabelschnur nicht zuzudrücken – lassen. »So etwas Unverantwortliches. Er *muss* das Startsignal zum Atmen geben!«

Und er wurde gefragt: »Was tun Sie denn nun nach der Geburt?« »Nichts mit der Nabelschnur«, sagte er, »aber ich tue schon etwas, ich lege das Baby auf den Bauch der Mutter, da liegt es gut.« »Aber die Nabelschnur!?« »Die fasse ich nicht an.«

Was passiert dann? Das Baby liegt auf dem warmen Bauch der Mutter, Nabelschnur dran, unangetastet. Die Plazenta ist noch an Ort und Stelle und hat durch die ausgerollte und unbeschädigte Nabelschnur Verbindung zum Baby auf dem Bauch.

Und sie tut weiter ihren Job: Durch die immer noch – Mamaherzschlag für Mamaherzschlag – pulsierende Nabelschnur versorgt die Plazenta das Baby mit Mamablut inklusive Sauerstoff, wie all die Monate vorher.

Das Baby bekommt also auf die altbekannte Art und Weise seinen Sauerstoff geliefert, auch wenn es schon geboren ist. Das geht nicht ewig so, aber einige Minuten schon. Das Baby kann sich entspannt und in Ruhe um die Sauerstoffversorgung aus der Luft kümmern.

Die Babys haben die neun Monate bei Petrus im Unterricht nicht nur unter dem Tisch Micky Maus gelesen. Ab und zu haben sie auch aufgepasst. Er hat damals gesagt: »Gleich nach der Geburt wird etwas Kaltes um Euer Gesicht streichen. Das ist die Luft. Da ist Sauerstoff drin, den braucht Ihr.«

»Aber passt auf: Ihr dürft nur ein bisschen Luft schlucken, wenig, und dann wieder ein bisschen! Nicht alles auf einmal. Sonst tut es schrecklich weh!« An das »Wenig, sonst tut es weh« erinnert sich jedes Baby.

Es ist jetzt kalt im Gesicht, und die Babys nehmen ein Schlückchen Luft, und noch ein Schlückchen und noch ein Schlückchen. Ohne Hast, sie haben ja noch genug Sauerstoff aus der weiter pulsierenden Nabelschnur.

Die Lunge entfaltet sich langsam, es tut nicht weh. Das Blut aus der Nabelschnur wird von der Lunge jetzt auch zu ihrer Entfaltung und zum Aufbau des Lungenkreislaufs gebraucht.

Die Babys haben sich nach kurzer Zeit vollständig auf die Luftatmung umgestellt. Die Lunge hat genug Blut und arbeitet nach Plan, sie liefert genug Sauerstoff, aufgenommen aus der Luft. Die Blutzufuhr von der Plazenta versiegt, die Lunge hat sich ausreichend bedient, und die Nabelschnur wird leer und milchglasigdurchsichtig.

Das Baby hat die Luftatmung also von sich aus hinbekommen, den ersten Atemzug in eigener Regie und eigener Verantwortung getan. »Ihr könnt die Nabelschnur jetzt abklemmen und durchschneiden, ich brauche sie nicht mehr. Macht einen Knoten und nehmt dann eine Schere, ich kann sie noch nicht bedienen.« Und wir folgen dem Ruf des Babys und nabeln es nach seinem ersten Atmen wie gewünscht ab.

Ich habe das Buch gelesen, damals, als ich die Kinder wiederfand. Und ich habe mir gesagt, wenn ich einmal Kinder bekomme, machen wir es genau so, wie es in dem Buch von Frédérick Leboyer steht, in »Der sanfte Weg ins Leben«. Die Babys werden dann sanft, liebevoll und ohne unnötigen Stress auf die Welt gebracht. Es sollte aber noch eine Weile dauern bis dahin.

In eigener Regie

Zunächst kamen eines Tages mein Freund Martin und seine Frau Angelika zu mir. »Wir haben doch über Leboyer gesprochen. Wir bekommen ein Baby und wollen es so machen.« Sie sagten dem Arzt, dass ihr Baby *in eigener Regie* zu atmen beginnen solle.

»Das ist unverantwortlich«, sagte der Arzt, »das können die Babys nicht von selbst.« »Klar«, sagte Martin, »ist das unverantwortlich, aber in einem konstruktiven Sinn, weil die Babys ja von Anfang an selbstverantwortlich sind.« »Unsinn!« war die Antwort.

Nach etlichem Hin und Her: »Bei mir nicht!« Nun, es gibt viele Frauenärzte. Beim nächsten war es nicht besser. »Ich kenne das Buch. Das ist unverantwortlich!« »Klar, in einem konstruktiven Sinn, weil die Babys selbstverantwortlich sind.« »Bei mir nicht!«

Nach drei Frauenärzten gingen sie zur Uniklinik. »Die sind näher an der Wissenschaft«, dachten sie. Aber dasselbe Spiel: »Bei uns nicht!« Auch die nächste Klinik war so drauf.

Na gut, dachten Martin und Angelika, dann fahren wir eben nach Paris, der Arzt dort wird ja wohl wissen, wovon er spricht. Verlag angerufen: »Kann man bei Leboyer entbinden?« »Ja schon, er ist aber zur Zeit für ein paar Monate in New York.« »Kein Problem«, sagte Martin, »dann fliegen wir eben nach New York.« »Nein«, sagte Angelika, »mit dem dicken Bauch gehe ich in kein Flugzeug mehr.« Aus der Traum!

Aber mein Freund Martin ist hartnäckig. Er recherchierte und fand einen Pionier in Sachen »Sanfte Geburt«. Dieser Arzt wohnte sogar in ihrer Nähe, hielt Vorträge und zeigte Dias. Nach einem Besuch seines Vortrags fragten sie ihn, ob er ihr Frauenarzt sein könne und ob sie bei ihm entbinden könnten. »Klar doch«, er freute sich und wurde ihr neuer Frauenarzt.

Dann kam die Geburt. Als moderner Vater ging Martin mit ins Geburtszimmer und setzte sich still auf einen Stuhl in der Ecke. Die Geburt begann, dann war sie beendet, das Baby lag auf dem Bauch von Angelika. Martin wollte nun sehen, ob die Nabelschnur weiter pulsiert, wie es in Leboyers Buch geschrieben steht.

Aber die Bettdecke des Geburtsbetts war hochgezogen, so dass er nur den Kopf ihres Babys sehen konnte, das sich auf dem Bauch ausruhte. Nicht aber die Nabelschnur. Er wollte die andächtige Stille nicht stören, ließ die Bettdecke Bettdecke und die Nabelschnur Nabelschnur sein und dachte: »Wird schon werden.«

Der Arzt sah seelenruhig aus dem Fenster und fasste die Nabelschnur nicht an. Alles richtig. Aber: Nichts rührte sich. Kein Zeichen kam, dass das Baby sich auf die Luftatmung umstellte. Kein Schniefen, Prusten. Nichts. Martin wartete. Nach einer Minute tat sich immer noch nichts. Martin wurde unruhig, angespannt.

»Was ist, wenn sich unser Baby nicht umstellt? Wenn die Kinder das doch nicht selbst können? Oder nur einige, aber nicht alle, jedenfalls nicht unser Baby?« Dann hielt er es nicht länger aus! Er wurde wütend. Auf Leboyer. Auf den Arzt. »Wieso tut der denn nichts? Der merkt doch auch, dass das Baby nicht atmet!«

Sollte er ihn zur Rede stellen? Der würde doch alles abstreiten! »Und dann ist unser Kind erstickt oder hat riesige Hirnschäden.« Nein, er musste das selbst in die Hand nehmen. Selbst die Nabelschnur zudrücken und dem Baby damit sagen: »Los, atme!« »Der ganze Quatsch mit der Selbstverantwortung – alles nur Einbildung! Hubertus kann seine Doktorarbeit in den Papierkorb knallen!«

Martin fuhr von Stuhl hoch und wollte sich zum Bett stürzen. Da bekam er gerade noch mit, wie sein Baby zu ihm sagte: »Eh Papa, geht's noch? Was bist Du denn so ungeduldig?« Es fing in dem

Moment an zu schniefen und zu prusten, als er hochfuhr – *er hörte den ersten Atemzug!* Und den nächsten und den nächsten.

Martin blieb wie angewurzelt stehen. *Er* konnte tief durchatmen. Ja mei! Alles war in Ordnung! Er fiel auf den Stuhl zurück, und seine Welt war wieder heil. Dieses Umsteigen von der pädagogischen Welt in die nichtpädagogische Welt ist oft auch anstrengend. Es ist alles nicht so leicht …

Aber es stimmt schon: Menschen sind selbstverantwortlich vom ersten Atemzug an, sie werden neun Monate trainiert und ausgebildet, für sich selbst die Verantwortung zu übernehmen. Sie können nicht alles tun und sie können nicht alles wissen. Aber sie haben die Ressourcen, erst Gebärmutter, Nabelschnur und Co, dann Eltern und Gesellschaft.

Sie brauchen sehr wohl Unterstützung, aber keine Erziehung zum Menschen. Sie sind welche, vollwertige Menschen. Sie sind souverän, haben eine Würdekrone auf dem Kopf und sind für sich verantwortlich, das ganze Leben, von Beginn bis zum Tod.

Beim ersten Atemzug in Eigenregie waren wir Pioniere. Was damals hoch umstritten war, ist heute, nach 40 Jahren, eine Selbstverständlichkeit. Heute können Sie in so gut wie jeder Klinik nach der Leboyer-Methode Ihr Baby bekommen, für eine gesunde Entfaltung der Lunge sorgen und Ihrem Kind den Atemschmerz ersparen. Sie heißen seine Selbstverantwortlichkeit willkommen und verstehen Ihr Baby: »Mama und Papa, ich bekomme das mit der Luftatmung selbst hin.«

Blickwinkel können sich ändern, und in diesem speziellen Fall, dem ersten Atmen nach der Geburt, wird die Selbstverantwortlichkeit des Kindes heute allgemein anerkannt. Dann aber – muss Erziehung sein, müssen Kinder erzogen werden, 18 Jahre lang. Muss das sein? Es muss nicht sein.

Es geht ja nach dem ersten Atemzug weiter, die Babys entscheiden selbst, wie viel sie trinken und schlafen und gucken und greifen und rufen und hören und strampeln und glucksen und pusten und und und. Die Selbstverantwortung ist da und sie hört nicht auf.

Das Kind ist ein Jahr alt. Die Familie wartet gespannt am ersten Geburtstag auf den ersten Schritt. Alle sind gekommen und wollen das miterleben. »Nein«, sage ich an meinem Geburtstag, »tut mir leid, dass Ihr alle gekommen seid und nichts passiert. Aber ich brauche noch ein paar Tage, dann bin ich erst so weit.«

»*Ich* entscheide, wann ich den ersten Schritt tue. Da kannst Du mich zigmal locken, Papa, diesen einen Schritt vom Stuhlbein zu Dir in Deine Arme zu machen: Ich bin noch nicht so weit.« Jeder von uns hat in eigener Regie entschieden, wann er den ersten Schritt wagte.

Jeder hat auch in eigener Regie entschieden, wann Mama hinten am Fahrrad loslassen konnte. Wann wir soweit waren, das Gleichgewicht zu halten. Unsere Verantwortung! Und jeder hat selbst entschieden, wann die Schwimmflügel wegbleiben konnten und wir uns über das tiefe Wasser trauten. Und wir haben in eigener Regie unseren ersten Kuss gegeben.

Das geht so weiter, ein Leben lang – wir sind Selbstverantworter. Und wenn wir hundert Jahre alt geworden sind: »Haben wir unsere Pillchen heute schon genommen?« Dann werde *ich* es sein, der die Tabletten nimmt oder nicht. Ich entscheide, in eigener Verantwortung, ein Leben lang.

Das Nichtwahrnehmen der Selbstverantwortung des Kindes kommt vielfältig daher. Was aber nichts daran ändert, dass sie da ist. Ich sehe diese Selbstverantwortung, sehe die Kinder anders als die Tradition, als Erziehung und Pädagogik. Und wollte mich dementsprechend im Lehrerstudium nicht zum Erziehungs-Missionar und Menschenformer ausbilden lassen. Ich habe also ein anderes Bild vom Kind, als man es gewohnt ist. Dieses Bild habe ich Ihnen vorgestellt.

Regeln und Grenzen

Wenn Sie es einmal grundsätzlich für möglich halten, dass Kinder selbstverantwortliche Wesen sind, wenn Sie nicht abwinken, sondern weiter interessiert sind, kommt sofort die Frage: »Wie soll das denn funktionieren? Wie geht das, mit Kindern ohne Erziehung zusammmen zu sein, ohne dass es Chaos gibt?«

Es fehlt jede Vorstellung davon, wie das gehen soll. Es gibt kein Narrativ, keine Erzählung und keine Erfahrung mit einer solchen Praxis. Woher sollte sie auch kommen?

Es gibt aber diese Praxis. Meine Kinder sind so groß geworden, und auch meine Enkel werden so groß. Seit langer Zeit halte ich Vorträge darüber und führe Seminare durch. Und im Laufe all der Jahre gab und gibt es viele Menschen, die diese Sichtweise gut finden und so mit ihren Kindern leben. Und die Kinder dieser Eltern sind inzwischen groß und selbst Eltern geworden und sehen auch ihre Kinder so.

Aber wie soll das nun gehen, ohne Erziehung mit Kindern zusammenleben? Die Praxis erkläre ich am besten am Konflikt. Wenn es schwierig wird zwischen Eltern und Kindern. In solchen belasteten Situationen muss sich meine Sicht bewähren und beweisen.

Wenn man sich einigt – kein Problem. »Wasch die Hände!« »Gern doch.« Ja prima, aber das ist auch kein Konflikt. Bei »Nein, mach ich nicht!« sieht das schon anders aus. Wohl so: Wenn die

Kinder den Erwachsenen gleichwertig sind, müssten sie doch tun können, was sie wollen. Was sie in ihrer Selbstverantwortung gutheißen, also keine Hände waschen.

Und wenn das so sein soll, und sich die Kinder nie und nimmer die Hände waschen und auf Teufel komm raus auf der Straße Ball spielen … dann ist das doch völlig unrealistisch. Das kann nicht funktionieren, gibt Chaos, kranke und tote Kinder.

Na ja. Da fehlen die Gedanken, die das alles ins Positive geleiten. Es fängt damit an, dass gedacht wird, die Quintessenz meiner Sicht sei, dass die »selbstverantwortlichen« Kinder jetzt immer *tun* könnten, was sie entscheiden. Dem ist aber nicht so! Es ist anders: sie können *nicht* immer tun, was sie wollen.

Und dabei – beim Nicht-tun-können-was-man-will – bleiben dennoch die Selbstverantwortung, Souveränität, Würdekrone und Gleichwertigkeit bestehen. Diesen Widerspruch will ich erklären und auflösen. Das ist nicht leicht zu verstehen. Aber ich werde mich bemühen, und es wird eine Weile dauern.

Ein dreijähriges Kind spielt im Matsch und hat Hunger. Es kommt mit Matschstiefeln nach Hause, die Stiefel bleiben dran, es geht ins Wohnzimmer und fängt an, mit Matschhänden das Marmeladenbrot zu essen. Der Teppich ist verdreckt, und ungesund ist es auch. Was jetzt?

Sie können sich das natürlich bieten lassen. Auch mehrmals. Aber wahrscheinlich sagen Sie schon beim ersten Mal, dass das so nicht geht. Ihr Nein an der Tür ist klar, und die Kinder wissen auch Bescheid: Matschstiefel aus, Hände waschen. Wenn die Kinder sich nicht dran halten, ja, was dann? Sie werden dafür sorgen, dass sie sich dran halten. Sie setzen sich durch, wie das so heißt.

Was bedeutet das: »Durchsetzen«? Sie ziehen eine Grenze, die die Kinder einhalten sollen. Damit es keine Grenzverletzung gibt, und zwar *Ihnen* gegenüber. Sie verteidigen Ihre Sicht der Dinge, nämlich kein Matsch im Haus und saubere Hände. Sie setzen sich für Ihre Werte ein, für das, was Sie für richtig halten.

Welche Werte und Grenzen hat man? Da muss man nicht viel darüber nachdenken, man kennt seine Werte und Grenzen. Dahinter steckt die Frage: »Wer bin ich?« Es ist dies die Ergänzungsfrage zu dem, was ich anfangs gefragt habe, als ich die Kinder wiederfand: »Wer bist Du?« Eine existenzielle Frage.

Die Werte – und damit auch die Grenzen, die man den Kindern setzt – sind in uns gewachsen durch Kultur, Erfahrungen, Überlegungen. Sie werden zu Regeln. Es ist dabei nur so, dass die Vorstellungen darüber sehr unterschiedlich sein können, und was dem einen sin Uhl, ist dem andern sin Nachtigall.

Das Kind hat in dem Beispiel andere Vorstellungen als die Mutter: »Die Stiefel bleiben dran« und »Die Hände werden nicht gewaschen«. Aber Sie kennen Ihre Regeln, und die Kinder kennen Ihre Regeln auch. Bei Familie Meier so, bei Familie Müller genauso, ähnlich oder anders. Aber: es gibt Regeln.

Sie schreiben Ihre Regeln auf einen langen Papierstreifen. »75 Regeln von Frau und Herrn Meier«, ihre Familienregeln: Matschstiefel aus, Hände waschen, Zähne putzen, Geschirrspüler ausräumen, Hausaufgaben machen, nicht kratzen, nicht spucken, nicht beißen und so weiter und so fort. Und Sie pinnen Ihre Regeln draußen an die Haustür. Damit jeder Bescheid weiß.

Der Klapperstorch bringt die Kinder, auch Ihr Kind wird eines Tages gebracht. Ihr Baby sieht das Papier an der Haustür. »Halt mal«, der Klapperstorch nickt und er weiß, was kommt. »Das muss ich lesen. Was steht da? Stiefel ausziehen? Hände waschen? Zähne putzen? Ja geht's noch?!«

Dann: »Storch, hast du Papier?« »Habe ich.« »Und Stift?« »Auch.« Das Baby schreibt seine Regeln auf einen langen Papierstreifen: »75 Regeln von Kind Meier.« Der Storch hat auch eine Pinnnadel.

Wir sehen zwei Regelwerke. Welches Regelwerk ist das richtige? Komische Frage, die Regeln der Erwachsenen natürlich. Ja, okay, man vertut sich ab und zu. Und ändert immer wieder mal seine Regeln und damit seine Grenzen, heute keine Zähne putzen und ab ins Bett. Aber selbstverständlich sind die Regeln der Eltern die richtigen Regeln.

Das lässt sich aber auch ganz anders sehen. Nicht so, dass die Regeln der Kinder jetzt die besseren wären als die der Eltern. Etwas anderes lässt sich überlegen: »Gibt es *überhaupt* richtige Regeln? Hat einer *wirklich* mehr recht als der andere?« Jetzt wird es grundsätzlich – zu den Kindern komme ich dann zurück.

Ich bin ja in einer philosophischen Welt zu Hause, einem philosophischen Großraum, der »Postmoderne« genannt wird. In der Postmoderne gilt, dass es keine objektiven Wahrheiten gibt, sondern nur subjektive. Die dann gleichwertig nebeneinander stehen. Es gilt das Grundmuster, das Paradigma der Gleichwertigkeit.

Das heißt: Nichts und niemand steht über etwas oder unter etwas anderem, alles hat gleichen Wert. Und das gilt auch für die beiden Regelwerke, das der Eltern und das der Kinder. So eine Position ist gänzlich anders, als wenn man sagt, einer, und zwar hier die Mutter, hat recht, hat mehr recht als das Kind.

Wie soll entschieden werden, wenn beide gleich viel recht haben? Bei aller Gleichwertigkeit gibt es einen eindeutigen Kompass:

»Wer bin ich?« Daraus folgt: »Was sind meine Werte und Grenzen und Wege?«

Die Gleichwertigkeit der Postmoderne führt nicht zur Beliebigkeit und macht niemanden hilflos, wie oft gedacht wird. Sie wird sinnvoll ergänzt und ausgefüllt durch die Verantwortung jedes einzelnen für sich. Als Teil der großen gleichwertigen Vielfalt höre ich in mich und wähle meine Wege aus. Ohne die anderen, von mir nicht gewählten Wege – und Menschen – herabzusetzen.

Beispiel: Ich gehe einkaufen im Kaufhaus, und drei Meter vor mir ist eine alte Frau, ihre Handtasche steht offen. Klar, was gleich passiert: Jemand greift rein und nimmt ihr Portemonnaie raus.

Wie reagieren Sie? »Wenn Sie mir die Hälfte abgeben, verpfeife ich Sie nicht.« Das ist die eine Möglichkeit. Oder Sie machen Theater: »Geben Sie der Frau sofort ihr Geld zurück!« Ich reagiere so. Der Dieb sieht mich an und fragt mich: »Was geht Sie meine Klauerei an?«

Ja, was geht mich das an? Ich kann es eben nicht mit ansehen, wenn einer alten Frau Geld geklaut wird. Das kann ich sowieso nicht haben, nicht nur bei einer alten Frau. Es gehört zu mir und meinen Werten, dass ich Klauerei nicht haben kann und dass ich eingreife, wenn ich so etwas mitbekomme. Aber klar ist auch, dass das meine Wertewelt ist und dass der Dieb eine andere hat. Die meiner gleichwertig ist.

Was rege ich mich auf? Was geht mich seine Klauerei an? Nun ja, ich bin eben so, er ist anders. Und ich kann ihn ja auch verstehen, ohne es ihm deswegen durchgehen zu lassen, zu meinen Vorfahren gehörten schließlich Raubritter.

»Da hast Du Pech«, sage ich, »meine Grenze ist drei Meter vor mir, an dieser Handtasche, und ich verteidige meine Grenze.«

Meine Grenzen sind eben nicht nur an meinen Haarspitzen. Sie können drei Meter vor mir sein. Oder sonst wo.

Am Äquator. Auch ich will nicht, dass der Regenwald vernichtet wird, dass der Urwald abgeholzt wird. Was kann ich dagegen tun? Ich kann zum Amazonas fahren und mich an einen Baum ketten. Das wird nicht gutgehen, da werde ich umgebracht. Man kann nicht viel tun. Aber eins schon: ich unterschreibe einen Aufruf zur Rettung des Regenwalds, dass die Abholzerei eingestellt wird.

Eine Woche später klingelt mein Handy. »Hier Pedro, Holzfäller vom Amazonas. Sag mal, Schoenebeck, was unterschreibst Du da? Ich muss mit Holzfällen meine Familie ernähren, lass den Unfug.« »Da hast Du Pech«, sage ich, »meine Grenze ist am Amazonas.«

Habe ich mehr recht als er? Hat überhaupt jemand mehr recht als der andere? Tja, die Wertewelten sind verschieden. Und sie sind nach meiner Auffassung gleichwertig. So wie bei Mutter und Kind.

Vier Mächte

Wie geht es in dem Matschbeispiel weiter? Die Mutter weiß, dass sie nicht wirklich mehr recht hat als ihr Dreijähriges, nicht wirklich drüber steht. Das ist schwer nachzuvollziehen, aber so soll es jetzt einmal sein. Sie weiß auch, was ihre Regeln und Grenzen sind, und sie weiß auch, dass da Unterschiede zwischen ihr und ihrem Kind bestehen.

Wenn sie nachgibt, folgt eine Grenzüberschreitung: und zwar ihr gegenüber. Von dem eigenen Kind. Kann sie machen und 18 Jahre lang Flur und Teppich reinigen. Wird sie aber nicht. Sie wird ihre Grenze verteidigen und sich durchsetzen.

Wenn sie die Möglichkeit dazu hat, man kann ja auch nicht immer gewinnen. Der Dieb rennt mit dem Geld weg, und der Regenwald ist schließlich ein weiteres Stück vernichtet. Aber bei den Kindern klappt das eigentlich schon, mit Ausnahmen.

Wenn freundliche Worte nicht reichen, wenn es also nicht im Frieden geht, wenn auch List und Tücke nicht funktionieren, wird es eng. Dann muss die Mutter wie jeder, der Kinder hat, Macht einsetzen, um die eigenen Grenzen und die eigenen Werte, die draußen an der Tür angepinnt sind, zu verteidigen.

Welche Macht haben wir, um uns den Kindern gegenüber durchzusetzen? Da gibt es verschiedene Machtmittel. Vier große Machtmittel sind: Argumentationsmacht, Geldmacht, Gefühlsmacht, Muskelmacht.

Die Argumentationsmacht. Wir Erwachsene wissen viel und haben den Überblick. Aber auch so etwas ist begrenzt. Wie soll ich jemanden überzeugen, der fest überzeugt ist vom Gegenteil? Wenn ich sage, dass es besser ist, aus der Atomenergie auszusteigen? Mit dem Fleischessen aufzuhören? Frauen nicht mehr zu diskriminieren?

Argumente sind da, aber sie haben eben oft nur eine begrenzte oder gar keine Wirkung. Und bei dem Dreijährigen mit den Matschstiefeln auch nicht. »Fängt die Mama schon wieder mit dem Gelaber an …«

Die Geldmacht. Sie sagen: »Wenn Du Dein Zimmer aufräumst, gibt's einen Euro extra.« »Ich bin nicht zu bestechen.« Tja, so kann es kommen. Dann werden Sie ekliger: »Wenn Du Dein Zimmer nicht aufräumst, kannst Du den Kinobesuch knicken, der Zuschuss fällt flach.« »Das ist Erpressung.«

Klar, nicht okay, aber Sie wissen sich jetzt eben nicht anders zu helfen. Das mit dem Geld geht nicht immer, aber oft. Gerade bei den älteren Kindern. Bei dem Dreijährigen, das mit den Matschstiefeln kommt? Wohl kaum.

Die Gefühlsmacht. Es gibt die hochwirksame Macht der unguten Emotionen. Gute Emotionen helfen oft, freundliche Worte. Aber in unserem Beispiel hat das ja alles nichts geholfen. Also jetzt: Die Macht der unguten Emotionen, Töne der unangenehmen und der ekligen Art, Schimpfe, böser Blick.

Diese unschöne Macht ist oft das, was – schlimm aber wahr – wirklich hilft, einfach schnell wirkt und praktikabel ist. Eine realistische Macht. Und so wird es auch im Fall der Matschstiefel sein.

Noch einmal: Freundlichkeit und liebevolle Erklärungen haben nicht geholfen. Das Kind will nicht und tut's nicht. Die Mutter kann sich geschlagen geben und sich ihrem Kind unterordnen. Nur: das wird nicht passieren, keine Mutter wird sich Matschstiefel bieten lassen. Sie wird sich durchsetzen.

Jetzt also mit ihrer Gefühlsmacht: Sie hebt den Ton, schimpft, spuckt schließlich Gift und Galle – und das reicht dem Kleinen! Das geht ans Eingemachte: »Mama liebt mich nicht mehr.«

Und sie tun, was sie sollen. Dass das keine guten Folgen für die Seele hat, ist klar. Und sollte möglichst vermieden werden. Möglichst! Aber hier geht es um die – unschöne – Realität. Damit die Kinder tun, was sie sollen.

Die Schimpferei bedeutet für die Mutter, dass ihre Grenze gewahrt und nicht überschritten wird. Die Stiefel sind ausgezogen und Flur und Teppich bleiben sauber. Und die Hände werden ohne weitere Worte gewaschen. Mehr dazu später. (S. 152)

Und die Wirkung auf das Kind? Wir setzen unsere Macht ein, um uns zu schützen. Auf Kosten anderer? Langzeitschäden bei den Kindern durch Liebesentzug? Und wo soll da die Gleichwertigkeit von Erwachsenen und Kindern sein? Nur Geduld, ich löse das Unlösbare schon noch auf!

Es geht mit dem Durchsetzen ja auch nicht immer so, wie man das will. Wie wollen Sie denn einen Siebenjährigen zum Händewaschen zwingen, wenn er partout nicht will? Argumente prallen ab. Auf Geld reagiert er nicht. Und da kämen Sie sich auch sicher zu dämlich vor, für eine Selbstverständlichkeit wie Händewaschen jedes Mal einen Euro rauszurücken. Schimpfe zeigt keine Wirkung.

Die Muskelmacht. Zum Schluss klemmen Sie Ihr Kind zwischen die Beine, humpeln ins Bad. Es wehrt sich heftig, es ist ein Wunder, dass Sie das bei einem Siebenjährigen überhaupt noch schaffen. Klar, die Hände sind dann gewaschen, zwangsgewaschen. Aber der Preis?

Das Bad ist überschwemmt, das Kind ist klatschnass, Sie sind klatschnass, Schienbein eingetreten. Hände sauber, Tag versaut! Der Preis ist hoch, sehr hoch für gewaschene Hände. Aber: Sie haben Ihre Grenze verteidigt.

Und es kommt – trotz aller Machtmittel – auch immer wieder vor, dass Sie verlieren, und Sie müssen eine Grenzüberschreitung durch Ihr Kind hinnehmen. Ich erspare Ihnen Beispiele.

Die Muskelmacht. Noch einmal, jetzt in weitem Bogen und ausführlich. Also: Mein Sohn ist acht Monate alt und sagt zu mir: »Papa, das haben wir doch gestern im Bilderbuch gesehen, wieso ist das hier im Wohnzimmer?«

Schon klar, Kinder können mit acht Monaten nicht sprechen, es ist ein Bild. »Was meinst Du denn?« »Na, Du hast gesagt, dass es das nur im Wald oder auf dem Bauernhof gibt. Hast Du gestern gesagt.« Stimmt, wir haben ein Bilderbuch vom Bauernhof angeguckt. Aber ich weiß nicht, was er meint.

»Ich hoffe nur, es ist nicht zu feucht und grunzt nicht so schrecklich. Ich muss ja alles auch in den Mund nehmen, um die Welt zu begreifen. Das hast Du doch in Deinen schlauen Büchern über Kinder gelesen.« »Ja, stimmt, aber worum geht es eigentlich?«

»Schau mal Papa, da hinten an der Wand. Das runde Ding da unten mit den zwei Löchern. Da neben der Tür.« »Ja und?« »Das ist doch eine Schweineschnauze. Ich muss nachsehen, ob es ein Wildschwein ist oder ein Hausschwein. Puh, hoffentlich ist das nicht zu schmierig.« Und er krabbelt auf die Steckdose zu.

»Geh da weg, das ist eine Steckdose. Da ist der Tod drin.« »Ach Du mit Deinem Erwachsenenwissen. Es ist eine Schweineschnauze.« »Lass den Quatsch, es ist eine gefährliche Steckdose.«

»Ja, sagst Du. Du hast Physik unterrichtet, gleich kommt was von Elektronen und so. Das lern ich aber erst im Physikunterricht, wenn ich 13 bin. Geschenkt. Jetzt bin ich acht Monate, und das ist für mich klar die Schweineschnauze. Und die werd ich untersuchen.«

Tja – wer hat recht? Sie wissen wie ich, dass da keine Schweine in der Wand eingemauert sind. Da sind Steckdosen! Ja, *wir* wissen das. Aber ein Baby mit acht Monaten, das gestern ein Bilderbuch vom Bauernhof angeschaut und sich gemerkt hat, wie eine Schweineschnauze aussieht? Was das Baby weiß, stimmt nicht. Stimmt nicht? In der Postmoderne gibt es kein falsches Wissen, jeder aus seiner Sicht!

Wir machen einen Kongress an der UNO, pro Land ein Delegierter. Thema: »Rundes Ding unten an der Wand mit zwei Löchern – was ist das? Schweineschnauze oder Steckdose?« Der Kongress dauert keine Minute, Schlussabstimmung: »Es ist eine Steckdose.«

Aber es gibt den Gegenkongress, auch an der UNO, Teilnehmer: Kinder von acht Monaten. Teilnahmebedingung: Bilderbuch vom Bauernhof gesehen. Der Kongress zieht sich hin. Es müssen logistische Probleme gelöst werden: Nannys engagieren, Fläschchen warmhalten, Windeln wechseln, Brei kochen, Einschlaflieder vorsingen. Gruppengespräch – Plenum, Plenum – Gruppengespräch, Expertenanhörungen.

Nach vier Wochen lebhafter Diskussionen kommt die Schlussabstimmung: »Nach allem, was wir wissen, ist es eine Schweineschnauze.« Einstimmig beschlossen! Und dieses Kongressergebnis ist Nonsens? Hat keinen Bestand vor dem Universum? Ich habe da durchaus einen gewissen Respekt.

Heilige Gleichwertigkeit! Wie geht es weiter? »Hast Du mehr recht als ich, Papa? Muss ich einsehen, dass es eine Steckdose ist?« »Nein«, sage ich, »Du *musst* nichts einsehen. Du *kannst*, wenn Du willst. Du kannst aber auch Deine eigene Sicht behalten, und jeder, der ein Bilderbuch vom Bauernhof mit Schweinen gesehen hat und acht Monate alt ist, hält das Ding da unten erst einmal für eine Schweineschnauze. Das mache ich Dir nicht schlecht. Ich bin wie alle Erwachsenen anderer Meinung, aber Du musst nichts einsehen.«

»Dann kann ich ja jetzt endlich zur Schweineschnauze krabbeln.« »Nein«, sage ich. »*Tun* was Du willst, kannst Du nicht. Du kannst Deine Sicht behalten, ich gehe Dir nicht an die Seele. Ich freue mich, wenn Du meiner Auffassung folgst, das Ding da unten für eine Steckdose hältst und wegbleibst.«

»Aber wenn Du es anders siehst, dann siehst Du es anders. Nur: Ich bin mir und meiner Sicht im Wort und ich will kein totes Kind. Und deswegen lasse ich nicht zu, dass Du da drankommst.« Jeder Vater und jede Mutter halten ihr Kind von der Steckdose weg. Die Eltern wollen ihre Kinder lebend sehen.

Es ist ja aber auch nicht gesagt, dass Ihr Kind tatsächlich an der Steckdose stirbt. Manchmal passiert gar nichts bei einem elektrischen Schlag. Oder es rappelt so im Kopf, dass Ihr Kind ein zweiter Einstein wird. Aber die Chancen sind doch sehr begrenzt. Sie *werden* das tun, was ich auch tue: Sie verhindern, dass Ihr Kind an die Schweineschnauze-Steckdose kommt.

Was also tun?

Die Macht einsetzen, die wir Eltern haben. Wie soll das gehen? Schauen wir mal. Erst ziehe ich einen Kreidehalbkreis um die Schweineschnauze-Steckdose, mit weißer Kreide. Mit 50 Zentimetern Durchmesser. »Bis hierhin und nicht weiter, hier ist meine Grenze, wenn Du da weiterkrabbelst – das geht gar nicht.«

»Hab ich verstanden Papa, aber mein Ziel ist die Schweineschnauze, Deine Grenze muss ich leider ignorieren.« Und er krabbelt tatsächlich über den Kreidestrich.

Und jetzt? Argumente hat es genug gegeben, versteht so ein Wicht ja eh nicht. Die Geldmacht? »Wenn Du dahin gehst, zieh ich Dein Sparbuch von Oma ein!«, lass ich.

Gefühlsmacht? Mal sehen. Man muss ja nicht gleich giftig werden, erst mal sanfte Töne. Ich sage ruhig: »Eh, eh, bleib da weg.« Die Worte werden nicht verstanden, meine Töne schon, sie sagen dem Kleinen, was ich will. Hilft nur nicht. »Hab Dich schon verstanden, ich will aber zur Schweineschnauze.« Er krabbelt weiter.

Noch 30 Zentimeter! Jetzt die Macht der harten Töne. Ich brülle durch den Raum, dass die Wände wackeln: »Zackzack, aber weg da!!!« (Mache ich jetzt beim Vortrag nicht, sonst werde ich heiser. Aber verlockend ist es schon!) Vor Schreck saust er unters Sofa und ward den ganzen Tag nicht mehr gesehen. Dann kommt er vor, und eins ist klar: »Da hinten an die Wand krabble ich nicht mehr hin, das war zu schrecklich.«

Oder er schüttelt nach dem Brüller kurz den Kopf. »Puh, das war echt unangenehm.« Und krabbelt weiter. Nur noch 10 Zentimeter! Jetzt muss was her, was wirklich funktioniert, sonst gibt es gleich ein totes Kind. Ich setze die vierte Macht ein, die Eltern haben: die Muskelmacht. Ich ziehe den Kleinen am Hosenboden von der Schweineschnauze-Steckdose weg und nehme mein Kind hoch. Und morgen besorge ich Kindersicherungen.

Aber stopp: Muskelmacht? Jetzt wird es sehr kompliziert, denn jetzt taucht sofort ein Monsterwort auf, das gruselige Szenarien ins Nachdenken zieht: Das Wort heißt »Gewalt«. »Du willst Dich mit Gewalt durchsetzen? Das geht doch wohl gar nicht!«

Und an dem Punkt hängen viele fest. Sie wollen sich durchsetzen, und das geht wie hier oft nur mit körperlicher Überlegenheit – aber genau das möchten die Eltern nicht, denn da fällt die ganze Gewaltdebatte über sie her. Von gewaltfreier Kommunikation bis zum verzweifelten Prügeln. Und sie wissen nicht vor und zurück.

Sie greifen letztlich doch zur Macht, die aus den Muskeln kommt, und haben dabei ein sauschlechtes Gewissen und sind unglücklich. Die Eltern hätten so gerne den Zauberstab, den sie schwingen, und schon tun die Kinder, was sie tun sollen. Den gibt es nur nicht!

»Bleibt auf dem Teppich«, sage ich dann. »Es geht nicht ohne die Muskelmacht. Wir haben die Kinder Millionen Jahre lang von den Skorpionen, Schlangen, Schakalen, Löwen, Bären und Wölfen ferngehalten und gerettet. Mit Muskelmacht. Das ist heute nicht anders. Nur dass es heute Lastwagen, Baugruben und Steckdosen sind.«

Wenn man im Nachdenken das Wort Gewalt weglässt und lieber Muskelmacht sagt, dann entspannt das und rückt die tatsächlichen Verhältnisse zurecht: Ohne unsere körperliche Überlegenheit gibt es wirklich viele Möglichkeiten, bei denen unsere Kinder zu Schaden kommen oder zugrunde gehen können.

Ihr Kleinkind kaut auf etwas herum. Sie sind auf dem Spielplatz, haben ihm aber nichts zu essen gegeben. Ihre flache Hand unter seinem Mund und Ihr Blick und Ihre Töne sind eindeutig: »Spuck aus!« Tut es aber nicht.

Wenn Sie jetzt nicht die Muskelmacht nehmen, die in Ihren Fingern steckt, und den Mund aufstemmen, und die Nachbarmutter zieht die Zigarettenkippe heraus, riskieren Sie ein krankes, sehr krankes oder sogar totes Kind.

Es ist banal und wirklich alltäglich: Wir verteidigen unsere Sicht der Dinge, unsere Sicht vom Wohlergehen unserer Kinder, immer wieder auch mit der Macht unserer Muskeln, mit Körpermacht.

Das üble Ungetümwort, das es dafür gibt, lassen wir dort, wo es hingehört, in den Szenarien destruktiver und vernichtender Übergriffigkeit. Ich spreche es auch nicht noch einmal aus. Nein, unsere Muskelmacht ist konstruktiv und hilfreich.

Sioux und Büffel

Ich bin nicht zimperlich, wenn ich meine Grenzen verteidige. Ich bin nicht antiautoritär, ich kann ganz schön autoritär werden. Ich lasse mir nicht auf der Nase herumtanzen. Die Kinder können bei mir durchaus nicht immer machen, was sie wollen. Ich bin immer wieder der, der sagt, wo es langgeht. Ich bin es nicht dauernd, dauernd bin ich freundlich und flexibel wie alle Eltern. Aber was muss, das muss.

Die Fünfjährige will ihr Brot nicht essen. Mir reicht's: »Gib mir den sechsten Schokohasen von der Oma, Du isst jetzt das Vollkornbrot. Schluss mit der Schokolade, jetzt kommt da was Gesundes in Deinen Bauch!« »Stopp Papa, mein Bauch gehört mir, schon mal gehört?« »Ja«, sage ich, »klar. Aber da hast Du Pech. Meine Grenze ist an Deinem Bauch, und da kommt jetzt kein Hase mehr rein.« Und so weiter und so fort.

Aber wo bleibt denn da die Gleichwertigkeit? Die Kinder können nicht tun, was sie wollen, sie verlieren – und der Erwachsene gewinnt. Klares Oben-Unten. Ja, klares Oben-Unten. Und trotzdem Gleichwertigkeit. Wie ist das zu verstehen?

Zunächst will ich noch einmal klarmachen, dass wir Grenzverteidiger sind und uns durchsetzen, auch unangenehm durchsetzen, auch hart durchsetzen. Auch so energisch durchsetzen, dass im Extremfall der andere auf der Strecke bleibt. Wenn es um Leben und Tod geht, dann töten wir, um zu leben.

Jeder von uns tötet, um zu leben, wir verteidigen Tag für Tag unsere Lebensgrenze. Wenn wir atmen, kommen mit jedem Atemzug unzählige Kleinstlebewesen, die in der Luft herumschwirren, in unsere Lunge und viele sterben dort.

Ich bin hingefallen, mein Knie blutet. »Lecker«, sagen die Bakterien und fangen an zu futtern. »Verschwindet«, sage ich. Tun sie aber nicht. Ich muss meine Grenze, diesmal meine Haut verteidigen. Ich hole Wasser und schütte es über mein Knie. Beeindruckt die Bakterien aber nicht.

Dann hol ich etwas zum Desinfizieren. Reicht nicht, das Knie sieht nach einer Weile gar nicht gut aus. Ich muss jetzt echt was tun, sonst ist das Bein weg oder ich sterbe an der Blutvergiftung. Also nehme ich die volle Penicillinladung.

Wir töten jeden Tag aber auch viel größere Lebewesen, um zu leben. Sie haben heute etwas gegessen. Wer musste für Sie sterben? Wen haben Sie heute getötet? Kuh, Schwein, Schaf, Forelle, Gans, Huhn?

Sie bringen ja nicht selbst eine Kuh um, wer kann schon eine Kuh erwürgen. Das macht der Schlachter für Sie. Aber Sie geben Ihr Okay und Ihr Geld. Und wenn Sie Vegetarier sind, töten Sie den Salat, Sie oder der Gärtner machen Ritsche-Ratsche mit dem Messer.

Wir töten also, um zu leben. Ich habe den Planeten nicht erfunden, aber anders geht es nicht. Wenn Sie niemanden töten wollen und deswegen nichts mehr essen – kann man machen. Dann stehen Sie nach hundert Tagen ohne Essen im Guinness-Buch der Rekorde.

Der Arzt sagt am 101. Tag zu Ihnen: »Wenn Sie jetzt nichts essen, sind Sie morgen tot.« Wollen Sie das? Nein, natürlich nicht. Sie töten zum Schluss doch, um Ihre Grenze, Ihre Lebensgrenze zu verteidigen.

Wo bleibt da die Gleichwertigkeit, wenn einer lebt und der andere tot ist? Kommt jetzt.

Sie gehen am Sonntag spazieren, durch Wiesen und Felder. Auf einmal werden Sie angesprochen, von einer Kuh. »Muh«, sagt die Kuh, und Sie verstehen, was sie sagt: »Warum tötest Du mich?« Sie sind kein Vegetarier, die Kuh spricht schon die Richtige oder den Richtigen an.

Aber Sie haben keine Lust auf eine Antwort, es war eine anstrengende Woche, und Sie wollen sich entspannen und nicht mit einer Kuh reden. »Muh«, sagt die Kuh wieder, »warum tötest Du mich?« Die anderen Kühe kommen angerannt, alle brüllen »Muh, warum tötest Du uns?«

Jetzt kommen Sie an einer Antwort nicht vorbei. »Okay, wenn Du es wissen willst: Du bist das Tier, ich bin der Mensch. Krone der Schöpfung. Schon mal was von gehört? Du bist ein Tier, ein Haustier, ein Nutztier! Ihr könnt doch alle miteinander froh sein, dass Ihr auf dieser schönen grünen Wiese rumlaufen könnt.«

»An den Blumen riechen und Löwenzahn und Gras fressen. Und dann kommt Ihr als leckeres Rindfleisch in meinen Kochtopf!« Und Sie haben der Kuh gezeigt, wo es langgeht. Mensch oben – Tier unten.

Oder Sie reagieren ganz anders. So wie ich reagiere. Auch ich gehe in Wiesen und Feldern spazieren. Auch ich werde von einer Kuh angesprochen: »Muh – warum tötest Du mich?« Seit wann verstehe ich Kühe? Ich will meine Ruhe haben. Aber die Kuh lässt nicht locker. »Was willst Du?« frage ich genervt.

»Du bist Hubertus von Schoenebeck, ich habe Dich erkannt.« Ich bin verblüfft. »Du schreibst doch diese Bücher über die Gleichwertigkeit. Von Männern und Frauen, Weißen und Schwarzen, Erwachsenen und Kindern, Mensch und Natur. Warum tötest Du mich dann? Dann bist Du oben und ich bin unten. Wo bleibt da die Gleichwertigkeit?«

»Ich meine das mit der Gleichwertigkeit nur psychologisch.« »Psycho – was? Blöde Ausrede. Versteht keine Kuh, keine Sau und die Eltern erst recht nicht.« Die Kuh ist empört. »Warte«, sage ich, »Du kannst lesen?« »Ja.« »Habt Ihr viele Bücher im Kuhstall?« »Ja.« »Alles gelesen?« »Ja.« »Sind auch Indianerbücher dabei?« »Du meinst von Indigenen?« Die Kuh wird ungeduldig. »Warte«, sage ich, »wenn Du solche Bücher gelesen hast, verstehst Du.«

Die Sioux-Frau sagt zu ihrem Mann: »Es ist nichts mehr zu essen da.« Er hängt sich seinen Jagdbogen über die Schulter und geht raus in die Prärie. »Bruder Büffel, Du bist fällig.« »Das wollen wir doch mal sehen«, sagt der Büffel.

Sie kämpfen, der Sioux trifft ihn ins Herz. Der Büffel stirbt. Der Sioux läuft hin. »Bruder Büffel, ich danke Dir für Dein Fleisch.« Der Büffel haucht: »Wir sehen uns in den ewigen Jagdgründen wieder.«

Sie werden sich diese Szene vorstellen können. Da ist Achtung und Würde im Spiel, Dankbarkeit und Harmonie. Keine Herabsetzung. Da ist Gleichwertigkeit von Mensch und Tier, sie schwingt. Der Büffel ist tot, der Sioux lebt. In der Welt der Dinge ein klares Oben-Unten. Aber in der psychologischen Welt schwingt die Gleichwertigkeit zwischen ihnen.

Im Hintergrund rattert das Dampfross. Die Weißen ballern die Bisons ab und haben Späßchen. Da ist nichts von Gleichwertigkeit. Klares Oben-Unten auch auf der psychologischen Ebene: Hier der Mensch – dort die niedere Kreatur. Das Herz spricht eine andere Sprache als eben bei Sioux und Büffel.

Was sagen Sie mit dem Herzen, wenn Sie Ihrem Kind die Schokolade wegnehmen? »Ich bin Deine Mutter. Ich bin Dein Vater. Das kannst Du noch nicht verstehen, dafür bist Du zu klein. Ich weiß, dass das schmeckt, aber das gibt Langzeitschäden. Her damit, ich weiß es besser als Du.«

Stehen Sie über dem Kind? Oder sind Sie wie der Sioux und nehmen die Schokolade *ohne inneres Drüberstehen* weg? Es geht nicht um die Handlung. Es geht um das, was die Handlung umgibt und begleitet, was Ihr Herz dabei sagt.

Zwei Dimensionen

Wir leben nicht nur in der Welt der Dinge. Wir leben in zwei Dimensionen. Neben dem Dinglichen gibt es auch das Unsichtbare, Gefühlsmäßige, Psychologische. Ein Beispiel: Klopfen Sie Ihrem rechten Nachbarn einmal leicht auf die Schulter. Ja, machen Sie mal, keine Angst, es tut nicht weh. (Die Zuhörerinnen und Zuhörer klopfen, lachen, sind amüsiert.)

Sehen Sie: das Klopfen ist das eine. Die physikalische Dimension, etwas aus der Welt der Dinge. Aber es waren auch Gefühle dabei, Unsichtbares. Sie haben mit Gefühlen geklopft und mit Gefühlen reagiert. Es war komisch, Sie waren befangen, Sie waren amüsiert, Sie haben gelacht. Wir leben in zwei Dimensionen. In der Welt der Dinge und in der Welt der Gefühle.

Die Gleichwertigkeit, von der ich rede, ist in der psychologischen Welt zu finden, nicht in der Welt der Dinge. Es geht um eine Gefühlsangelegenheit. Um das Vorhandensein des Verantwortungsgefühls – oder um das Fehlen, das Nichtvorhandensein des Verantwortungsgefühls, wenn wir mit Kindern zu tun haben. Weil sie das ja selbst sind. Was ist in unserem Herzen, was umgibt unser Handeln?

Ich versuche es deutlich zu machen. Ich zeige Ihnen einen kleinen Film. Nicht wirklich, es ist ein Bild. Es gibt einen farbigen Stummfilm, ohne Töne: »Die Leiter im Kirschbaum«.

So, Licht aus, Film ab. Sie sehen eine Leiter im Kirschbaum, zwölf Sprossen. Zehn Dreijährige kommen zur Leiter, mit ihren Müttern. Die Kinder fangen an, die Leiter hochzuklettern.

Die Mütter reagieren unterschiedlich. Die eine holt ihr Kind bei Sprosse drei von der Leiter, die andere bei Sprosse fünf, die dritte lässt es bis nach oben klettern und die vierte nimmt die Leiter weg.

Nächste Szene: Derselbe Kirschbaum, dieselbe Leiter. Aber zehn andere Dreijährige, andere Mütter. Es gibt dieselben Reaktionen wie vorhin: Die Mütter holen ihre Kinder von der Leiter, bei Sprosse drei oder fünf oder nicht, eine trägt die Leiter weg.

Die zwei Müttergruppen sind unterschiedlich: Die einen fühlen sich für ihre Kinder verantwortlich, sie haben ein Verantwortungsgefühl – die anderen nicht (weil die Kinder es selbst sind). Frage an Sie: Welche Müttergruppe hat ein Verantwortungsgefühl und welche keins?

Das können Sie so nicht erkennen, denn die Handlungen sind die gleichen, der Stummfilm gibt mehr nicht her. Sie können es erst erkennen, wenn der Film als Tonfilm läuft und Sie die Stimmen der Mütter mit den darin enthaltenen Emotionen und Gefühlsbotschaften hören.

Oder, besser noch, wenn Sie diese besondere Brille aufsetzen, die ich Ihnen jetzt gebe. Eine psychologische Erkenntnisbrille. Und wenn ich Ihnen die beiden Szenen noch einmal zeige.

Brille auf, Film ab. Sehen Sie jetzt bei der ersten Müttergruppe einmal zu den Herzen der Mütter. Sie erkennen mit Hilfe der Brille, dass Strahlen aus den Herzen herauskommen. Viele Strahlen. Rote, blaue, grüne, gelbe, alle möglichen.

Das sind Gefühle, die mit Hilfe Ihrer psychologischen Erkenntnisbrille sichtbar werden. Und die im Tonfilm jetzt auch in den unterschiedlichen Tonlagen der Stimme zu hören sind. Um die Gefühlsstrahlen besser sehen zu können, halten wir den Film jetzt an und machen ein Standbild.

Schauen Sie zu den roten Strahlen. Rote Strahlen sind Ausdruck der Liebe der Mütter zu ihren Kindern. Vergleichen Sie die Mütter. Die Mütter lieben ihre Kinder, unterschiedlich stark. Wir können mit dem Zollstock nachmessen. Die eine Mutter liebt ihr Kind 20 Zoll, die nächste 30 Zoll und so weiter.

Jetzt schauen Sie zu den grüngelben Strahlen. Im Handbuch für Gefühle können Sie nachlesen: Grüngelb ist das Verantwortungsgefühl. Sie erkennen, dass die Mütter sich für ihre Kinder verantwortlich fühlen, auch unterschiedlich stark. Die eine Mutter 25 Zoll, die nächste 35 Zoll und so weiter. Sie haben aber alle bei aller Unterschiedlichkeit grüngelbe Strahlen, sie alle fühlen sich für ihre Kinder verantwortlich.

Film weiter, zweite Müttergruppe. Anhalten, wieder ein Standbild. Schauen Sie sich bitte die zweite Müttergruppe an. Sie sehen wie bei der ersten Gruppe viele bunte Gefühlsstrahlen aus den Herzen kommen. Alle Mütter haben wie eben rote Strahlen, sie lieben ihre Kinder, unterschiedlich stark wie eben.

Halten Sie nun nach den grüngelben Strahlen Ausschau. Sie finden nichts? Nehmen Sie die Lupe! Wir vergrößern. Wieder nichts? Ja, Sie können auch nichts finden, denn diese Mütter haben ein anders gebautes Herz als die Mütter eben. Sie haben kein Grüngelb!

Alle Mütter der zweiten Gruppe tragen *kein* Verantwortungsgefühl in sich. Warum? Weil diese Mütter wissen: Ein jeder Mensch, und sei er noch so klein, ist für sich selbst verantwortlich, und ein »Ich bin für Dich verantwortlich« ist für sie eine Anmaßung, die sie nicht in sich tragen. Die Mütter unterscheiden sich nicht im Handeln – aber in der Gefühlswelt.

Bei der zweiten Müttergruppe können Sie aber Gefühlsstrahlen erkennen, die bei der ersten Müttergruppe nicht zu finden sind. Sehen Sie das leuchtende Violett? Alle Mütter der zweiten Gruppe haben diesen leuchtendvioletten Gefühlsstrahl. Unterschiedlich intensiv, die eine 30 Zoll, die nächste 40 Zoll und so weiter. Was ist das für ein Gefühl?

Im Handbuch für Gefühle finden Sie die Antwort: »Leuchtendviolett = Würdekronen-Achtungsgefühl«. Darunter steht eine längere Erklärung, es wird auf meinen Vortrag und meine Bücher verwiesen, auf die Gleichwertigkeit und die Selbstverantwortung der Kinder. Und auf den Sioux und den Büffel. Da steht: »Leuchtendviolett ist ein spezielles Gleichwertigkeitsgefühl, das an die Stelle des Verantwortungsgefühls tritt.«

Die Gleichwertigkeit, von der ich spreche, ist also ein psychisches Ding. Als Erwachsener fühle ich, Hubertus von Schoenebeck, die Gleichwertigkeit zu Kindern. Menschen können dieses Gefühl in sich haben oder nicht. Ich habe es in mir. Mit Ihrer Brille können Sie erkennen, wie es leuchtendviolett aus meinem Herzen kommt. Aber Sie werden Grüngelb, das Verantwortungsgefühl, nicht finden.

Gibt es so etwas, dass Menschen unterschiedliche Gefühle haben? Das ist banal. Der eine hasst, der andere liebt. Und Gefühle können sich ändern, aus Hass kann Liebe werden.

Das Verantwortungsgefühl kann weniger werden und gänzlich gehen, und gleichzeitig kann das Gleichwertigkeitsgefühl wachsen und wachsen und das Verantwortungsgefühl ablösen. Oder das Gleichwertigkeitsgefühl ist da und war verdeckt und kommt nun heraus. Oder hat heimlich gestrahlt. Wie auch immer.

Das Gleichwertigkeitsgefühl macht mich nicht hilflos und handlungsunfähig. Das Kind kann nicht in die Steckdose fassen, der Salat wird geerntet und Kuh und Büffel sind tot. Aber bei meinem Handeln schwingt nicht ein Oben-Unten im Herzen mit. Sondern? Das jedenfalls nicht!

Es schwingt ein anderes Gefühl mit, das gleichwertig daherkommt. Ich nenne es Gleichwertigkeitsgefühl oder Würdekronen-Achtungsgefühl. Es kommt aus einem Gefühlsland, das jenseits jeglicher Erziehung, Missionierung, Bevormundung und so weiter existiert.

Sekunde der Wahrheit

Was bedeutet das für die Praxis? Meine Zwölfjährige kommt aus der Schule nach Hause und sagt zu mir: »Haben wir in der Schule gesehen, finde ich gut.« »Was denn?« »Das Plakat von früher, da steht drauf ›Ich rauche gern‹. Papa, das stimmt.« Und sie holt hinter ihrem Rücken eine Zigarette vor und zieht daran. »Her damit«, sage ich, und widerwillig bekomme ich die Zigarette. Ich mache sie aus.

»Finde ich blöd, die Raucherei«, sage ich. »Ich nicht«, sagt sie. »Aber ich.« »Muss ich das jetzt einsehen?« Es kommt ja nicht nur darauf an, dass diese konkrete Zigarette weg ist, aus ist. Es kommt auf alle folgenden Zigaretten an, die auch aus sein sollen. Die gar nicht erst angezündet sein sollen! Und das geht nur über die Einsicht. Dass das Kind meiner Einsicht folgt.

Eltern haben nicht nur Aufgaben in der konkreten Welt zu bewältigen, »Her mit der Zigarette«, sondern sie müssen auch in der inneren, der psychischen Welt Ordnung schaffen. Die innere Zigarette entfernen: das Kind soll einsehen, dass Rauchen ungesund ist.

Es muss – hier wie sonst auch – Unkraut aus der Seele gezogen werden. Hier das Rauchkraut. Und anderswo das Lügekraut, das

Widerwortekraut, das Klaukraut, das Schreikraut. Es gibt viele, sehr viele Unkräuter der Seele.

Früher schlug man mit der Hacke auf so ein Unkraut: »Wenn ich Dich noch einmal beim Rauchen erwische!« Das ist vorbei, das ist Schwarze Pädagogik. Heute ist »sanft« angesagt. Man muss das Kind »mitnehmen«, Achtsamkeit, Einfühlung. Hoher psychologischer Level.

Darum bekommen die Eltern statt der eisernen Hacke ein hölzernes Bambusstöckchen in die Hand und stochern dann um das Unkraut vorsichtig herum, damit sich der Boden lockert: Gute Worte, Abholen, Ich-Botschaften und so weiter. Und dann, schwupp, kann das Unkraut rausgezogen werden.

»Ja wenn Du mir das so achtsam und einfühlend erklärst – dann werde ich das Rauchkraut per ›Selbsteinsicht‹ rausziehen, wie das heißt. Hab's eingesehen: Rauchen (Lügen, Klauen, Schreien, endlos) ist nicht richtig, ist falsch, ist ungesund.«

Jaaa – wenn es denn so ginge! Ist nur leider nicht die Regel. Und wenn es nicht klappt, gibt es Bücher, Kurse, Seminare, Beratung für die Eltern, damit es dann klappt.

Bei mir ist das alles ganz anders. »Anders? Du lässt Dein Kind rauchen?!« »Nein, lasse ich nicht. Ich ziehe nur nicht an der Seelenzigarette rum.«

Erst mal: es gibt keine »Unkräuter«. So ein Wort setzt die Brennnessel und die Distel herab. Das sind wertvolle Pflanzen im Ökosystem, Heimat seltener Schmetterlinge. Ich höre also mit der Herabsetzung auf. »Du findest Rauchen gut?« »Nein, finde ich nicht. Ich finde es ungesund. Aber ich setze einen Raucher nicht herab. Auch wenn ich anderer Meinung bin.«

Und außerdem, was weiß denn ich? Im Jahr 2200 kommt ein Raumschiff auf die Erde und bringt ein Friedensgeschenk für die zerstrittene Menschheit mit: eine Friedenspfeife. »Wenn Ihr raucht, macht Euch das friedlich. Nehmt die Indigenen als Vorbild.« Es ist somit gut, wenn schon die Kinder rauchen, das sichert den Weltfrieden.

Ich weiß aber nichts von einem Raumschiff in 200 Jahren. Ich weiß, hier und heute, dass ich Rauchen ungesund finde. Aber was dem einen sin Uhl … Ich setze also den Raucher nicht herab. Auch nicht, wenn er zwölf ist.

»Dann muss Deine Tochter ja nichts einsehen.« »Nein, muss sie nicht. *Muss sie nicht.* Aber sie kann, wenn sie will.« »Muss ich das jetzt einsehen, Papa?« »Du musst nichts einsehen, aber ich freue mich, wenn Du das so siehst wie ich.«

»Wenn ich das nicht *muss*, wenn Du Dich nicht zum Bestimmer über meine Sicht und Seele aufschwingst – das ist gut. Dann höre ich Dir auch zu, wenn Du etwas sagst.«

Ich habe immer die geneigten Ohren meiner Kinder bekommen, weil sie nichts einsehen mussten. Kein Müssen – kein Widerstand. Dafür offene Ohren. Ich sage, was ich sagen will. Und die Kinder hören es sich an.

Was sie dann damit – innerlich – machen: Ist ihre Sache. Aber erst einmal hören sie überhaupt zu und stellen die Ohren nicht auf Durchzug. Und da ich, wie alle Eltern, keinen Unsinn daherrede, klappt das dann meistens auch, innerlich wie äußerlich: Sie teilen meine Ansicht und tun das, was ich möchte.

»Okay, Papa, Du hast drei Argumente frei. Überzeuge mich mal.« »Raucherbeine, Lungenkrebs«, sage ich. »Überzeugt mich nicht«, sagt sie. »Wieso nicht? Ist doch schrecklich.« »Ja schon, haben wir auch in der Schule besprochen. Die Bilder waren scheußlich.« »Und?« »Ach weißt Du, der Sascha ist 14, und der raucht auch, und wenn ich nicht mehr rauche, dann liebt der mich nicht mehr. Und außerdem werde ich sowieso nur 29.«

Oh je – die andere Seite hat mal wieder seltsame Argumente. Sattsam bekannt. Ein Freund von mir war Ingenieur in Temelin und baute in Tschechien das Atomkraftwerk mit. Es ging 2000 ans Netz. Ich fand und finde das voll daneben. Argumentieren? Ja, endlos. Er hatte die bekannten Argumente für Atomstrom, ich dagegen. Irgendwann ist es dann auch gut mit dem Argumentieren.

Und das Mädel hat wie mein Freund auch so merkwürdige Argumente und ist gut im Dagegenhalten. Sie sieht es anders als ich, andere Zusammenhänge, andere Wichtigkeiten. »Wo hast Du denn den Unsinn mit den 29 Jahren her?« Den Satz kann ich mir sparen, und ich spare ihn mir. Mein erstes Argument – so ein gutes! – hat nicht verfangen.

»Zweites Argument, Papa.« »Du bekommst 10.000 Euro, wenn Du bis 18 nicht rauchst.« Oder 1000 oder 100.000, je nachdem, wie viel Sie haben und Ihrer Tochter anbieten wollen. Rauchfrei bis 18 ist ja schon mal was. Und Geld ist in dem Alter immer ein gutes Argument, das geht bestimmt. »Für Geld bin ich nicht zu haben.« War ja klar!

»Dein drittes Argument.« Letzte Chance. Ich überlege gründlich. Man kennt ja seine Pappenheimer. Dann weiß ich es: »Deine Lieblings-CD ist doch ›In 80 Tagen um die Welt‹, oder?« »Stimmt. Warum?« »Du bekommst eine Weltreise spendiert, wenn Du bis 18 nicht rauchst.«

Da habe ich sie! Ein Vertrag wird aufgesetzt. Ich unterschreibe. Sie will unterschreiben, aber kurz vorher fragt sie: »Kriegst Du das Geld auch zusammen, Papa?« »Nein«, sage ich, »es ist ein Trick.«

Na ja, ich mache viele Versuche, damit die Kinder mitziehen und meine Vorstellungen übernehmen. Drei Versuche, wie hier, oder 13 oder 23. Dann aber, nach allen Versuchen, kommt die Sekunde der Wahrheit: »Wer bist Du?«

Sie will eben nicht! Ich sehe, dass wir zu keiner Übereinstimmung kommen. Sie folgt nicht dem Weg, den ich gut finde, und von dem ich gerne hätte, dass sie ihn geht.

Jetzt kann ich mich noch in der äußeren Welt durchsetzen, und die Zigarette ist aus, oder es bleiben lassen. Ihre Zustimmung habe ich jedenfalls nicht bekommen. Ihre Einsicht, wie das heißt.

Was sind Kinder für Wesen? Das war meine grundsätzliche Frage. Erziehungswesen oder keine Erziehungswesen? Kinder sind keine Erziehungswesen, ist die Antwort, die ich gefunden habe. Die Frage gilt aber auch im Klein-Klein des Alltags: Wer bist Du jetzt gerade? Wer ist dieses Kind vor mir in dieser Situation?

Ein Raucher-Kind oder kein Raucher-Kind? Dieses Kind vor mir ist ein Raucher-Kind. Die Antwort gefällt mir nicht, aber ich kann sie stehen und gelten lassen. Ich muss mein Kind nicht missionieren, seine innere Welt nicht umformen, seine Heiligkeiten nicht herabsetzen.

Meine Tochter kann nicht tun, was sie will. Die Zigarette ist weg, ich setze mich durch, klares Oben-Unten. Aber sie muss nichts einsehen, sie kann im inneren Club der Raucher bleiben. Wir sind in verschiedenen Clubs, sie im Raucher-Club, ich im Nichtraucher-Club.

Oben-Unten in der äußeren Welt, der Welt der Dinge, ich setze mich durch, sie kann nicht tun, was sie will. Aber Gleichwertigkeit in der inneren Welt, der Werte und Erkenntnisse, ich habe nicht mehr recht als sie.

Äußere und innere Welt sind zwei verschiedene Dimensionen, sie begegnen sich nicht. Und deswegen gibt es keinen Widerspruch zwischen dem Oben-Unten, das in der physikalischen Welt spielt, und der Gleichwertigkeit, die in der psychischen Welt spielt.

Das Kind kann in der inneren Welt seine Auffassungen behalten, auch seine Auffassung von sich selbst. Es kann in eigener Verantwortung die Person sein, die es sein will, *innerlich* sein will. Und darauf stelle ich mich ein, lasse mich darauf ein. Und so gehen wir als gleichwertige Personen, von Person zu Person, miteinander um. Hier von Nichtraucher zu Raucher.

Klar, sie will auch in der äußeren Welt realisieren, was sie in der inneren Welt als für sich richtig einstuft. Das will jeder. Ihre Selbstverantwortlichkeit ist nicht auf das Innen beschränkt. Nur dass das wegen meines Neins nicht geht. Also: Rauchen nein – Rauchfan ja.

Und übrigens: meine Tochter hat nicht geraucht und raucht nicht. Das war ein Beispiel zum Erklären!

Drauf einlassen

Ich muss mich aber auch nicht immer durchsetzen, ich könnte die Kinder auch tun lassen, was sie wollen. Wenn ich das denn so will. Ich könnte meiner Tochter auch die Zigarette lassen – will ich aber nicht, wenn sie erst zwölf ist.

»Räum Dein Zimmer auf.« Aber das Kind will nicht aufräumen. Ich könnte meinem Kind »seinen Willen lassen«, wie das so schön heißt. Gemeint ist damit die Handlungsebene: Ich könnte es in Ruhe lassen, und es räumt eben nicht auf. Könnte! Will ich? Nein, will ich nicht. *Einsehen* muss mein Kind ja nichts, klar. Aber *tun* muss es schon, was ich will.

Tut es aber nicht. Gute Worte verpuffen, ich setze meine Mächte ein: Zwei Euro fürs Aufräumen – und ernte einen schrägen Blick. »Dann kein Zoo morgen«, der Blick wird schräger. Das wird nichts, merke ich. Gefühlsmacht subtil bis zum Anschreien lasse ich lieber. Körpermacht? Wie soll das denn gehen? Mit meiner Hand seine nehmen und per Doppelhand die Sachen ins Regal stellen? Da kann ich ja auch gleich selbst aufräumen.

Ich merke, dass mein Kind heute kein Aufräum-Kind ist. In der inneren Welt. Und dass ich es heute auch in der äußeren Welt nicht zum Aufräumen bringe. Möglich und bekannt wäre jetzt noch: »Bevor Du nicht aufräumst, darfst Du nicht raus!« Das ist zwar fiese Erpressung, aber man weiß halt nichts anderes. Und dann?

»Bin fertig!« Man schaut nach einer Viertelstunde ins Kinderzimmer. »Das nennst Du aufräumen? Ich komme gleich nochmal!« 10 Minuten später: »Bin fertig!« »Wie sieht es denn unterm Bett aus?!« 10 Minuten später: »Bin fertig!« »Wie sieht es denn im Schrank aus?!« 10 Minuten später – usw.

Ich will, dass aufgeräumt wird. Zauberseifenblasen Marke »Aufräumen ist mein Schönstes« habe ich nicht. Ich kann Petrus anrufen und die Beschwerde loslassen: »Ich habe kein Kind bestellt, das nicht aufräumt!« Der knallt den Hörer auf: »Habe ich aber geliefert!«

Wie kriege ich jetzt die Sachen in Regal, Schrank und Schublade? Wer will denn eigentlich, dass aufgeräumt wird? Mein Kind nicht, aber ich. Also! Also wer räumt auf? Ich räume auf!

»Du räumst für Dein Kind die Sachen weg, ja spinnst Du! Wo soll das hinführen! Die machen doch mit Dir, was sie wollen!« Ich habe da ganz andere Bezüge. Was will ich denn? Das Gezeter und Theater, 10 Minuten um 10 Minuten, bis die Kinder endlich fertig sind und rauskönnen? Nicht mein Ding. Das ist es mir nicht wert.

»Räum Dein Zimmer auf.« »Nein. Will nicht.« Na gut – dann räume ich eben auf. Wo ist das Problem? Schon klar, das Nachgeben, Kind oben, Vater unten. Das stimmt zwar auf der Handlungsebene, aber nur dort und nicht auf der psychischen Ebene, jedenfalls nicht auf meiner. Ich habe beim Aufräumen kein Unterlegenheitsgefühl.

Wenn ich aufräume und die Kinder in Ruhe lasse, gibt es keinen Krach. Sondern Frieden eben, und den zettele ich an. Ich erlebe mich als Friedensstifter im Kinderzimmer, und es geht mir gut dabei. Was habe ich mir für eine viertel oder halbe Stunde Selbstaufräumen nicht alles erspart! Das ganze Machttheater und 10-Minuten-Gruseldrama.

Ich räume mit guter Stimmung auf, das Zimmer ist wirklich okay, und ich habe dabei mitbekommen, welche Spielsachen repariert werden müssen. Und sauber ist es auch. Die Kinder? Hören CD, spielen, helfen ein bisschen.

Ich habe eine schöne Stunde, wir haben eine schöne Stunde. Ein guter Tausch: gute Stimmung gegen Ätze. Das mache ich nicht immer, aber durchaus. Ich bestimme über Krieg und Frieden im Kinderzimmer.

Außerdem: Unterordnen ist ja nicht das Problem. Das können wir oft genug problemlos, beiläufig. »Geh tanken« zum Auto? Da muss ich schon selbst ran und ordne mich dem Auto und seinem Spritdurst unter. Nur fühlt sich diese Unterordnung nicht nach Herabsetzung an.

Ein Auto tankt nicht selbst, es ist kein Tanke-Auto. Es setzt mich nicht herab, und ich fühle mich nicht herabgesetzt, wenn ich selbst tanke. Mein Kind räumt nicht auf. Es ist kein Aufräum-Kind. Es setzt mich nicht herab, und ich fühle mich nicht herabgesetzt, wenn ich selbst aufräume. Ist es so einfach? Für mich schon.

Merken, wer der andere ist? Und sich darauf einstellen? »Mein Mann liest morgens beim Frühstück die Zeitung. Das ist doch blöd, wo wir uns am Tag so wenig sehen.« Die Frau beschwert sich bei ihrer Freundin. »Was willst Du denn?«, fragt die Freundin. »Er soll die Zeitung weglegen.« »Du willst Deinen Bernd ohne Zeitung?« »Ja klar doch.«

»Es gibt aber keinen Ohne-Zeitung-Bernd, Du hast einen Mit-Zeitung-Bernd.« »Aber er braucht sie doch nur wegzulegen.« »Das tut er aber nicht. Willst Du ihm die Zeitung aus der Seele ziehen? Es gibt keinen Ohne-Zeitung-Bernd auf dieser Welt!«

Abends vorm Einschlafen fällt ihr die Lösung ein. Am Frühstückstisch fragt sie ihren Mann: »Was steht denn in der Zeitung?« »Auf den Satz habe ich lange gewartet«, sagt er und legt die Zeitung weg. Sie lässt ihn sein, wie er ist – da kann es gut vorkommen, dass er auf ihren Wunsch eingeht. Da kann es gut passieren, dass die Kinder tun, was man gerne hätte: Mit dem Rauchen aufhören, das Zimmer aufräumen …

Empathie und Konflikt

In meinem Alltag mit Kindern geht es jedoch nicht so oft um das Durchsetzen. Ich kenne wie alle Eltern das Erklären, Überzeugen, Werben, Pläne-Ändern, Kompromisse-Finden – alles gute Wege. Aber es gibt bei unseren Konflikten noch etwas anderes, das leicht und beschwingt daherkommt.

Noch einmal das Wichtigste: Wenn wir uns nicht einigen, wird es von mir keinen Angriff auf die innere Welt meines Kindes geben. Es geht nicht um Trotz, den es zu brechen gilt, nicht um das Teufelchen, das ausgetrieben, nicht um das Abendland, das gerettet werden muss.

Das Kinder-Nein ist der Ausdruck eines Menschen, der aus seiner Souveränität heraus einen anderen Weg gehen will als ich. Was ich aus meinen Gründen aber nicht zulasse. Und wenn ich seine Seele nicht angreife, gibt es auch nicht die entsprechend vehemente Verteidigung dagegen.

Es soll das passieren, was ich will. Dabei geht es mir nur um das handlungsmäßige »Tu das!« oder »Lass das!«, nicht um das psychische »Sieh das ein!«. Frei von Trotzbrechen, Teufelaustreiben und Abendlandretten habe ich das Herz frei für psychisches Hören, für Empathie.

In gleicher Weise kann mein Kind mich wahrnehmen, da es nicht seelisch angegriffen wird und seine Kraft nicht in der seelischen Verteidigung gegen mich Erwachsenen aufreiben muss.

Wir beide bekommen also den anderen in seiner Befindlichkeit und seiner Dringlichkeit mit. Wir beide sind offen und merken, wie wichtig dem anderen sein Interesse ist, wirklich ist, auf der emotionalen und existenziellen Ebene. Wir erfahren, wer der andere nach seinem Selbstverständnis ist. Solch grundlegende Empathie gehört zu unserem Alltag.

Dieser emotionale Austausch geht ein paarmal hin und her, mal mit Worten, mal mit Erklärungen, mal ohne. Wir wissen dann um einander Bescheid. Und da die Dringlichkeiten zweier Menschen selten genau gleich groß sind, passiert dann die Empathie-Zauberei, dass der eine den anderen machen lässt!

Übersetzt: »Dann mach Du – denn ich merke, dass es Dir wichtiger ist als mir.« Das geht aber nur, wenn nicht existenzielle Wichtigkeiten im Zentrum des Konflikts stehen: Gehorsam und Einsicht, die vom Kind verlangt werden, Würde und Selbstachtung, die das Kind respektiert wissen will.

Es ist dabei nicht so, dass unsere Konflikte beiseite geschoben werden und keine Konflikte mehr wären. Die Positionen *sind* gegensätzlich, und es wird so weitergehen, wie nur einer von beiden das will. Aber unsere Konflikte werden nicht mühsam und sie ufern nicht aus. Es wird auch nicht »am Konflikt gearbeitet«. Empathie geht anders.

Dass Konflikte sich wie von selbst auflösen, kennt jeder aus der Erwachsenenwelt, wenn grundlegende Achtung und gleiche Augenhöhe im Spiel sind. Wie zum Beispiel in einer guten Partnerschaft. Wenn es Samstag Nacht entweder ins Kino oder auf die Party gehen soll, und er ins Kino, sie aber auf die Party will. Klares Entweder – Oder. Wie geht so ein Konflikt aus?

Arbeiten die beiden am Konflikt? Das wäre viel zu hoch gegriffen. Sie sagen sich zwei- oder dreimal ihren Wunsch, dann ist der Konflikt auch schon vorbei, und sie gehen zusammen ins Kino oder zusammen auf die Party. Sie spüren beide, wessen Wunsch wichtiger ist.

Ihr Gefühl füreinander lässt sie diese einfache Lösung finden: »Wenn es Dir wichtiger ist als mir, dann gehe ich mit Dir Deinen Weg.« So kompliziert wird nicht geredet, es heißt nur »Okay, ich komme mit ins Kino« oder »Okay, ich komme mit zur Party«.

Genau diese empathische Konfliktlösung erlebe ich mit meinen Kindern. »Papa, kauf uns ein Eis.« »Okay, zwei Eisbällchen.« »Nein drei.« »Es bleibt bei zweien.« »Aber es ist doch so schönes Wetter!« »Was hat das denn damit zu tun?« »Bitte!« »Heute nicht.« »Wieso?« Der Sommereisfrieden beginnt zu schmelzen, und zweieinhalb Eisbällchen als Kompromiss gibt es nicht.

Ob es jetzt überhaupt noch ein Eis gibt? Auf ihr »Wieso?« folgt mein »Darum!«. Jeder in der Eisdiele weiß jetzt, dass das nicht gut endet, salziges Träneneis? Dann aber: »Na gut, dann zwei«, sagen die Kinder ruhig – oder ich sage locker: »Na gut, dann drei.« Konflikt? Welcher Konflikt? Aus und vorbei, das Eis schmeckt uns allen.

Aber auch: Wenn sich unsere Interessen und Dringlichkeiten gleichgewichtig zu 100 Prozent unvereinbar gegenüberstehen und kein »Mach Du« geht, dann setzt sich jeder mit Nachdruck für sich ein.

Bei aller gegenseitigen Achtung – ich greife mein Kind nicht psychisch an, mein Kind muss sich nicht in innerer Abwehr aufreiben –, mit vollem Einsatz kämpft jeder um den Sieg. Dieses Ringen geht sekundenschnell, durch Worte, Töne, Blicke, Körpersprache, körperliche Auseinandersetzung.

Es ist rasch vorbei, entschieden, je nach Machtmitteln und realistischer Einschätzung der Situation und der eigenen Möglichkeiten. Die Konfliktpartner kennen sich – wir leben ja nicht den ersten Tag zusammen –, und wenn ein Einsatz nicht Erfolg verspricht, dann ist das eben so, und die Niederlage wird als Realität akzeptiert. *Wenn* es nicht Erfolg verspricht: Sonst geht es zur Sache, die so oder so ausgeht.

Wobei, auch klar, ich nicht immer gewinne. Und gerade die jüngeren Kinder haben da ein gutes Machtmittel: laute durchdringende Töne, anstrengendste Frequenzen, fein abgestimmt auf meine Empfindlichkeiten, dass ich heilfroh bin, wenn das aufhört, und nachgebe um der Ruhe und des lieben Friedens willen!

Wenn sich die Kinder bei so einem 100-Prozent-Konflikt nicht durchsetzen können, bleibt kein Stachel des Erniedrigtseins, keine Demütigung zurück. Denn bei allem verstellten Weg: Ihre Würde wird nicht angetastet. Und mir geht es genau so, wenn ich verliere. Die Wertschätzung bleibt nicht auf der Strecke.

Jedem sind solche von Herabsetzung und Demütigung freie Niederlagen bekannt – aus Situationen, in denen ganz unzweifelhaft keinerlei psychische Übergriffigkeit im Spiel ist: wenn Dinge oder die Natur sich in den Weg stellen und uns einschränken.

Niemand fühlt sich von einem nicht startenden Auto herabgesetzt, von einem abgestürzten Computer gedemütigt, von einem Regenschauer zurechtgewiesen. Diese Behinderungen können einen zwar sehr wütend machen, aber sie werden ohne innere Niederlage erlebt. Und genauso ist es bei den Konflikten, die ich mit meinen Kindern austrage.

Sicher ist das auch eine Temperamentsfrage: *Ich* kann eben recht lange ruhig bleiben, wenn die Kinder nicht gleich das machen, was ich will. Andere sind da kürzer angebunden, und dann kracht es eher. Es hängt ja auch von der Tagesform und sonstigen Umständen ab. Bei gutem Wetter und ausgeruht geht alles leichter, da sind dann auch mehr als zwei Eisbällchen drin …

Weltdeutung

Woher wissen wir, was Kinder für Wesen sind? Wir haben es gelernt. Wir haben von unseren Großen gelernt, wie die Welt zu verstehen ist. Auch, was Kinder für Wesen sind. Damals, als wir selbst Kinder waren. Unsere Weltdeutung stammt aus der Kindheit.

»Mama, was ist das große Gelbe da oben?« »Das ist die Sonne.« »Was macht sie?« »Sie leuchtet und sorgt dafür, dass wir etwas sehen können. Und sie wärmt uns.«

Später in der Schule wird dann erzählt, dass die Sonne nicht um die Erde wandert, sondern dass es andersherum richtig ist: Die Erde wandert, sie dreht sich um sich selbst, und die Sonne steht fest. »Die Sonne wandert nicht um die Erde? Das stimmt doch gar nicht!« Im Sachkundeunterricht der Grundschule hören wir davon und rennen zum Fenster, sehen nach draußen, glauben kein Wort.

Später mit zwölf im Physikunterricht wird das wieder erzählt. Und wer beim Test nicht an der richtigen Stelle seinen Haken macht, kriegt eine Fünf. Und so fangen wir an zu glauben, dass die Sonne fest steht und nicht um uns wandert. Aber stimmt das denn? Ich glaube das ja auch, habe Physik studiert, aber ich war noch nicht oben und habe es überprüft.

Wir interpretieren und glauben an das, was uns die Großen sagen. Man ist acht Monate alt, krabbelt herum und stößt sich den Kopf. »Mama, vor was bin ich gestoßen? Was ist das?« »Das ist ein Stuhl.« »Was ist ein Stuhl?« Und uns wird erklärt:

»Darauf kann man sitzen, drauf klettern, drauf stehen. Ein Stuhl ist aus Holz oder Eisen oder Kunststoff. Man kann ihn hin- und herschieben, umstellen, umwerfen, ein Kunstwerk daraus machen, eine Barrikade damit bauen, ihn verbrennen, ihn kaufen und verkaufen.« Wir lernen, was ein Stuhl ist, wofür er da ist und was man damit macht. Ein alltägliches Ding.

Wir sind draußen unterwegs. »Mama, was ist das da oben auf dem Dach?« »Was meinst Du?« »Das Ding da, die beiden Stangen, die lange und die kurze.« »Ach das meinst Du, das ist ein Kreuz.« »Was ist ein Kreuz?«

Und wir bekommen zu hören, was ein Kreuz ist und was es damit auf sich hat, die Bibel, Jesus' Tod am Kreuz. »Und vor dem Kreuz knien die Leute und beten.« Verwirrung. »Vor den beiden Stangen?« »Vor dem Kreuz. Es ist für viele ein heiliges Ding.«

Wenn es vor 2000 Jahren zum Hinrichten nicht ein Kreuz, sondern den elektrischen Stuhl gegeben hätte, dann wäre oben auf dem Kirchdach – ein Stuhl. Und die Leute würden vor dem Stuhl knien und beten, der Stuhl wäre kein alltägliches Ding, sondern ein heiliges Ding.

Was sind Kinder für Wesen? Wir interpretieren. Wir lernen von unseren Großen die Welt zu deuten und zu verstehen. Ein Stuhl ist ein Alltagsding, ein Kreuz ist ein heiliges Ding. Und so lernen wir auch, was Kinder für Wesen sind.

Wir lernen, dass sie erst zu richtigen, zu vollwertigen Menschen heranwachsen und dass sie Selbstverantwortung erst lernen müssen. Treppe, Gummistiefel, Nachhausekommen. Dass sie erzogen werden müssen.

Aber Gelerntes kann neu bedacht werden. Wir können dazulernen, neu einordnen, umdeuten. Vor 400 Jahren konnte man schwer bestraft werden, wenn man allen Ernstes sagte: »Die Sonne steht fest, und wir fahren herum und drehen uns dabei im Kreis.«

Es hat eine Weile gedauert, bis allen klar war, wer um wen fährt, so wie es uns Kindern heute beigebracht wird: Die Sonne steht fest, die Erde wandert einmal im Jahr um sie herum und dreht sich dabei Tag für Tag um sich selbst.

Und wir haben zu hören bekommen, was es mit dem Kreuz auf sich hat. Daran ist Jesus gestorben. Aber es hätte auch anders kommen können, er hätte auch auf einem Stuhl sterben können, und wir würden Stühle mit anderen Augen sehen und sie verehren.

Und die Kinder? Erziehungswesen? Oder von Geburt an vollwertige Menschen, die nicht erst dazu gemacht werden müssen? Die Erziehungssicht ist *eine* Sicht auf die Kinder. Sie hat eine lange Tradition, auch wir haben sie in unserer Kindheit erlebt. Und glauben, dass es so ist. Nur, dass es heute auch eine *andere* Sicht auf die Kinder gibt. Die Sicht ohne oder jenseits der Erziehung: Kinder sind *keine* Erziehungswesen.

Für neue Sichtweisen braucht es Beweise. Oder neue Ideen, wenn sich da nichts beweisen lässt im handfesten naturwissenschaftlichen Sinn. Die Kinder sehe ich auf der psychologischen Ebene anders als die Tradition, erziehungsfrei, vollwertig, und sie müssen für mich nicht erst zu selbstverantwortlichen und vollwertigen Menschen gemacht werden.

Henry wird vor 200 Jahren auf einer Baumwollplantage am Mississippi geboren. Er ist der Sohn des Plantagenbesitzers, es gibt dort viele Sklaven. Henry erlebt von klein auf, wie mit den Schwarzen umgegangen wird. Er erfährt es von Mama, Papa, Onkel, Tante, Oma, Opa, Freunden seiner Eltern, Besuchern. Welches Menschenbild entsteht in Henry?

Nun, diese schwarzen Menschen sind minderwertige Menschen, Sklaven eben und haben keine Rechte. Es ist nichts dabei, ihnen rüde Befehle zu erteilen, sie zu erniedrigen oder auszupeitschen. Das Kind lernt: Nur Weiße sind vollwertige Menschen. Henrys Haltung und seine Einstellung und auch seine Sprache sind so: Weiße oben – Schwarze unten.

Henry ist zwanzig Jahre alt geworden und verkauft für seine Eltern die Baumwolle in New Orleans. Der junge Mann kommt nach erfolgreichem Verkauf bei einem Umtrunk mit Bürgerrechtlern in Kontakt. Sie erzählen allen Ernstes, dass Schwarze vollwertige Menschen sind und dass die Sklaverei beendet werden muss. Unvorstellbare Gedanken!

Aber auf der langen Planwagenfahrt zurück kommt er immer mehr ins Grübeln. Freundliche Bilder aus seinen Erlebnissen mit Schwarzen tauchen auf, er denkt an die Nanny und an die Köchin, ihren Sohn Tom, seinen Spielkameraden. Das Herz geht ihm auf. Als er zu Hause ankommt, sieht er alle Sklaven anders – gleichwertig, mit der Würdekrone auf dem Kopf. Er wird es anders machen als seine Eltern.

Geänderte psychische Sichtweisen und Gefühlswelten sind nicht ungewöhnlich und kommen immer wieder vor. Im Kleinen: Aus Abneigung wird Zuneigung. Im Großen: Gleichwertigkeit von Frauen statt patriarchalischer Unterdrückung, Gleichwertigkeit von Schwarzen statt Sklaverei.

Wir machen eine Zeitreise und landen auf dem Marktplatz vor 400 Jahren. Jemand hat behauptet, die Erde fährt um die Sonne und ist deshalb zum Tode verurteilt. Eine große Menschenmenge ist zusammengekommen. Der Verurteilte wird mit Armen und Beinen an vier Pferde gespannt, und auf »Hü hott« zerreißen ihn die Pferde. Die Leute sind begeistert, große Show! Uns wird kotzübel, wir sind entsetzt. Wir leben in einer ganz anderen Gefühlswelt.

Wir haben eine Fotosafari in Afrika gebucht. Abends sitzen wir in der Lodge, es gibt ein Gewitter. Als es wieder so richtig blitzt und donnert, sagt unser Safariführer allen Ernstes: »Das ist die Stimme Gottes!« Ja spinnt der?

»Willst Du uns Angst machen? Das Gewitter ist doch schon blöd genug. Noch nie was von Elektrizität gehört?« Nun, wir werden dem afrikanischen Guide nicht so über den Mund fahren. Aber es ist schon erstaunlich, wie er denkt. Er spricht von Gott, ich spreche von Elektronen und Luftschwingungen.

Als das Gewitter vorbei ist, kommen wir darüber ins Gespräch. »Wieso sagst Du das mit der Stimme Gottes?« »Ja, ich kenne natürlich die naturwissenschaftliche Sicht. Nur, ich liebe den Glauben meiner Vorfahren.« »Bist Du denn davon überzeugt?« »Schon, bin ich. Für mich hat es etwas Transzendentes, wenn es ein Gewitter gibt.«

Wir interpretieren, wie immer. Wir können die Dinge so oder so sehen. Und was bei Blitz und Donner gilt, das gilt auch für die Sicht auf die Kinder.

Arzt und Mörder

Die Gleichwertigkeit ist ein schwieriges Ding. Arzt und Mörder sind gleichwertig. Beide sind Ebenbilder Gottes, sie gehen nur grundverschiedene Wege. Aber ihr Wert und ihre Würde sind von gleichem Rang. Das ist ein weit gefasstes Bild und schließt niemanden aus.

Auch nicht die, von denen wir gelernt haben, dass sie wenig wert sind, dass sie böse sind, wie man sagt. Die Würdekrone aber haben alle. Doch soll man dann alles durchgehen lassen?

Kain. Er erschlägt seinen Bruder Abel. Besuchen wir die beiden! Mit der Zeitreise. Wir landen mit unserer Rakete hinten auf dem Acker, Kain holt gerade mit dem Stein aus. »Halt«, rufe ich, »warte mal!« »Was willst Du? Wer seid Ihr denn?«

Ich rede auf ihn ein, ich sage ihm, dass es keine wirklichen Bösewichte gibt und dass er es auch nicht ist, auch nicht, wenn er seinen Bruder erschlägt. Aber ob das denn unbedingt sein muss, und dass seine Opfergabe … und so weiter. Ich versuche ihn davon abzuhalten, seinen Bruder zu töten.

»Verschwinde jetzt,« sagt er schließlich, »ich will meinen Bruder umbringen, so steht es in der Bibel.« »Bei allem Respekt, Kain, aber das wirst Du nicht tun!« Und auf mein Kommando stürzen wir uns auf ihn und entwinden ihm den Stein. Ich will damit sagen, dass ich mir – bei allem Respekt auf der psychischen Ebene – sein Handeln nicht bieten lasse.

Was allen »Bösewichten« gegenüber gilt. Und wenn ich eine Chance habe, kann da keiner von denen tun, was er will, sei es nun ein Bombenleger, Feuerteufel, Amokfahrer, Säurespritzer, Mädchenhändler, Kindesmissbraucher, Drogenboss, Tierquäler oder ein sonstiger Fürst der Finsternis. Das Durchsetzen in der äußeren Welt ist ein klares Oben-Unten.

Die Handlungsebene muss aber nicht von einer psychischen Oben-Unten-Position umgeben sein. Dort, in der inneren Welt, ist – bei allem Durchsetzen in der äußeren Welt – Gleichwertigkeit.

Uneingeschränkt gilt für jeden: »Die Würde des Menschen ist unantastbar.« Es besteht der Unterschied von »böser« Tat, die es zu verhindern gilt, und Täter, der immer ein Ebenbild Gottes ist.

Mein Handy klingelt. »Hallo?« Ein berüchtigter Kindsmörder ist dran. »Sie behaupten doch, ein Mörder habe gleichen Wert wie ein Arzt?« »Ja, hat er!« »Das ist doch Unsinn, das glauben Sie doch selbst nicht. Ich bin ein Mörder und viel weniger wert als ein Arzt. Und um Ihnen Ihren Unsinn zu beweisen: Schauen Sie mal aus dem Fenster, ich bin hier hinten im Gebüsch.«

Ich sehe ihn, er winkt. »Und ich habe Ihre Tochter, die bringe ich jetzt um. Da werden Sie schon merken, was für ein Bösewicht und Ekel ich bin. Nehmen Sie Ihr Fernglas, da können Sie zusehen.«

Ich habe aber kein Fernglas parat, sondern ein Gewehr mit Zielfernrohr. Blitzschnell nehme ich es hoch, ziele auf sein Messer und drücke ab. Da er sich beim Zustechen bewegt hat, treffe ich nicht das Messer, sondern seine Brust, meine Tochter ist unversehrt. Ich stürze aus der Wohnung und renne die hundert Meter zu ihm hin. »Du elendes Schwein, Du stichst keine Kinder mehr ab!« Ich trete ihn vor Wut.

Nein, es ist ganz anders: Ich renne zu ihm hin, er liegt auf dem Boden, ich nehme ihn in den Arm, er sieht mich mit brechenden Augen an: »Ich bin ein Schwein«, sagt er leise. »Nein«, sage ich und streichle ihm über den Kopf, »Du bist ein Ebenbild Gottes wie ich. Du gehst nur einen Weg, den ich nicht mitgehen kann.«

Revolution. Der Freiheitskämpfer wurde gefangen genommen, er hat eine Binde um die Augen und soll hingerichtet werden. Der Kommandant geht zu ihm hin und sagt: »Du Hund wirst abgeknallt.« Die Schüsse fallen. – Der Kommandant geht zu ihm hin und sagt: »Sie waren ein fairer Gegner.« Die Schüsse fallen.

Tot ist tot, da ist kein Unterschied. Aber die letzten Sekunden des Freiheitskämpfers sind völlig verschieden: Voller Herabsetzung oder voller Wertschätzung. Und diese Sekunden sind auch für den Kommandanten völlig verschieden.

Über 27 Jahre, rund 10.000 Tage war Nelson Mandela im Gefängnis. Täglich bekam er Essen. Was sagten die Wärter bei diesen vielen Begegnungen zu ihm mit dem Herzen? Entweder 10.000-mal »Dich schwarzen Terroristen verachten wir« oder 10.000-mal »Wir haben Respekt vor Deinem Engagement«. Dieselbe Handlung – aber eine lange Zeit voller Herabsetzung oder voller Wertschätzung.

Geburtstag

Das Baby ist geboren, liegt neben der Mama und ruht sich aus. Aber irgendetwas stimmt nicht. »Mama, Papa, irgendetwas stimmt nicht.« »Hast Du Hunger?«, fragt die Mama. »Nein, das ist es nicht.« »Ist Dir kalt? Ich hole noch etwas zum Zudecken«, sagt der Papa. »Nein, das ist es auch nicht. Es ist etwas Psychologisches.« Pause.

Dann ungläubig die Mama: »Etwas – Psychologisches?« »Ja.« »Um was geht es denn?«, fragt der Papa. Baby: »Ihr liebt mich doch.« »Ja, klar.« »Das merke ich, das tut gut. Aber da ist etwas dabei, was mich stört.«

»Sollen wir Dich nicht lieben?« »Nein, das meine ich nicht. Aber um Eure Liebe herum ist noch so etwas Merkwürdiges, so ein komisches Gefühl. Das nervt echt.« »Was meinst Du denn?«, fragt die Mama.

Baby: »Ja, also, irgendwie, es ist … fühlt Ihr Euch für mich etwa … verantwortlich?« »Ja klar, selbstverständlich.« »Das meint Ihr doch nicht im Ernst!« »Oh doch. Schau mal, aus Verantwortung haben wir auch das Licht abgedunkelt.« »Genau«, sagt der Papa, »das ist gut für Deine Augen.«

»Ja«, sagt das Baby, »das ist ja auch okay. Aber es ist nicht okay, dass Ihr Euch für mich verantwortlich fühlt.« »Was soll denn daran nicht okay sein?« »Na alles. Weil ich das selbst bin. Ich bin ein Selbstverantworter, wie jeder Mensch.«

Die Mama erstaunt: »Was bist Du bitte? Ein Selbstverantworter? Was soll denn das sein?« Baby: »Mama und Papa, wieso wisst Ihr das nicht? Jeder ist ein Selbstverantworter. Von Anfang an. Ich bin das auch. Genauso wie Ihr.«

»Ach das meinst Du«, sagt der Papa. »Aber da verwechselst Du etwas. Du *wirst* ein Selbstverantworter, wenn Du groß bist. Aber keine Sorge, wir helfen Dir dabei.«

»Mama und Papa! Ich BIN ein Selbstverantworter, ich BIN es, und muss es nicht erst werden!« Das Baby wird laut. »Jetzt hör mal mit dem Unsinn auf«, sagt der Papa. »Lass das Baby«, sagt die Mama, »es ist doch von der Geburt noch ganz durcheinander. Das wird schon.«

»Nein!!!«, schreit das Baby, »das stört, dieses Verantwortungs-gefühl, das da von Euch kommt. Es tut weh. Und ist so seltsam verwoben mit Eurer Liebe.« »Ja, Liebe und Verantwortung sind eine Einheit und gehören zusammen. Das wirst Du schon noch verstehen.«

»Außerdem«, sagt der Papa, »ich kenne überhaupt kein Baby, das solche Sachen am Geburtstag diskutiert. Ruhe jetzt. Und Augen zu.« Der Papa wird energisch. »Und jetzt schlaf, das ist besser für Dich.« Die Mama zieht die Decke hoch.

Baby: »Genau das meine ich.« »Na prima.« »Nein, ich meine, dass Ihr besser wisst als ich, was für mich gut ist. Dass ich schlafen soll, statt das mit Euch zu besprechen. Ich will das aber jetzt be-sprechen. Sonst kann ich überhaupt nicht schlafen. Mama und

Papa: Ich! bin! ein! Selbstverantworter!« »Jetzt ist es aber gut!«, der Vater drückt das Baby aufs Kissen. »Schlaf jetzt!« Und der Geburtstag ist versaut.

Die Nacht war schrecklich. Aber das Baby ist optimistisch. »Morgen kommen Oma und Opa zu Besuch. Die wissen Bescheid! Die wissen, dass alle Menschen Selbstverantworter sind, von Geburt an. Die werden Mama und Papa schon Bescheid sagen! Die beiden sind ja völlig durch den Wind von der Geburt, total überanstrengt.«

Oma und Opa kommen am nächsten Tag zu Besuch. Sie bringen Geschenke mit. Einen Strampler, ein Sparbuch. Und Gefühlsgeschenke. Liebe – wie schön – und: »Oh nein, auch dieses verdammte Verantwortungsgefühl! Das glaub ich doch nicht! Wie verkehrt ist das denn?!«

Jeder, der in den nächsten Tagen zu Besuch kommt, bringt dieses Verantwortungsgefühl mit. »Nein: ICH BIN EIN SELBSTVERANTWORTER!«

Das Baby weint. Und dieses eklige Gefühl von innerer Einmischung, das von den Eltern und allen Großen ausgeht, hört nicht auf. »Sie wissen alle, wie es in mir auszusehen hat. Sie wollen mich zu einem ›richtigen‹ Menschen machen.«

Es ist am ersten Tag so, am zweiten Tag, am dritten Tag. In der ersten Woche, der zweiten, der dritten. Im ersten Monat, im zweiten, im dritten. Im ersten Jahr, im zweiten Jahr, im dritten Jahr. Die ganze Kindheit über.

Dieses Verantwortungsgefühl legt sich betäubend, wie Mehltau, auf die Seele des Kindes und vergiftet seine Grundkraft: die Selbstliebe. Das Baby wächst wie alle anderen monströs heran: »Ich kann mich nicht lieben, so wie ich bin. Ich muss erst noch ein richtiger Mensch werden, ein vollwertiger. Jemand, der für sich selbst verantwortlich ist. Das bin ich jetzt noch nicht.«

Nachts, wenn alle schlafen, ruft das Baby wütend Petrus an. »Was soll das? Wo hast Du mich hingeschickt? Hast Du keine anderen Eltern für mich? Solche, die meine Selbstkraft und Selbstverantwortung erkennen?« »Tut mir leid«, sagt Petrus, »die Menschen erkennen heutzutage nicht, was für eine Kraft in Dir lebt.«

»Sie meinen, sie müssen erst einen richtigen Menschen aus Dir machen. Sie meinen, sie müssen Dich erziehen.« »Gibt es keine Hoffnung?« »Schon«, sagt Petrus, »es gibt einige Menschen, die das anders sehen. Du wirst sie treffen und sie werden Dich unterstützen. Halte durch!«

Ich erzähle ja nicht etwas, das nicht passiert. Ich erzähle das, was passiert. Genau das ist die Realität am Tag der Geburt. Und in den Tagen danach. Tag um Tag und Monat für Monat und Jahr für Jahr. Die Eltern lieben ihr Baby und fühlen sich für ihr Kind verantwortlich. Denn Liebe und Verantwortung sind eine Einheit. Das ist so. Ist das so?

Zu welchen Eltern möchten Sie kommen? Zu traditionellen, erziehenden Eltern, also solchen, die Sie lieben und die sich für Sie verantwortlich fühlen? Oder zu solchen Eltern, die Sie lieben und Ihre Fähigkeit zur Selbstverantwortung, Ihre Selbstkraft für gegeben halten?

Zwei Planeten

Die Babys sitzen auf der Himmelswolke und erfreuen sich ihrer Entwicklung, plaudern mit dem Klapperstorch. Nach neun Monaten kommt Petrus und sagt: »Es ist so weit. Morgen ist Eure Geburt.«

»Wissen wir doch, kriegen wir hin.« Alle Babys haben ihren Hormoncocktail fertig und freuen sich. »Ich muss noch etwas mit Euch besprechen«, sagt Petrus. »Ich habe zwei verschiedene Planeten zur Wahl. Ihr könnt Euch aussuchen, wo Ihr hinwollt.« »Erzähl mal«, sagen die Babys.

»Nun«, sagt Petrus, »auf dem einen Planeten gehen die Menschen davon aus, dass Ihr Euch erst in achtzehn Jahren zu vollwertigen Menschen entwickeln werdet. Und damit das auch was wird, erziehen sie Euch. Sie fühlen sich für Euch verantwortlich, für Eure Entwicklung und Menschwerdung. Sie glauben nicht, dass Ihr schon vollwertige Menschen und selbstverantwortlich seid.«

Die Babys sind perplex. »Die meinen im Ernst, dass wir nicht selbst für uns die Verantwortung tragen können? Dass wir keine selbstverantwortlichen Wesen sind? Was haben wir denn die neun Monate hier gemacht? Ist das dort ein – Erziehungsplanet?«

»Auf dem anderen Planeten«, erzählt Petrus weiter, »gehen die Menschen davon aus, dass Ihr selbstverantwortliche Wesen seid. Dass Ihr das Souveränsein in den neun Monaten Eurer Entwicklung gelernt habt und als voll ausgebildete Selbstverantworter auf die Welt kommt.«

»Sie wissen natürlich, dass Ihr immer nur von Eurem jeweiligen Wissen ausgehen könnt. Dass ihr Erwachsenenwissen und Euer Babywissen verschieden sind, dürfte wohl klar sein. Und deswegen wird es vieles geben, was sie anders einschätzen und entscheiden werden als Ihr. Sie werden bei vielem, was Euch wichtig ist, nicht mitmachen und Euch daran hindern, es zu tun.«

»Aber sie stellen dabei niemals in Frage, dass Ihr die Fähigkeit zur Selbstverantwortung habt, von Anfang an. Es ist ein Souveränitätsplanet. Ihr könnt entscheiden, auf welchen Planeten Ihr kommen wollt.«

Ich sitze mit meinen Freunden im Kreis und wir haben Petrus zugehört. »Ich will zu dem zweiten Planeten«, sage ich. Alle anderen Babys wollen das auch, niemand will zum Erziehungsplaneten. Wir sind uns einig, dass es voll daneben ist, in einer Erziehungswelt aufzuwachsen. Wir alle wollen zum Souveränitätsplaneten.

Petrus druckst herum. »Tja, das habe ich erwartet. Nur leider gibt es den zweiten Planeten nicht in erreichbarer Nähe. Ihr versteht schon: kulturelle Zeitverschiebung. Den gibt es erst in hundert Jahren wieder. Aber ich habe ein paar Eltern, die das jetzt schon so sehen. Ich schaue mal, wie viele freie Plätze ich habe …«

Und noch etwas. Das Baby ist geboren, Mama und Papa stehen an der Wiege. »Du weißt, dass er da ist«, sagt er. »Ich weiß«, sagt sie, »der Schwarze Fleck.« »Ja«, sagt er, »der Schwarze Fleck.« Alle Kinder werden mit einem dunklen Fleck geboren. Er sitzt in der Achsel unter dem linken Arm in der Nähe des Herzens. Er ist drei Tage zu sehen, dann wandert das Dunkle nach innen. Das ist das Böse, das in jedem Menschen wohnt.

Als ich vor meinem Kind stand, sollte ich das mit dem Bösen – entsprechend unserer Kultur und Tradition – glauben. Das Böse war geerbt aus uralten Zeiten. Doch was für ein grandiose Zumutung! Ich sehe keinen dunklen Fleck!

Nicht bei meinem Baby und nicht bei anderen Babys. Ich sehe ihn bei niemandem auf der Welt. Menschen werden nicht mit dem Schwarzen Fleck geboren. Das Böse ist eine Sicht auf Menschen, die ich nicht habe.

In meinem Kinderzimmer habe ich die Macht. Ich sehe keinen Schwarzen Fleck, es gibt das Böse nicht. Das Böse ist eine destruktive Fantasie. Sie macht Menschen schwach, bricht ihren Glauben an sich und an ihre Konstruktivität. Ich sage meinen

Kindern, dass sie Liebe sind und dass sie an sich glauben können.

Entwicklungskonferenz

Was ist gut für die kindliche Entwicklung? Die Frage ist – mit
Vorsicht zu genießen!

Zunächst das Jahr 1900. Es gibt eine Konferenz zur weiblichen
Entwicklung. Die (männlichen) Experten tragen vor, diskutieren, machen Vorschläge, erarbeiten eine Resolution. Die Männer
sind in ihrem Element.

Plötzlich Unruhe, Lärm, Getöse. Die Frauen haben mitbekommen, was da passiert. Sie sind empört. »Ihr wisst, was für unsere
Entwicklung gut ist?« Die Anmaßung der Männer macht sie
wütend. Sie treten die Türen ein, vertreiben die Männer. »Wir
wissen selbst, was für uns und unsere Entwicklung gut ist!«

Hundert Jahre später gibt es eine Konferenz zur kindlichen Entwicklung. Die (erwachsenen) Experten tragen vor, diskutieren,
machen Vorschläge, erarbeiten eine Resolution. Die Erwachsenen sind in ihrem Element.

Unruhe, Lärm und Getöse kommen diesmal von innen. Ich
nehme an der Konferenz teil und bin an der Reihe, meine Sicht
darzustellen. Ich sage zur Verblüffung der versammelten Fachleute: »Ich bin nicht befugt, mir über die Entwicklung junger
Menschen derartige Gedanken zu machen, wie sie hier gepflegt
werden und Standard sind.«

»Gedanken, die Kinder zu Objekten unseres Nachdenkens
machen und die uns über sie stellen. So etwas verletzt und
depersonalisiert, auch wenn es in bester Absicht geschieht. Es

ist unwürdig und herabsetzend. Es entkernt ihre Menschen-
würde.«

»Außerdem: Wenn wir objektiv expertenhaft und nicht subjektiv und persönlich über Kinder nachdenken, ist das unwissenschaftlich! Denn jede Wissenschaft muss dem entsprechen,
was sie untersucht. Und unsere Gegenüber sind Personen, keine
Gegenstände und rein physikalische Dinge. Unsere Maßstäbe
und Parameter müssen nicht sachlich und objektiv sein, sondern
personal und subjektiv!«

Ich stelle die »objektiven« Grundlagen der Erziehungswissenschaft und Pädagogik in Frage und werde deutlich: »Es
ist unangemessen und unwissenschaftlich, die kindliche Entwicklung mit objektiver Perspektive zu betrachten. Kinder
sind nun einmal keine Sachen. Genau so wie es unangemessen und unwissenschaftlich ist, die Gefühle des Autos beim
Bremsen zu untersuchen: Denn Autos sind Sachen und keine
Personen.«

Nach diesem Vergleich wird es laut im Auditorium. Ich lasse
mich nicht beeindrucken. »Wären wir klassische Mediziner,
wäre das anders. Dann ginge es um den Körper und seine physikalischen Vorgänge. Die wissenschaftlichen Maßstäbe sind dort
sachlich und unpersönlich. Hier geht es aber um die Personalität
und Würde junger Menschen.«

»Und überhaupt ist diese Konferenz genauso chauvinistisch wie
damals, als die Männer über die weibliche Entwicklung nach-
dachten: Oben-Unten-Struktur. So etwas ist adultistisch. Die
Konferenz sollte aufgelöst werden!«

In dem folgenden Tumult verlasse ich die Konferenz und höre,
wie die Kinder die Türen eintreten …

Ich fahre von der Konferenz nach Hause. Ich überlege, welches kleine Geschenk ich meiner Frau mitbringen könnte. Stopp an der Tankstelle. Mon Chérie oder Rose? Ich bin unschlüssig, streife durch die Regale.

»Was suchen Sie?«, fragt der Kassierer. »Ich weiß nicht, ob ich meiner Frau Mon Chérie oder eine Rose mitbringen soll.« »Ja«, sagt er, »schwere Entscheidung.« Ich nicke. »Bringen Sie ihr doch das mit, was gut für ihre Entwicklung ist.« (Die Zuhörerinnen und Zuhörer lachen, es ist absurd.)

Aber keine Sorge, das Gespräch gibt es nicht. Ich schenke ihr das, worüber sie sich wohl am meisten freut.

Am nächsten Tag bin ich zum Einkaufen unterwegs. Mein Enkel hat Geburtstag. Ich stehe unschlüssig vor dem Schaufenster des Spielwarengeschäfts. »Worüber denkst Du nach?« Mein Freund ist mitgekommen. »Teddy oder Lego«, sage ich, »ich kann mich nicht entscheiden.«

»Wie alt wird er denn?« »Drei«, antworte ich. »Das kann doch nicht so schwer sein«, sagt er. Er überlegt: »Was ist denn in dem Alter gut für seine Entwicklung?« Gute Frage! Was sagen Pädagogik, Entwicklungspsychologie und Hirnforschung?

Mein Enkel steht plötzlich neben uns. Er ist empört. »Wie denkt Ihr denn über mich? Ihr wisst, was gut für meine Entwicklung ist? So was steht in den Büchern? Darüber gibt es Konferenzen? Das läuft an den Universitäten? Habt Ihr sie noch alle?«

»Ich bin doch kein Objekt Eurer geistigen Begierde! Ich bin ein Mensch mit Würde und habe eine Würdekrone! Lasst den Unsinn. Und schenkt mir das, von dem Ihr meint, dass es mir Freude macht.«

Ich mache mir schon Gedanken darüber, was für andere Menschen und für meine Kinder und ihre Entwicklung gut ist. Ich lese Bücher, diskutiere mit Fachleuten und besuche Konferenzen. Aber der ganze Blick dabei ist – anders. Ich nehme keine objektivierende expertenhafte Haltung ein, sondern bin subjektiv unterwegs, von Person zu Person.

Und ich möchte auch nicht, dass da – wann und wie auch immer – Experten mich ungefragt beäugen und »objektiv« über mich befinden. Niemand will das, auch kein Kind.

Aber ist »Unterstützen statt erziehen« denn nicht gut für Kinder? Wer kann das wirklich wissen! Es ist *ein* Weg zu den Kindern. Es ist *mein* Weg zu den Kindern.

Experten und Emanzipieren

Wer will denn überhaupt wissen, was richtig und falsch ist im Umgang mit Kindern? Die Experten? Die über uns thronen und sagen, wo es lang geht? In unseren Gedanken leben sie schon, diese Schriftgelehrten der Pädagogik und Psychologie. Und haben uns im Griff. Was nicht sein muss.

Ich nenne diesen gelehrten Herrschaften, die gerne so genau Bescheid wissen, freundlich beim Spitznamen. Und hole sie damit vom Sockel. Es kann ja ganz interessant sein, sich mit ihren Ansichten und Expertisen zu befassen. Wem das Spaß macht. Aber es ist nicht die Wahrheit, es ist die Sicht von diesen Menschen auf die Dinge. Und *ich* entscheide, was ich davon halten soll.

Da läuft mir vor hundert Jahren Sigi über den Weg. »Hubi«, sagt er zu mir, »ich habe da was entdeckt.« »Und was bitte?« »Das Ich, das Es und das Über-Ich. Strukturmodell«, sagt er stolz. »Was soll das«, sage ich, »das gibt es doch gar nicht. Wieder eine Deiner seltsamen Ideen.« »Doch doch«, sagt Sigmund Freud, und fängt an zu erklären.

»Lass den Stuss, Sigi«, sage ich. »Das ist doch Unsinn.« »Nein«, beharrt er, »die machen da eine Wissenschaft draus.« »Wie bitte?« »Ja, das packe ich alles zur Psychoanalyse.« »Jetzt bist Du völlig durchgeknallt, Sigi. Die Sache mit der Psychoanalyse ist doch schon seltsam genug.« Ich bin genervt. »Nein, lass mal«, sagt er überzeugt, »das wird eine große Sache in der Zukunft.« »Echt jetzt? Dann erklär doch noch mal.«

Mary ist am Telefon. »Du hast angerufen?« »Ja«, sage ich, »Mary, was soll das mit Deiner ›vorbereiteten Umgebung‹? Mach doch einfach mal spontan. Die Kinder finden schon ihren Weg.« »Nein«, sagt sie, »die vorbereitete Umgebung ist wichtig.« Und Maria Montessori fängt an zu erklären. »Außerdem«, sagt sie, »ist es wichtig, dem Leben zu helfen. Ein fundamentales Prinzip, verstehst Du?« »Seh ich andersrum, Mary«, antworte ich, »das Leben hilft uns.« Es gibt ein langes Gespräch.

In einer Kongresspause spreche ich Rudi an. »Rudi«, sage ich, »was hast Du denn bloß gegen Plastik? Das ist doch ganz nützlich. Holz geht nicht immer.« »Nein«, Rudolf Steiner besteht darauf, dass Plastik für die Kinder nicht gut sei. »Plastikfreie Zone.« Und Rudi erklärt mir auch seine Bewegungskunst. »Nenne ich Eurythmie.« Und er sagt, dass man damit seinen eigenen Namen tanzen kann. »Ja«, antworte ich, »interessante Idee, wenn man das denn mag.«

Die Menschheit gibt es seit sechs Millionen Jahren, sagt die Wissenschaft. Leute, die so beschaffen sind und die so aussehen wie wir, die »vernünftigen« Menschen – Homo sapiens – gibt es seit 300.000 Jahren. Bücher, die gelesen werden, nicht nur von Experten, sondern von vielen Eltern, und Kurse, die von vielen besucht werden: die gibt es noch keine hundert Jahre.

All die Eltern vorher, seit Millionen von Jahren, haben ihre Kinder großgezogen ohne Bücher und Seminare! Wozu ist denn so etwas wichtig? Wir alle können unsere Kinder großziehen, ohne diese ganzen – Lieblichkeiten. Sonst wäre die Menschheit längst zugrunde gegangen.

Es spricht aber auch nichts dagegen, mal ein Buch in die Hand zu nehmen oder einen Vortrag oder ein Seminar zu besuchen. Den Horizont erweitern. Theorien wälzen und sehen, wie andere das mit den Kindern so hinkriegen.

Ich habe ja auch solche Bücher gelesen und welche geschrieben, und Sie hören sich heute meinen Vortrag an. Und wenn so etwas auch nicht wirklich nötig ist, so ist es doch schön, macht Spaß und kann hilfreich sein.

Wobei ich auch nicht übersehe, dass alles, was unseren Umgang mit Kindern betrifft, eine durchaus handfeste kommerzielle Seite hat. Angefangen bei der Produktion von Schulkreide und Schulmöbeln über Kita-Gebühren bis hin zu Lehrstühlen für Erziehungswissenschaft. Der spezielle pädagogisch-industrielle Komplex, schon klar. Das geht in zig Milliarden.

Soll man da meckern? Es ist ja auch eine Win-Win-Situation für Wirtschaft, Experten und Eltern. Und die Kinder? Na ja, da komme ich in diesem großen Geflecht ins Spiel und leiste meinen Beitrag zur Emanzipation der Eltern vom Erziehungsdenken. Auf dass es den Kindern besser gehe.

Erinnern

Alltag mit Kindern, Wohnzimmer. »Was machst Du denn da? Wie sieht's denn hier aus? Das glaub ich nicht!« Kerstin sieht entgeistert zu ihrer Dreijährigen und ist sprachlos. Bis auf das, was gerade aus ihr ausbrach. Melanie, mit sich und ihrem Spiel in Harmonie, kniet auf dem Teppich, steht auf.

Langsam, sie nimmt die Magie ihrer Königsaura mit nach oben, sie steht und sieht ihre Mutter voll an. Die rechte Hand erhoben, Handfläche nach vorn. Und sanft, klar, majestätisch: »Nicht in diesem Ton.« Stille. »Mama, nicht in diesem Ton.«

Melanie spricht von innen. »Du könntest doch auch mal sehen, was ich geschafft habe.« Hand und Arm machen einen Bogen. »Das ist der Teppich. Und das ist der Pudding. Und das ist die Autobahn. Zwei Spuren. Langsamspur, Überholspur, Ausfahrt, Einfahrt. Und da ist die Tankstelle.« Melanie steht königlich da.

Kerstin ist gebannt. Melanie bleibt online: »Okay, ich seh ja, dass Dich das nervt. Schon gut. Ich helf auch, dass es wegkommt. Ich hol den Eimer und den Lappen.« Melanie macht ein etwas besorgtes Gesicht, Kerstin rührt sich noch immer nicht. »Mama, ich mach's auch nicht noch mal.« Kleines Nachdenken. »Jedenfalls nicht mit Schoko. Vanille muss ich noch mal sehen.«

Parallelwelt, zeitgleich: »Nicht in diesem Ton.« Stille. »Mama, nicht in diesem Ton.« Melanie erklärt ruhig, freundlich und geduldig: »Ich weiß ja, dass Du nicht anders kannst. Und ich habe das drei Jahre mitgemacht. Aber jetzt ist es mal gut. Ja, wir leben in einer Schimpfkultur. In der Menschen herabgesetzt werden. Kinder sowieso. Aber Du könntest auch mal sehen, was ich geschafft habe. Und was auf meinem Kopf ist: eine Krone.«

»Meine Krone. Würde. Ich bin ein Mensch, mit Würde. Und ich möchte diese Töne nicht mehr. Kannst Du das lassen, einfach weglassen, hinter Dir lassen? Du bist doch selbst mit diesem Tönen groß geworden. Das war doch auch für Dich nicht schön. Okay, Du lässt sie weg? Das kannst Du.«

Kerstin schießen Tränen in die Augen. Sie fühlt es wieder, diese Herabsetzungswucht ihrer eigenen Kinderzeit. »Auch ich wurde so angefaucht.« Schmerz überwältigt sie. Sie weint heftig. Sie nimmt Melanie in den Arm, kurz. Sie muss ihren Tsunami loswerden. Stürzt zum Handy, ruft Irene, ihre beste Freundin an.

»Weiß Du, was mir grad passiert ist?« Sie erzählt. Und Irene versteht. Auch sie weint. Und telefoniert ins Land. Es gibt eine Telefonlawine. Rund um die Welt. Am nächsten Morgen gibt es keine Schimpfe mehr.

Paul ist fünf Jahre alt und bekommt kein Überraschungsei. Er knallt sich an der Ladenkasse auf die Fliesen und macht einen Riesenaufstand. Seine Mutter ist modern, hat Erziehungsbücher gelesen und Kurse besucht. Sie weiß, was jetzt zu tun ist. Sie hockt sich hin, Augenhöhe herstellen. Und redet einfühlsam mit ihrem Kind. Dass es verabredet war, heute zum Einkaufen zu gehen, ohne dass es ein Überraschungsei gibt, und dass es so nicht geht.

Paul: »Mama, mir geht es nicht mehr um das Überraschungsei. Mir geht es jetzt darum, dass Du aus meiner Seele verschwindest. Ich soll was einsehen! Ich muss mich ändern! Diese eklige Einmischung kenne ich seit fünf Jahren. Du meinst, dass Du einen richtigen Menschen aus mir machen musst. Sowieso und auch hier an der Ladenkasse. Das ist total übergriffig. Nervt und nervt. Hör auf damit!«

»Schau mal zu der Kasse da drüben. Der Kollege, fünf Jahre wie ich, kriegt auch kein Überraschungsei. Seine Mama sagt nur: ›Nein, ist nicht.‹ Knallhart. Aber diese Mama geht ihm nicht an die Seele. Er muss nichts einsehen. Sie sieht ihn als vollwertigen Menschen, auch mit fünf. Und weil sie seine Würde nicht angreift, muss er sich auch nicht verteidigen, so wie ich. Er ist verärgert, klar. Aber seine Krone ist nicht verrutscht. Und er muss sich nicht auf die Fliesen werfen.«

Und auch Paul erinnert seine Mutter: »Du warst doch auch mal fünf. Dieser Psychokram war doch auch für Dich nicht schön. Versuch es doch mal wie die Mama da drüben. Das schaffst Du.«

Tsunami, Handy, Telefonlawine …

Zwei Welten

Wie kommen unsere Kinder mit der pädagogischen Welt zurecht? Nun, sie werden in unserem Haushalt groß. Hier, auf der Insel der Seligen, existiert die erziehungsfreie Welt von Mama und Papa. Aber kaum machen die Kinder die Wohnungstür auf, schon schallt es durch das Treppenhaus anders.

Die Mutter der Familie von nebenan ist erzieherisch unterwegs. Ihre Emotionen und Schwingungen sind gänzlich verschieden von dem, was unsere Kinder aus ihrem Nest kennen. So ist es! Drinnen ist es so, draußen ist es anders.

Die Kinder werden in zwei Welten groß. Und da sie das von Anfang an mitbekommen, verwirrt sie das nicht, sondern es ist ihre Realität. Zu Hause so, woanders anders. Sie können das handhaben. Eins aber ist klar: Von den Herabsetzungstönen, Schimpfkaskaden, Schuldzuweisungen der pädagogischen Welt draußen stecken sie sich nichts an.

Sie wissen, dass die anderen so drauf sind. Dass sie meinen, recht zu haben und Kinder belehren und herabsetzen zu können. Aber das ist deren Ding, unsere Kinder können ihnen das lassen. Es trifft sie nicht. Ihr Schutzmantel ist gewirkt aus dem verlässlichen Achtungskontinuum ihres Zuhauses.

»Wieso habt Ihr Euch die Hände noch nicht gewaschen?!« Tante Meier schimpft. Unsere Kinder sehen sich an. »Was hat sie denn nur? Wieder Rückenschmerzen?« Sie sind nicht gekränkt und fühlen sich nicht herabgesetzt. Sie sind offen für das, was bei Tante Meier dahintersteckt, wenn sie sich ärgert.

Sie sind voller Empathie. Empathie, die in ihnen lebt, weil sie von den wichtigen Personen ihres Lebens – ihren Eltern und deren Freunden – nicht in ihrem Wertgefühl, ihrer Selbstliebe und Selbstkraft gestört werden. »Ist schon gut, wir waschen uns die Hände«, eine leichte Antwort. Und Tante Meier ist zufrieden.

Unsere Kinder kommen in den beiden Welten gut zurecht. Und da sie einfühlsam und freundlich sind, werden sie auch von den erzieherischen Erwachsenen gemocht. Sie sind gerne gesehen in den Familien ihrer Freunde, im Kindergarten, der Schule, der Verwandtschaft.

Von ihren Alterskameraden ganz zu schweigen. Da ist es so, dass die anderen Kinder, denen der Erziehungsgewittersturm täglich um die Ohren braust, erstaunt und begeistert sind, dass sie auf Kinder treffen, die so ganz andere Eltern haben. Und sie kommen gerne zu uns zu Besuch.

»Keine Hausaufgaben gemacht? Wie wollt Ihr denn versetzt werden?!« Der Lehrer brüllt die Klasse an. Alle Kinder ducken sich. Sie kennen das, Alltag rauf und runter: Schimpfe, nichts Neues. Die Kinder sehen vor sich hin, sind gebannt. Sie warten, dass er mit seiner Strafpredigt aufhört.

Mein Sohn richtet sich auf, ist erstaunt, sieht nach vorn, auf den Lehrer. »Was hat er denn nur? Schlecht geschlafen? Krach mit seiner Frau?« Die Schimpfe des Lehrers prallt an seiner Selbstkraft ab, er ist nicht getroffen und gebannt. Seine Selbstachtung erreicht der Lehrer nicht mit der Schimpfe.

Mein Kind weiß, dass es jetzt nichts tun kann, der Lehrer ist viel zu sehr in Rage. Aber nach dem Unterricht, als die Pause beginnt und der Lehrer noch am Lehrertisch sitzt, geht mein Sohn nach vorn und legt ihm freundlich die Hand auf den Arm: »Herr Müller, das schaffen wir schon mit der Versetzung.«

Auf dem Elternabend erzählt mir Herr Müller davon. »Was haben Sie für ein nettes und gut erzogenes Kind.« Ich sage dann nichts dazu. Die Kinder sind ja gerade so, weil sie *nicht* erzogen werden, nicht durch Erziehung gestört werden und sich ihre Empathie ungehindert entfalten kann. Es bringt aber nichts, einem Menschen, diesem Lehrer, der erzieherisch unterwegs ist, davon etwas zu erzählen. Es sei denn, er ist offen für erziehungsfreie Ideen. Das muss man jeweils sehen.

Leid und Trost

Eltern wollen ihren Kindern nicht weh tun. Sie wollen kein Leid zufügen. Aber wenn sie sich durchsetzen – und das tun sie jeden Tag auf vielfältige Weise –, dann entsteht gelegentlich bis oft und immer wieder auch Leid bei den Kindern. Der Weg der Kinder wird verstellt, die Kinder müssen etwas tun, was sie nicht tun wollen. Die Kinder stimmen ja oft auch zu, und dann ist alles gut. Aber oft eben auch nicht. Dann gibt es Leid und Tränen.

Ich habe nichts parat, was man dagegen tun kann. Ohne Elterndurchsetzen gibt es letztlich tote Kinder. Steckdose und Co. Eltern werden immer wieder als Leidzufüger erlebt. Das ist so und lässt sich nicht ändern. Nur dass die Eltern das nicht so gerne haben. Und deswegen einen riesigen Eiertanz veranstalten, um das, was durchgesetzt sein will, ohne Durchsetzen zu erreichen. Was nicht geht.

Wenn ich eine Kuh töte um zu essen, um zu leben, dann geht das nur mit toter Kuh. Und keine Kuh stimmt zu und sagt: »Oh prima, dafür bin ich ja da. Hier am Hals kannst Du mich abstechen«, und hält den Hals hin. Das ist Unsinn. Durchsetzen ist Durchsetzen. Gilt auch für den Salat.

Dieses Leidzufügen beim Durchsetzen ist für die Eltern schwer zu ertragen. Wo sie doch Freudebringer sein wollen. Aber wenn wir das Leid, das wir bei den Kindern verursachen, schon nicht vermeiden können, so gibt es doch wenigstens einen Trost für uns Eltern. Gefunden bei einem großen Vorbild. Die Vorgänge, die ich gleich erzähle, kennen Sie. Ich übertrage sie in eine ungewohnte Perspektive.

»Hier nicht, macht das woanders.« Streit an einem Sabbat im Tempel in Jerusalem vor 2000 Jahren. Jesus ist nicht begeistert. Die Händler sollen woanders hingehen. »Lass den Unfug, Jesus«, sagen sie, »wir müssen hier verkaufen. Unsere Souvenirs, Ansichtskarten und Sticker. Wir verdienen damit unser Geld und ernähren so unsere Familien.«

»Die Leute kommen hierher, zum Tempel«, fahren die Händler fort, »da ist viel Publikum, und sie kommen nicht morgen, sondern heute am Sabbat.« »Das ist ein heiliger Ort und ein heiliger Tag«, sagt Jesus nachdrücklich. »Ja, für Dich, Jesus, aber wir müssen hier unsere Geschäfte machen, Geldwechseln und so weiter. Jetzt geh weg, Du machst die Kunden verrückt, Du nervst.«

Jesus wird ärgerlich. Er hat freundlich mit ihnen geredet, aber das bringt nichts, die Geldwechsler sehen es nicht ein. Die Geldwechsler könnten ja auch gut finden, was Jesus sagt. Könnten! Tun sie aber nicht. Die Kinder könnten ja auch gut finden, was die Eltern sagen. Könnten! Tun sie aber nicht.

Jesus' Ärger macht ihn lauter, er schreit die Händler und Geldwechsler an. Die sind entsetzt. Alle Leute sind verschreckt und ziehen sich zurück. Nichts geht mehr, kein Anhänger wird mehr verkauft, kein Geld mehr gewechselt.

Aber die Händler geben nicht auf, sie drängen ihn zurück. Da wird Jesus wütend, er greift nach einer Peitsche, schmeißt ihre Verkaufstische um und drischt auf sie ein. Er verursacht ein riesiges Getümmel – durch ihn entsteht Leid.

Jesus ist für viele Trost und Erlösung. Wie jeder von uns hat er aber auch seine Werte und Grenzen. Zu denen er steht und die er so gut es geht auch durchsetzt. Dabei entsteht durchaus Leid – wie bei den Eltern, wenn sie sich den Kindern gegenüber durchsetzen.

Jesus hat wie alle Kinder auch seine Eltern aufgeregt. Als er zwölf war, haben ihn seine Eltern einmal lange gesucht, er war drei Tage weg. Schließlich fanden sie ihn, und seine Mutter stellte ihn zur Rede:

»Kind, wie konntest Du uns das antun? Dein Vater und ich haben Dich voll Angst gesucht!« (So steht es in der Bibel.) Jesus bekam nicht mit, welches Leid er verursacht hatte. Drei Tage lang hatte er die Eltern versetzt, so vertieft war er in die Diskussionen im Tempel.

Er fragte nur aus seinem Kinderkosmos heraus: »Warum habt Ihr mich gesucht? Wusstet Ihr nicht, dass ich in dem sein muss, was meinem Vater gehört?« Aber »sie verstanden das Wort nicht, das er zu Ihnen sagte«. Kinderkosmos eben. Marias und Josephs Schmerz und ihr Leid der letzten drei Tage wird das nicht gemildert haben, auch wenn Maria »alle diese Wort in ihrem Herzen behielt«.

Und wenn Jesus das passiert ist, wenn auch von ihm Leid ausging, von diesem Garanten und Symbol der Liebe und des Friedens, »dann«, sage ich den Eltern, »seid nicht so besorgt, wenn auch von Euch Leid ausgeht.«

Wie oft sind wir Leidzufüger? Wie oft rollen wir Steine in den Weg unserer Kinder, und sie können nicht tun, was sie wollen? Sind es 5 oder 10 Neins am Tag? Wenn die Kinder klein sind, sind es mehr, wenn sie größer werden, weniger, wenn sie ganz groß sind, kaum einer. Sagen wir im Schnitt aller Jahre: 5 Neinsteine pro Tag. Das sind bei 18 Lebensjahren etwa 33.000 Steine.

Zu den Steinen der Eltern kommen noch die Neins der Omas, Opas, Onkel, Tanten, Erzieher, Lehrer, sonst wer dazu – überschlagen rund 40.000 Neinsteine. Vierzigtausendmal »Nein« wartet auf jedes Kind. Habe ich vorgesetzt bekommen, haben Sie vorgesetzt bekommen.

Ja, wenn unsere Eltern einen guten Tag hatten, waren es vielleicht nur 39.429. Aber im Prinzip vierzigtausend. Ich weiß nun nicht, wie sich dieser riesengroße Steinehaufen verringern lässt. Ich weiß aber etwas zu der Botschaft, die von diesen Steinen ausgeht, von ihrer psychischen Dimension, ihrem Geruch, ihrer Farbe.

Auf der psychischen Ebene sind das entweder 40.000 Steine mit der Botschaft: »Sieh ein, ich habe recht!« Was für uns Kinder heißt: »Ich soll es einsehen. So wie ich das will, ist es nicht richtig. *Ich* bin nicht richtig.«

Wir lernen Selbstzweifel und Schuldgefühl. Unsere Selbstliebe und Selbstkraft werden angeknabbert, zersetzt. Und wir werden zu den Erwachsen, die wir heute sind, mehr oder weniger voller Selbstzweifel und Schuldgefühl. Mit viel weniger Selbstliebe als es sein könnte.

Oder die Botschaft all der Steine ist dies nicht. Keine Attacke auf die Selbstliebe. Nur Attacken auf unser Tun. Wir können zwar nicht tun, was wir wollen, Steine im Weg eben. Wie ein umgefallener Baum, wenn wir mit dem Dreirad daherkommen und umdrehen müssen.

Ärgerlich genug – aber die Botschaft ist dann nicht »Sieh ein, ich habe recht!« mit den verheerenden Folgen. Sondern »Hier stehe ich, ich kann nicht anders!« Keine kindbezogene Botschaft, sondern eine elternbezogene Botschaft, kein seelischer Angriff, kein psychischer Übergriff.

Dann werden wir nicht darin verstrickt, dass wir etwas einsehen sollen, was wir nicht einsehen wollen. Wir können unseren Glauben an uns behalten, auch wenn wir nicht tun können, was wir wollen. Selbstliebe und Selbstkraft werden nicht zersetzt. Kein Selbstzweifel, kein Schuldgefühl. Wir werden anders groß.

Ich stoppe meine Kinder mit der Haltung »Hier stehe ich, ich kann nicht anders!«. Aber auch wenn ich die Kinder ohne das »Sieh ein, ich habe recht!« anhalte, so werden sie das noch oft genug von anderen Erwachsenen zu hören bekommen. Von all denen, die sie pädagogisch sehen.

Aber immerhin: viele Neinsteine meiner Kinder, die Neinsteine, die von ihrem Vater und ihrer Mutter und deren Freunden kommen, sind anders gefärbt, und das hat schon seine Wirkung.

Selbstliebe

Unser Bild von uns selbst hat viele Facetten. Auch diese ist dabei: Bin ich okay? Kann ich an mich glauben? Kann ich mich lieben, so wie ich bin? Oder kann ich das alles nicht? Die Selbstliebe ist eine Lebenskraft wie der Lebenswille. Wie sind wir unterwegs?

Nun, Sie wissen, dass Sie Fehler machen können. Dass Sie einsehen müssen, was falsch ist. Dass Sie sich verbessern müssen. Um weiterzukommen, muss man zunächst seine Fehler erkennen. Dann sie korrigieren.

Man kommt nicht fertig auf die Welt, man muss besser werden, ein besserer Mensch werden. Wenn man das nicht schafft, gibt es Schuldgefühle. Und man holt sich Hilfe. Beratung, Seminare, Therapie, alles Mögliche. Aber das geht auch gänzlich anders.

»Fehler«: im Alltag schwingt bei diesem Wort etwas Herabsetzendes mit. Im Unterschied zur Mathematik, einer abstrakten Ideenwelt, da gehören richtig und falsch und Fehler zum Regelwerk. Oder bei eindeutigen Verabredungen wie bei einem Hausbau: senkrecht Stein auf Stein, nicht schräg.

Aber im Alltagsleben ist das Wort »Fehler« ungut befrachtet. Wie »Unkraut«. »Fehler« setzt etwas herab. Nämlich das, was gerade eben noch richtig und gültig war. Die Vergangenheit steht schlecht da, und sie sagt: »Eben war ich gültig, wieso machst Du mich schlecht?«

Das habe ich verstanden. Alles hat gleichen Wert, Vergangenes wie Gegenwärtiges wie Künftiges. Also schaue ich nicht herabsetzend auf meine Vergangenheit und sage nicht »Fehler« zu ihr, wenn etwas schiefläuft.

Ich erkenne sehr wohl, dass ich etwas jetzt, heute, im Nachhinein anders machen kann als eben. Ich kann mich verändern. Und ich ändere mich ja auch. Aber immer auf einem 100-Prozent-Niveau. Mal gehe ich links herum zum Bahnhof, mal rechts herum. Und wenn etwas daneben geht, mache ich es ja nicht noch mal.

Aber ich schimpfe nicht mit dem Eben, ich schimpfe nicht mit mir. Ich habe eben aus meinen Gründen heraus so gehandelt – jetzt handle ich anders. Da ist nichts Marke »Fehler« dabei.

Mit anderen Worten, konsequent und radikal: Ich und auch sonst niemand kann überhaupt einen Fehler machen – weil es so etwas wie einen »Fehler« in den alltäglichen Angelegenheiten nicht gibt. Außer in der Mathematik und Co. Ich kann somit keinen Fehler machen. Ich muss nicht einsehen, dass etwas falsch war.

Ich *muss* nichts ändern, aber ich kann. Ich *muss* nicht »an mir arbeiten«, aber ich kann. Ich *muss* keine Beratungsstelle aufsuchen und keine Therapie machen, aber ich kann.

Es ist die Frage, was Sie von sich halten. Armer Sünder oder Ebenbild Gottes? Sie haben die Wahl. Sie entscheiden über Ihr Bild von sich. Ich will Ihnen ja keinen Stress machen. Aber es liegt wirklich an Ihnen. Es ist nicht verboten, an sich zu glauben und sich zu lieben.

Sie können natürlich versuchen, all das Unangenehme und Widerspenstige an Ihnen zu verringern und abzuschleifen. An sich arbeiten, sich erziehen. Durchaus auch mit Hilfe, mit Seminaren, Büchern, Therapien. Damit Sie ein besserer Mensch werden.

Sie können es aber auch gut sein lassen. Sich gelten lassen mit all den Widrigkeiten und dunklen Seiten, mit all den gruseligen Hörnern, die in Ihrer Seele wachsen und auf dem Kopf zu sehen sind. Wir alle haben so ein Hörnergestrüpp auf dem Kopf. Und gelegentlich kann man dann mal sehen, wie sich dieses Gestrüpp etwas zurechtstutzen lässt.

Aber niemand muss sich das zum Desaster machen. Sie können sich auch lieben, so wie Sie sind, auch mit diesen ganzen Hörnern. Und wenn Sie dann mit hundert Jahren gestorben sind, dann brauchen Sie eben einen Sarg mit einer Kuppel für all die Hörner. So ist es, und davon geht die Welt nicht unter.

Erwachsenenwelt

Das »Ich bin *nur für mich* verantwortlich, nicht für Dich, das bist Du selbst« gilt auch in der Erwachsenenwelt. Aus Respekt vor der Selbstverantwortung des anderen. Wie im Umgang mit Kindern schließt dies das Kümmern, das Nahsein und Empathie nicht aus, führt nicht zu Im-Stich-Lassen, Lieblosigkeit und Egoismus. Es führt in eine konstruktive Welt.

Ich schaue für die Erwachsenenwelt einmal genauer hin, in eine Partnerschaft. Beispiel Fremdgehen. Fremdgehen tut weh. Aber ist der, der fremdgeht, für den Schmerz des Alleingelassenen verantwortlich?

Zuerst die traditionelle Partnerschaft. Es gilt: Beide sind für das Glück und das Leid des andern verantwortlich. Die Frau geht fremd. Es könnte auch der Mann fremdgehen, aber ich lasse jetzt einmal die Frau fremdgehen.

Sie geht eines Abends für eine Nacht zu einem andern Mann, und er bleibt zurück. Ihm geht es sehr schlecht, er weint und hat heftige Trennungsängste. Sie verbringt eine schöne Nacht. Ihr geht es gut – er leidet.

Am nächsten Morgen kommt sie zurück, das schöne Erlebnis summt in ihr. Bis sie vor der Wohnungstür steht und den Schlüssel ins Schloss steckt. Dieses metallische Geräusch katapultiert sie zurück in ihren Alltag. Sie weiß ja, dass ihr Partner eine schreckliche Nacht hinter sich hat. Sie bekommt Gewissensbisse.

Er wartet in der Wohnung, und die Sekunden ihrer Begegnung sind schrecklich. Er macht ihr heftige Vorwürfe, Schuldzuweisungen. Sie hat ein schlechtes Gewissen und Schuldgefühle. Sie ist schuld daran, dass es ihm schlecht geht. Sie ist für seinen Schmerz verantwortlich.

Nun eine Partnerschaft auf der Basis, die ich Ihnen vorgestellt habe. Es gilt: Ein jeder ist für sein Glück und sein Leid selbst verantwortlich. Die Frau geht fremd, und es ist genau so wie vorhin, es geht ihm sehr schlecht.

Sie weiß um seinen Schmerz. Und sie weiß, dass er für seinen Schmerz selbst zuständig ist. Er könnte sich ja auch darüber freuen, dass es seiner Partnerin einen Abend richtig gut geht. Oder es könnte ihm egal sein. Aber welcher alleingelassene Partner freut sich über so etwas oder wem ist es egal?

Nein, es ist genauso wie vorhin, es geht ihm wirklich schlecht. Es ist seine Reaktion, und dafür trägt er – *nur er* – die Verantwortung. Sie geht ihren Weg, und er reagiert. Auf seine Art und Weise, die in ihm begründet ist und für die *sie nicht* die Verantwortung trägt.

Aber sie sieht ja, was passiert. Und auch wenn sie nicht für seinen Schmerz verantwortlich ist – das ist er selbst – , ist es ihr nicht gleichgültig. Sie muss sich nicht darum kümmern – aber sie kann. Und das tut sie, sie fühlt mit ihm. Ihre Empathie ist ja nicht auf Null gesetzt, nur weil sie nicht für ihn verantwortlich ist. Sie tut, was sie kann, um seinen Schmerz zu lindern.

Aber sie wird ihren Weg gehen, zu dem anderen Mann. Sie zündet nun so viele Liebeskerzen an, wie sie kann. Denn ihre Liebe zu ihrem Mann ist ja nicht verschwunden – sonst würde sie nicht fremdgehen, sondern gehen, gänzlich gehen.

Er weiß um diese Dinge. Er weiß, dass seine Partnerin ihren Weg geht, und dass er für seine Reaktion – Schmerz – selbst die Verantwortung trägt. Was den Schmerz nicht mindert. Wie gesagt, welcher Mann kann es haben, wenn seine Partnerin fremdgeht? Aber er vermischt nicht die Zuständigkeiten: Sie freut sich – er leidet. Sein Leid ist seine verständliche Reaktion, *seine* Verantwortung.

Am nächsten Morgen kommt sie zurück, das schöne Erlebnis summt in ihr. Die gleiche Situation wie bei der Frau vorhin. Aber jetzt wird es ganz anders. Sie steht vor der Wohnungstür und schließt auf. Das metallische Schlüsselgeräusch fegt ihr schönes Gefühl nicht fort. Sie hat keine Gewissensbisse und keine Schuldgefühle.

Er macht ihr keinen Vorwurf, es gibt keine Schuldzuweisung. Sie weiß um seinen Schmerz und sie nimmt ihn in den Arm. »Ich bin wieder da.« Er seufzt und hält sie fest.

Zunächst die Gleichheit der Welten: Freude und Schmerz. Dann aber der klare Unterschied der Welten: Hier schlechtes Gewissen, Schuldgefühl und Schuldzuweisung. Dort kein schlechtes Gewissen, kein Schuldgefühl, keine Schuldzuweisung. Statt dessen Anteilnahme und Trost.

Am nächsten Abend will die erste Frau wieder zu ihrem Liebhaber gehen. »Wenn Du heute wieder gehst, bin ich morgen nicht mehr da«, sagt er. Drohkulisse, Schuldzuweisung. Bei ihm Angst, bei ihr schlechtes Gewissen. »Dann bleib ich eben«, sagt sie, voll Grimm, Ärger und ungutem Gefühl.

Er freut sich nicht, er weiß, dass das alles irgendwie nicht richtig ist. Auch er hat ein schlechtes Gewissen, so paradox das klingt, denn eigentlich dürfte ja nur sie eins haben. Jedenfalls ist das alles ein ungutes Durcheinander. Es wird kein schöner Abend.

Am nächsten Abend will auch die andere Frau wieder gehen. Sie zündet wie gestern die Liebeskerzen an. Er sagt dieselben Worte wie der andere Mann, aber sie klingen völlig anders: »Wenn Du heute wieder gehst, bin ich morgen nicht mehr da.« Er sagt das ohne Vorwurf, ohne Druck. Er zeigt ihr nur die Konsequenz ihres Tuns, er erpresst sie dabei nicht. Er macht ihr ihren Weg nicht schlecht. Er macht sie nicht verantwortlich für sein Fortgehen, das ist er selbst.

Das weiß sie und das spürt sie. In ihr steigt kein Ärger auf, als er das sagt. Aber sie weiß, wenn sie jetzt geht, wird er morgen nicht mehr da sein. Doch die Begegnung mit dem anderen Mann ist ihr wichtig. So wichtig, dass sie sein angekündigtes Fortgehen in Kauf nimmt.

Sie kommt zu ihrem Freund. Er freut sich. »Alles okay?«, fragt er. »Du«, sagt sie, »mein Mann wird morgen nicht mehr da sein, wenn ich heute Nacht bei Dir bleibe.« »Fies, er setzt Dich unter Druck!« »Nein, so ist das nicht. Aber ich muss mich entscheiden. Du bist mir sehr wichtig, aber – er«, sie holt tief Luft, »er ist mir wichtiger.« Sie dreht sich um und geht nach Hause.

Sie muss das nicht tun. Sie ist in ihrer Entscheidung ganz bei sich und ihren Wichtigkeiten. Sie ist in ihrer Verantwortung für sich selbst. Sie geht zurück, weil sie das wirklich will, nicht weil sie müsste oder sollte. »Ich freue mich, dass Du kommst«, sagt ihr Mann. »Ja«, sagt sie, »ich will mit Dir durchs Leben gehen.«

»Jeder ist nur für sich selbst selbstverantwortlich.« Was auf den ersten Blick und so, wie wir es gewohnt sind, nach Gleichgültigkeit und Egoismus aussieht, ist doch aus dieser Perspektive, die ich Ihnen heute vorstelle, so ganz anders.

Wenn wir uns nicht für den anderen verantwortlich fühlen – weil der das ja selbst ist –, eröffnen sich neuartige Wege zur

Harmonie. Diese Harmonie gründet in der uneingeschränkten Souveränität des einzelnen. Wir kümmern uns umeinander, wir sind füreinander da, wir sorgen für den anderen. Aber wir nehmen dem anderen kein Fünkchen von seiner Selbstverantwortlichkeit.

Ich tue das, was ich angesichts aller Möglichkeiten und Folgen wirklich will, was ich *vor mir* verantworte – und spreche dem anderen dabei nicht seine Verantwortung für sich selbst ab. Ob ich nun fremdgehe oder ob ich mein Kind wickle.

Ich will!

Aber wickelt man nicht, weil man für sein Baby verantwortlich ist? »Papa, warum wickelst Du mich?«, fragt mich mein Baby. »Was willst Du denn da hören?«, antworte ich. »Na, die Mama von meinem Freund hat gesagt, dass sie wegen der Verantwortung wickelt, die sie für ihn hat.« »Du weißt, dass ich nicht für Dich verantwortlich bin und dass ich Dich nicht aus Verantwortung wickle. Du bist selbstverantwortlich.«

Warum wickle ich? Ich weiß, was passiert, wenn ich nicht wickle. Dann tut der Po weh, nach drei Tagen kommen die Würmer und nach einer Woche ist mein Kind tot. Will ich das? Nein, das will ich nicht. Ich will ein gesundes und fröhliches Kind.

Ich wickle, weil ich mein Kind liebe und weil ich das will. Ich trenne die Verantwortung von der Liebe: »Ich wickle Dich, weil ich Dich liebe, nicht weil ich für Dich verantwortlich bin – das bist Du selbst.«

»Du musst mich also gar nicht wickeln?« »Nein, das *muss* ich nicht. Niemand kann mir zu Recht sagen, was ich zu tun und zu lassen habe.« »Wenn Du das nicht musst und es nicht tust, dann geht es mir schlecht.« »Das stimmt, und genau das will ich nicht. Ich bin nicht so jemand, der ein Baby leiden oder gar sterben lässt.«

»Habe ich da Glück gehabt?« »Na ja, alle Eltern lieben ihre Kinder und alle wollen sie froh und munter sehen. So sind die Menschen nun mal. Dass es Ausnahmen gibt, ist leider so. Aber mit einem ›Muss‹ kriegt man die auch nicht zum Wickeln.«

Ich kümmere mich um mein Kind, weil ich das will, weil ich das wirklich will. Eltern stehen oft mit dem Rücken zur Wand und können nicht mehr – weil »ich muss doch«. Nein, Sie *müssen* nicht. Niemand steht über uns und hat das Recht, uns zu zwingen.

Auch Gesetze sind keine Götter, sondern sie wollen *von uns* akzeptiert und dann befolgt werden. *Ich* entscheide, ob ich bei Rot an der Ampel stehen bleibe und ob ich Steuern zahle. Was passiert, wenn ich die Regeln nicht einhalte, ist klar. Bußgeld, und ohne Wickeln gibt es kranke Kinder.

Aber sind wir nicht dafür verantwortlich, dass die Kinder da sind? Wir haben sie schließlich gezeugt, »gemacht«. Das sehe ich anders. Können Menschen Leben machen? Nein. Andersrum ist es richtig: das Leben macht uns! Das Leben komponiert und dirigiert! Wir sind Teil des Lebenskreislaufs. Das Leben packt uns und gibt sich durch uns weiter.

Klar, da machen wir schon mit. Wir sind Mitspieler und können immer wieder ja oder nein sagen, aber wir sind nicht der Spielleiter, das Leben wurde vor uns und ohne uns erfunden.

Kein Papa und keine Mama haben ein Baby gemacht, sie sind nicht dafür verantwortlich, dass das Baby da ist. Ist das Baby dann selbst dafür verantwortlich? So kann man das sehen. Oder lässt diese Verantwortung bei Gott, Natur, Universum.

Als das Baby meines Freundes Martin da war, schlief es nachts nicht durch und weinte. Das war er nicht gewohnt. Irgendwann sollte Ruhe sein. Er hatte die Möglichkeit, Frau und Kind zu verlassen und sich ein schönes Leben zu machen. Sein Baby würde von der Mutter schon versorgt werden, welche Mutter lässt ihr Baby im Stich?

Wie immer ging es um »Wer bin ich? Was will ich wirklich?« Martin: »Ich habe in mich geschaut und gemerkt: Ich will mit diesem nachts schreiendem Kind und dieser Frau durchs Leben gehen. Ich habe mich für mein Baby und meine Frau entschieden, nicht weil ich *musste*, gar noch aus Verantwortung, sondern weil ich *wollte*.«

»Also habe *ich* das Baby nachts gewickelt und rumgetragen, todmüde wie ich war, und Angelika konnte schlafen. Und es kamen wunderbare Gefühle. Kein Pflichterfüllungsgefühl, sondern Demut, Stolz, tiefe Freude und Genugtuung.«

Er bekam zu hören: »Martin, da warst Du doch sehr verantwortungsvoll.« So ein Statement übersieht, dass sein »verantwortungsvolles Handeln« eine andere Quelle hat: Nicht die Muss-Quelle, was heißt »*Ich muss – aus Verantwortung*«, sondern die Ich-Quelle, was heißt »*Ich will*«.

Niemand *muss* sich eines Kindes annehmen und es großziehen. Niemand *muss* sich um ein Kind kümmern. Das hört sich nicht gut an, ist aber letztlich die Realität. Ohne das »Ich will« geht nichts, und Eltern tragen dieses »Ich will« in sich.

Eins ist aber auch klar: Wenn das »Ich will« nicht geschieht, sterben die Kinder. Was im Lauf der Zeiten oft genug vorgekommen ist und auch heute noch vorkommt. Die Geschichte ist voll von Kindern, die nicht leben durften.

Waren Kinder unerwünscht, gingen sie unter. Doch manchmal hatten sie Glück. So befahl einmal ein ägyptischer Pharao aus politischen Gründen, alle neugeborenen Sklavensöhne in den Nil zu werfen und zu töten. Eine Mutter hielt sich nicht an diesen Befehl und versteckte ihren Sohn drei Monate lang.

Als er entdeckt zu werden drohte, setzte sie ihn schließlich in einem mit Pech abgedichteten Schilfkörbchen am Nil aus. Überlebenschance? Na ja. Aber die schöne Königstochter hörte beim Baden im Fluss sein Weinen, sie nahm das Baby auf, übergab es einer Amme und adoptierte es schließlich. Das Baby wurde ein Mann der Weltgeschichte: Moses.

Die Zwillinge waren unerwünscht, wurden im Tiber ausgesetzt und sollten sterben. Doch das Körbchen strandete. Eine Wolfsmutter rettete und säugte sie, ein Hirte und seine Frau zogen sie auf. Es waren Romulus und Remus. Romulus gründete die Stadt Rom, das spätere Weltreich.

Gegenwart. Das Baby ist unerwünscht? Man wohnt im Obergeschoss, öffnet das Fenster, ein Stups und das Baby fällt in den Tod. Wird man erwischt? Bestraft? »War ein Unfall.«

Aber man kann heute eleganter seine Kinder loswerden, ohne dass sie sterben. Wie damals am Nil ihnen eine Chance geben. Das Zweijährige kratzt und beißt und spuckt und tobt. Die Mutter schafft es nicht mehr, der Vater ist fort, und sie will das Kind loswerden. Ohne Fenstersturz.

Sie geht zum Jugendamt, setzt ihr Kind auf den Tisch und sagt: »Nehmen Sie mir das Kind ab, sonst gibt es eine Katastrophe. Ich kann nicht mehr.« Frau Jugendamt: »Gehen Sie zur Familienberatung.« Die Mutter zieht mit dem Kind ab.

131

Am nächsten Morgen ist sie wieder da, Kind auf den Tisch. »Sie waren doch gestern schon da, was wollen Sie denn noch?« Die Mutter sagt nichts, flitzt ohne das Kind zu ihrem Auto, Motor läuft noch, sie braust davon. Ab zu ihren Freundinnen in die Toskana.

Das Kind? Es kommt abends in ein Bettchen und wird dann von liebevollen Pflegeeltern großgezogen, die es Moses nennen. Die Mutter kommt nach drei Monaten zurück, bekommt ein Verfahren, wird bestraft. Eins ist klar: das Kind ist sie los, heutzutage ohne Mord und Totschlag. Sie *muss* kein Kind großziehen. Niemand *muss* das.

Ich will damit sagen: Sie stehen niemals mit dem Rücken zur Wand, Sie *müssen* wirklich kein Kind großziehen. Es kommt eine ganz andere Frage auf Sie zu, und zwar mit Wucht, sie trifft Ihren Kern, und das möchte ich Ihnen klar machen.

»Wer bin ich?« Und: »Was will ich?« Das heißt: »Will ich mit diesem Kind (diesem kratzenden, beißenden, spuckenden, tobenden Monster) durchs Leben gehen?« Und Sie hören tief in sich ein grandioses »JA – ICH WILL«. Überwältigend, kraftvoll und voll Glück.

Wir müssen also nichts – wir wollen! »Ich *will* mich um Dich kümmern« ist eine ganz andere Aussage und hat eine ganz andere Power als »Ich *muss* mich um Dich kümmern«. Wir entscheiden selbst, in eigener Regie und Verantwortung, wie unser Weg aussehen soll. Wir lieben unsere Kinder und *wollen* uns um sie kümmern. Jedes »Muss« ist hier unpassend.

Auch Eltern gehören sich selbst, nichts und niemand steht über uns. Als wir Kinder waren, haben wir etwas anderes zu hören bekommen: Dass dieser und jener und dieses und jenes über uns stehen. Unser Wissen, dass wir uns selbst gehören, wurde nicht weggewischt, sondern, heftiger noch, gar nicht erst in Betracht gezogen. »Kinder *werden* erst richtige Menschen.«

Und als Eltern folgen wir wieder dieser tief sitzenden Störung und glauben, den Regeln und den Experten folgen zu müssen. Aber Eltern, groß gewordene Kinder, können sich von dieser eingebrannten Abhängigkeit, Kränkung und Traumatisierung lösen und sich emanzipieren. Auch Eltern gehören sich selbst, nichts und niemand steht über uns! Wir müssen gar nichts!

Erzählen, nicht provozieren

Wenn wir mit Menschen zu tun haben, die von diesen ganzen Ideen nichts halten – da kann man offensiv sein, da kann man zurückhaltend sein. Es kann durchaus gute Gespräche mit denen geben, die anderer Meinung sind.

Aber man muss das alles niemandem auf die Nase binden, der das nicht hören will. Und kommt den Freunden nicht schon wieder mit »Unterstützen statt erziehen«, wenn die dafür nicht offen sind. Das bringt nur Ärger und provoziert. Man wartet auf eine bessere Gelegenheit.

Und dann gibt es noch die Menschen, die das alles unsinnig finden und sich entrüsten. Die Entrüster tun uns nicht gut. Sie sind wie Misthaufen, die stinken. Dann ist Achtsamkeit angesagt, und zwar sich selbst gegenüber.

Man mutet sich nicht jeden Misthaufen zu: Man muss nichts von dem erzählen, was einem wichtig und heilig ist, wenn es nur schlecht geredet und verunglimpft wird. Wir passen auf uns auf.

Damit das nicht falsch verstanden wird: Misthaufen sind wichtig. Sie düngen das Feld und sind große Hilfen für die Mistkäfer.

Misthaufen sind wichtig: Nur nicht für uns und unsere Nase. Wir lassen sie in Ruhe und wenden uns von ihnen ab, aber wir setzen sie nicht herab. Ich möchte an Rosen riechen. Ich suche Menschen, die meine Ideen interessant finden und wertschätzen.

Wenn eine Erzieherin im Kindergarten gefragt wird: »Wieso kommst Du eigentlich mit den Kindern so gut zurecht? Nach welcher Pädagogik arbeitest Du?«, dann erzählt man etwas, was die Kollegin zufriedenstellt. »Ich erziehe nicht« und »Ich halte die Kinder für selbstverantwortlich« passt da oft gar nicht.

Sie sagen: »Ich mache personale Pädagogik nach McMiller.« Das gibt es zwar nicht, aber die Kollegin zieht zufrieden von dannen. Oder Sie erzählen engagiert etwas vom nichtpädagogischen Ansatz. Wenn sie merken, dass die Kollegin offen für so etwas ist.

Wenn Sie nach einigen Jahren Chefin eines Kindergartens geworden sind, können Sie in der Regel bestimmen und sagen, welcher Kurs bei Ihnen gefahren werden soll. Sie werden sowieso nur dort arbeiten, wo Ihr Arbeitgeber mit Ihrer Einstellung einverstanden und mit Ihnen zufrieden ist. Die Mitarbeitenden dann – die können Sie sich weitgehend aussuchen. Und wer sich auf Ihre nichtpädagogische Art nicht einschwingen kann, den nehmen Sie eben nicht ins Team auf.

Es ist oft nicht einfach, anderen etwas von dem Abend zu erzählen. Wenn Sie nachher nach Hause kommen und gefragt werden, um was es denn ging – dann lässt sich der Abend nicht mit drei Worten vermitteln. Klar können Sie sagen, dass es darum geht, wie wir Kinder sehen und wie wir uns selbst dabei sehen. Dass es um »Unterstützen statt erziehen« geht.

Das ist aber nur der Rahmen. Die Frage »Was meinst Du denn damit?« wird kommen. Und dann kann es schwer werden. Weil das so neu ist und einem die richtigen Worte fehlen. Ein »Wie, nicht erziehen? Das geht doch gar nicht!« und Ihr »So ist das auch nicht gemeint« und ein »Ja, wie denn?« bringt Sie leicht in Bedrängnis.

Ich will Ihnen ja nicht abraten, etwas von dem Abend zu erzählen. Es geht nicht um ein Geheimwissen, über das man nicht reden darf. Ich will Sie vorbereiten, dass es oft nicht einfach ist. Vielleicht lassen Sie es mit einem »Es war sehr interessant« bewenden.

Es war für Sie ein schöner Abend – und das soll er auch bleiben. Gut zu vergleichen mit einem Kino- oder Theaterbesuch, dessen Erlebnis sich auch nicht immer gut vermitteln lässt.

Wenn Sie aber offene Ohren finden, können Sie beschwingt loslegen. Sie berichten davon, was Sie an meiner Erzählung angerührt und erfüllt hat. Und Ihr schöner Abend klingt schön aus.

Veränderung

Ich habe Ihnen heute Abend etwas aus Ihren Lebensrucksack gezeigt. Neben vielen schönen Dingen sind darin auch schwere Steine, Belastungen, die wir mit uns herumtragen. Das könnte der Krankheits-Stein sein, der Arbeits-Stein, der Geld-Stein, der Schönheits-Stein. Dabei ist eben auch der Erziehungs-Stein. Diesen Erziehungs-Wackerstein können Sie aus dem Rucksack herausholen und ins Museum bringen.

Es gibt zwei Tore zu den Kindern. Über dem einen Tor steht »Erziehung«. Wenn Sie da hindurchgehen, ist der Erziehungsstein in Ihrem Rucksack. Über dem anderen Tor steht »Unterstützen statt erziehen«. Wenn Sie da hindurchgehen – fehlt dieser Stein, und es geht sich leichter durchs Leben.

Sie stehen mit mir vor diesem Tor. Ob Ihnen das Tor zusagt? Sie können sich am Pfosten festhalten und sehen, was dahinter ist: Kinder in ihrer Selbstverantwortlichkeit. Sie können einen kurzen Ausflug unternehmen, in Gedanken: »Was wäre wenn?«

Sie können aber auch entschieden dieses ungewohnte Land betreten und mit einer neuen Sichtweise einen neuen Weg beginnen: »Auf geht's!«

Es lebt sich hinter diesem Tor entspannter und vergnüglicher, als wenn Sie Kinder erziehen. Sie können mit den Kindern – spielen, das Leben spielen. Aber keine Sorge, es ist schon der Ernstfall: Sie sind Eltern und leben mit Ihren Kindern den Alltag im Hier und Jetzt. Nur eben in einer beglückenden Art.

Wenn Sie die Welt, die ich Ihnen vorgestellt habe, gut finden, kommt die Frage: »Wie gelingt mir das alles?« Nun, es muss nichts gelingen. Meine Sichtweise soll Ihnen ja keine neue Last auferlegen. Sie müssen sich nicht dazu erziehen, ein Mensch ohne Erziehung zu werden.

Sie haben das heute Abend gehört und lassen sich dann in Ruhe. Mit Druck und »Das muss jetzt was werden« verderben Sie leicht alles. Gemach, gemach. Sie müssen sich nicht bemühen, diesmal auf *diesen* Pfaden zu wandeln.

Wenn Ihnen das alles etwas sagt, entfaltet es eine eigene Dynamik. Sie können nicht mit Macht daran arbeiten. Sie haben mit meiner Hilfe ein Tor entdeckt. Ob es Ihnen gelingt, da hindurch zu gehen, ist eine andere Frage. Aber Sie haben schon mal einen anderen Weg gesehen, zu den Kindern und zu sich selbst.

Ein neuer Blick ist ja auch eine Veränderung. Im Vergleich zu Ihrer Vergangenheit ohne diesen Blick. Und im Vergleich zu denen, die dieses Tor nicht sehen oder die sich von ihm abwenden.

Schon Ihr veränderter Blick macht Sie zu einem anderen Menschen, wir sind ja auch mit unseren Einschätzungen, Theorien und Blickwinkeln unterwegs.

Und Ihre Umgebung wird das wahrnehmen. »… hat diese andere Sichtweise auf Kinder und Erziehung.« Immerhin: es ist eine Veränderung da. In Ihrer geistigen Welt.

Vielleicht kommen Sie auch mehr und mehr dazu, das alles im Alltag zu leben. Sie lesen ein Buch in dieser Richtung, Sie kommen zu anderen Gesprächen. Es tut sich etwas – und diese kleinen Veränderungen haben auch eine Wirkung.

Sie wirken auf Sie selbst zurück, aber auch auf die Kinder. Damit kann man gut zufrieden sein und muss sich nicht anstrengen, um »weiterzukommen«. Wer will denn so etwas auch beurteilen? Nichts da, kein Stress!

Ihre Kinder werden mit Ihrem neuen Blick anders groß als ohne ihn. Auch das hat seine Wirkung. Und die Kinder Ihrer Kinder werden dann noch ein bisschen mehr anders groß. Und die Kinder dieser Kinder wiederum … In hundert Jahren wird sich das dann schon auswirken.

Denken Sie an die Frauenbewegung, es hat auch hundert Jahre gebraucht, bis ein Nein ein Nein ist. Also wirken Sie in die Zukunft, in die nächsten Generationen, wenn Sie das gut finden, was ich Ihnen heute Abend vorgestellt habe. Damit kann man doch ganz zufrieden sein, wenn die sogenannte Umsetzung nicht so recht gelingen will.

Und abgesehen von dieser langfristigen Perspektive haben Sie auch jetzt etwas davon. Sie können sich – nach allem gelegentlichen oder öfteren inneren Ausschimpfen – zum Schluss eines solchen gängigen Herabsetzungstheaters immer wieder selbst in den Arm nehmen.

Es ist ja nicht verboten, sich zu lieben, so wie man ist, sich nichts übel zu nehmen. So eine Überlegung hat etwas Beruhigendes und Tröstendes. Das ist ein Hier-und-Jetzt-Nutzen der Ideen dieses Abends.

Vertiefen

Sie können das, was Sie heute gehört haben, aber auch vertiefen. Der Vortragsabend ist bald zu Ende, und vielleicht haben Sie ja den Wunsch, mehr zu erfahren. Da gibt es mehrere Möglichkeiten. Zum einen können Sie im Internet etwas nachlesen. Ich gebe Ihnen gleich einen Flyer mit einem Text zum Inhalt des Abends.

Unten steht meine Website darauf, sie enthält viele weitere Gedanken zum Thema. Dort gibt es auch einen Blog von mir, „amicationtoday", jede Woche schreibe ich einen neuen Post. Und Sie können Bücher von mir lesen, ich habe mehrere geschrieben. Sie finden die Bücher dort auf dem Büchertisch und vorgestellt auf der Website.

Zum Weiterkommen können Sie auch an einem Seminar von mir teilnehmen. Es dauert eine oder zwei Wochen und findet im Sommer statt. Dort kommen junge Familien hin, auch Familien mit älteren Kindern, auch Jugendliche, Studenten, Singles und Senioren, eine bunt gemischte Truppe.

Alle treffen sich, um in dieser Thematik – »Kinder sind wunderbar! Unterstützen statt erziehen« – dazuzulernen und sich auszutauschen. Es gibt drei kleine Programmeinheiten pro Tag, sonst ist viel Zeit für Gespräche und auch zum Ferienmachen und Ausruhen.

Vormittags gibt es eine zweistündige Theoriesitzung. Wir diskutieren über die Zusammenhänge und Hintergründe. Über alles und jedes, was Sie an der Thematik interessiert, Theorie und Praxis.

Nachmittags unternehmen wir etwas mit den Kindern. Das, was sich die Kinder wünschen: Spiele am Haus, Schnitzeljagd, Seebesuch, vieles mehr. Wir erleben dann etwas Praxis unter dem neuen Gesichtspunkt.

Nachts gibt es Gruppendynamik. Wir sitzen im Kreis, die Kinder sind im Bett. Bei dieser Gruppendynamik kommt es darauf an, einmal zwei Stunden lang bewusst ganz und gar für sich selbst verantwortlich zu sein. Einmal darauf zu achten, dass jeder für sich selbst verantwortlich ist, für alles und jedes. Bei den Abenden geht es um Kleinigkeiten, die von jedem einzelnen entschieden bzw. mitentschieden werden.

Will ich auf einem Stuhl oder auf dem Teppich sitzen? Soll das Licht an- oder ausgeschaltet sein? Soll das Fenster offen oder geschlossen sein? Will ich mitreden oder nur zuhören? Will ich diese Frage überhaupt beantworten? Möchte ich mich unterhalten oder lieber körperliche Aktivität? Passt mir eigentlich das, was besprochen wird? Wenn nicht, was kann ich machen? Zig Möglichkeiten: Neues Thema vorschlagen, dazwischenrufen, zu singen anfangen, Gaga plappern, Kissen werfen …

Wir sind zwei Stunden in diesem Raum miteinander unterwegs, jeder in seiner Verantwortung für sich. Die Übung heißt denn auch »Selbst-Verantwortungs-Training«. Und mal ist es lustig, mal schmerzhaft, mal spannend, mal langweilig, mal oberflächlich, mal tiefgründig. Jeder hat es mit in der Hand, welche Richtung der Abend gerade einschlagen wird.

Und jeder ist sein eigener Trainer, es gibt keinen Schiedsrichter, Moderator oder Leiter. Ich habe die Übung auch »Tiefsinn und Schabernack« genannt – es ist ein weites Feld. Der Sinn ist, dass man durch unmittelbares Erleben weiter in den Gehalt dieser Philosophie vordringt, die in der Selbstverantwortung des Menschen gründet.

Das wird schon!

Ich habe Sie auf eine Wanderung in ein ungewohntes und für viele auch ganz neues Land mitgenommen. Diese Wanderung hat viel berührt, im Nachdenken, in Ihrem Gefühl und Ihren Kindheitserinnerungen.

Vergleichbar mit einer Waldwanderung, bei der ich Ihnen nicht nur Bäume, Sträucher, Blumen und Tiere gezeigt habe. Sondern auch etwas von der Seele und dem Geheimnis des Waldes. Gehen Sie behutsam damit um, es ist ein Schatz. Würdekrone, Matschstiefel, Schweineschnauze, Büffel … das Wissen aus unserer Kindheit.

Ich schenke Ihnen gleich ein kleines Fläschchen mit einem besonderen Elixier. Wenn Sie einen Schluck trinken – es wird nicht weniger. Es ist ein Zaubertrank wie bei Asterix und Obelix. Aus der Quelle »Ich liebe mich, so wie ich bin«. Wird nie alle, gibt es gratis und hilft immer!

Als handfeste kleine Maßnahme habe ich aber auch etwas. Sie können sich aus dem Schneewittchen-Märchen einen wohlbekannten Spruch nehmen und für sich umdeuten. Sie schreiben diesen goldenen Satz auf einen kleinen Zettel und kleben ihn nachher zu Hause auf den Badezimmerspiegel.

Und wenn Sie morgen früh müde ins Bad kommen und lesen, dass da steht »Ich bin die Schönste im ganzen Land« – dann ist das zwar frisch gelogen, aber trotzdem wahr!

Zum Schluss noch ein Bild. Sie sind hundert Jahre alt geworden, und nun ist es Zeit zu gehen. Sie liegen auf dem Sterbebett. Alle sind gekommen, um Abschied zu nehmen. Es ist eine anrührende Szene, die Kerzen sind angezündet, es fließen auch Tränen. Zum Schluss kommt noch ein kleines Kind, um Lebewohl zu sagen.

»Wer bist Du?«, fragt die Uroma. »Du kennst mich«, sagt das kleine Kind. »Ja, Du kommst mir sehr bekannt vor, aber ich komme nicht drauf.« »Sieh doch mal genau hin.« »Ich kann nicht mehr gut sehen«, sagt die Uroma. »Aber Du weißt doch, wer ich bin.« »Nun sag schon. Wer bist Du?«

»Na gut«, sagt das kleine Kind, »schau, Uroma, ich bin Du, und Du hast Dich um alles in Deinem Leben gut gekümmert, aber nicht so viel um mich.« Und das muss Ihnen nicht erst mit hundert Jahren passieren. Sie können sich sofort um das wichtigste Kind in Ihrem Leben kümmern – und das sind Sie selbst!

Auf Wiedersehen! Kommen Sie gut nach Hause. Und nicht vergessen: das wunderbare Kind, das sind Sie! Das wird schon …

II

Fragen und Antworten
Von Umsetzung und Praxis

1 Die üblichen Verdächtigen

Bevor ich nach dem langen Vortrag auf die Fragen eingehe, gibt es jetzt erst einmal etwas zum Entspannen und Schmunzeln, ein bisschen Nonsens. Rein in die Fantasiewelt der Kinder! Man kann das ganze Theater ja auch mal von der anderen Seite her betrachten …

»Putz die Zähne!«

»Papa, weißt Du, wer den Nobelpreis für
Medizin bekommt?«
»Mach den Mund auf!«
»Den Nobelpreis bekommt ein Zahnarzt.«
»Was?«
»Ja, ein Dr. Schäfer, er ist Zahnarzt.«
»Ein Zahnarzt?«
»Er bekommt ihn für sein Lebenswerk,
er ist 85, und er hat 60 Jahre geforscht.«
»Was hat er geforscht?«
»Er hat in einer großen Langzeitstudie
herausgefunden, dass beim Zähneputzen
ein sehr seltenes Mineral vom Zahn
abgerieben wird. Die Wissenschaft hat
es nach ihm benannt: Schaeferidium.
Es wird immer nur extrem wenig

abgerieben, aber immerhin. Im Laufe
der Jahre kommt da was zusammen.«
»Was redest Du und redest Du, mach
endlich den Mund auf!«
»Es lagert sich ab, in den Körperzellen.
Und es häuft sich, ganz verschieden bei
den Menschen, mal mehr in der Leber,
in der Lunge, in der Brust, in den Hoden.«
»Jetzt reicht's!«
»Papa, er hat den Nobelpreis gekriegt.
Weil er den Zusammenhang gefunden
hat.«
»Was für einen Zusammenhang?«
»Na den von Zähneputzen und Krebs.«
»Von Zähneputzen und Krebs???«
»Ja. Beides gibt es doch wirklich
erst seit etwa hundert Jahren. Er
hat nachgewiesen, dass das beim
Zähneputzen abgeriebene Mineral
Schaeferidium die Ursache für Krebs
ist. Zähneputzen ist saugefährlich!
Kann ich jetzt ins Bett?«

»Wasch die Hände!«

»Papa, seit wann gibt es Menschen?«
»Wir waschen erst die Hände, klar?«
»Papa, bitte!«
»Die Ursprünge seit sechs Millionen
Jahren, den Homo sapiens seit rund
300.000 Jahren. Und jetzt nimm die
Seife!«
»Seit wann gibt es Seife?«
»Schon bei den Sumerern vor fünftausend

Jahren. Aber so richtig zum Einsatz erst seit ungefähr hundert Jahren.«

»Seit wann gibt es so viele Erkältungen und schwache Immunsysteme?«

»Seit etwa hundert Jahren.«

»Und?«

»Und was? Mach den Hahn auf!«

»Siehst Du da keinen Zusammenhang, Papa?«

»Wieso?«

»Meinst Du, die Menschen hätten so lange überlebt und sich entwickelt, wenn Seife wichtig gewesen wäre?«

»Was willst Du damit sagen?«

»Da gibt es doch einen Zusammenhang von Immunschwäche und Seife!«

»Waaas?«

»Schau mal, Papa: die Menschen haben hunderttausende und Millionen Jahre ihre Nahrung mit ungewaschenen Händen gegessen, mit Dreck unter den Fingernägeln. Sie haben damit auch die Krankheitskeime ihrer Umwelt aufgenommen. Und das war auch gut so. Denn das hat ihr Immunsystem gestärkt, und es gab keine Erkältungen. Sondern Überleben. Dreckige Hände sind wichtig für's Gesundsein. Dreckige Hände sind ein Symbol für Vitalität und zielführende gesunderhaltende Hygiene. Willst Du wirklich, dass ich mir die Hände wasche? Willst Du mich krank machen? Willst Du nicht! Ich geh jetzt spielen.«

»Zigarette weg!«

»Hast Du das im Internet gelesen,
Papa?«
»Mach die verdammte Zigarette aus,
diese und alle anderen!«
»Hast Du nicht gelesen.«
»Packung her!«
»Die Rede! Vor der UNO!«
»Vor der UNO?«
»Ja, von dem Außerirdischen.«
»Von – wem?«
»Er ist gestern Nacht gelandet und hat
heute zu den Menschen gesprochen. Er
kommt vom Sirius. Er hat über das
Rauchen gesprochen.«
»Sag mal, rastest Du jetzt völlig aus?«
»Sie haben uns schon lange beobachtet,
Papa. Und jetzt eine Delegation geschickt.
Sie wollen uns den Weg zum Frieden
zeigen. Sie sind geschockt, dass die
Menschen so viele Kriege führen.«
»Sirius? Frieden? UNO?«
»Er hat uns an die Friedenspfeife der
Indigenen erinnert. Er hat gesagt, wir
hätten längst alles, was wir zum Frieden
brauchen.«
»Ich versteh gar nichts mehr.«
»Papa, Raucher sind doch gemütlich.«
»Ja, und sie sterben eher.«
»Eben.«
»Was heißt hier ›eben‹?«
»Der Sirianer hat gesagt, dass wir die
Wahl haben.«
»Was für eine Wahl? Hör auf mit dem

Gelaber, Du nervst, und mach endlich
den Glimmstängel aus, zur Hölle!«
»Wenn Du nicht rauchst, fährst Du zur
Hölle, Papa. Dann bist Du ungemütlich
und aggressiv und kriegsbereit, latent,
und dann braucht es nur noch einen
Anlass, und schon bringen die Menschen
sich um. Wenn man raucht, ist das alles
ganz anders. Der Qualm macht ein
bisschen benommen, ein bisschen
glücklich, friedlich eben.«
»Glücklich? Friedlich?«
»›Klar‹, hat er gesagt, ›dann gibt es
Lungenkrebs und die Leute sterben
eher, um 20 Jahre sinkt die Lebens-
erwartung.‹ Aber dann hat er gefragt,
was wir denn wollen? Eine friedliche
und glückliche Welt ohne Kriege?
Oder Mord und Totschlag? Die
Menschen leben dann nicht so
lange, aber sie leben in Frieden.
Und jeder weiß das, und jeder ist
einverstanden. Und jeder raucht.
Und schon im Kindergarten gehen
die Kippen rum. Eine andere Kultur
eben. Friedenspfeife, Friedenskultur.
Hat er gesagt. Ich finde, dass er recht
hat. Ich rauche gern. Howgh!«

2 Vortragsfragen

Nach dem Vortrag werden viele Fragen gestellt. Zu allem und jedem, besonders zur Umsetzung und zur Praxis. Auf den Vortragsabenden beantworte ich die Fragen spontan. Hier im Buch nehme ich mir Zeit und antworte ausführlich.

Abendresümee

»Dann reicht es also, wenn ich meinem Sohn mehr Raum gebe?«

Das Resümee einer Mutter nach meinem Vortrag, aber auch eine Frage an mich. Na ja, denke ich, den Kindern mehr Raum geben ist immer gut, aber das ist nicht das, was ich vermitteln wollte. Das sage ich ihr dann auch. Und ich sage ihr, um was es mir heute Abend ging.

Es macht nicht *den* Unterschied aus, ob wir gelassen oder kurz angebunden mit den Kindern umgehen. Wiewohl eine geduldige, raumgebende Art besser ist als eine genervte oder einschränkende.

Etwas Grundsätzliches: Wenn wir großzügig sind (oder nicht großzügig), dann gehen wir ganz selbstverständlich davon aus, dass wir *stellvertretend für die Kinder* die angemessenen Entscheidungen für sie treffen. Treffen müssen, weil die Kinder das noch nicht können.

Angemessene eigene Entscheidungen treffen die Kinder zu gegebener Zeit. Endgültig sind sie selbstverantwortlich, souverän, ichkompetent (oder wie immer man das nennen will) mit 18 Jahren. Was heißt: Volljährigkeit. Was auch mit 19 oder 21 oder 17 sein könnte. Bei uns gilt eben 18, von 21 herabgesetzt per Bundestagsabstimmung, so beschlossen am 22. März 1974, wirksam ab 1. Januar 1975.

Zwischendurch, auf dem Weg dorthin, in die Selbstverantwortlichkeit mit 18, überlassen wir den Kindern mehr und mehr Lebensbereiche. Wo wir merken, dass sie es können, »schon« können oder »endlich« können.

Die Dinge selbst gut richten: Den Stuhl ohne Runterfallen erklimmen, die Hände ohne Überschwemmung waschen, das passende Schuhzeug raussuchen, den Handykonsum im Griff haben, zur rechten Zeit nach Hause kommen.

Wir sind stellvertretend für sie verantwortlich, bis sie das selbst können. Und in diesem Szenario lässt sich dann – bei gutem Wetter, guter Stimmung, gutem Leben – mehr Raum geben.

So weit so bekannt. Jetzt kommt mein Aber: Ich bin *nicht* stellvertretend für die Kinder verantwortlich! Weil sie das selbst sind: selbstverantwortlich, souverän, ichkompetent. Und zwar von Anfang an – zu 100 Prozent.

Nicht zunehmend mehr und mehr im Laufe des Großwerdens, und mit 18 dann angekommen. Mein Umgang mit den Kindern ist – von dieser Position her gesehen, der 100-prozentigen Selbstverantwortlichkeit – so wie mein Umgang mit Erwachsenen.

Das ist ein grundsätzlicher Wechsel in der Einschätzung der Kinder. Entweder gilt: Kinder *sind nicht von Geburt an* souverän und ichkompetent, sondern werden dies langsam beim Heranwachsen und sind dann mit 18 angekommen.

Oder es gilt meine Position: Kinder *sind von Geburt an* voll souverän und ichkompetent, jeder Mensch ist dies, es gibt da keinen

Unterschied von jungen und erwachsenen Menschen. Um diesen Blickwechsel geht es mir.

Jeder von uns will sein Ding machen, was immer das ist. Und wie auch immer das merkwürdig, komisch, inakzeptabel für andere sein mag. Wobei wir dann gegebenenfalls dazwischengehen. Oder nicht dazwischengehen und alles passieren lassen.

Und wenn ein Kleinkind dann in die Steckdose fassen will, weil es sie für eine Schweineschnauze hält? Und wenn mein Nachbar sich dann einen SUV kaufen will, weil der »dem Klima nicht schadet«? Und wenn der Hühnerbaron dann Hühner in Käfigen hält, weil das mehr Geld bringt?

Ihren Entscheidungen können wir zustimmen oder nicht zustimmen, wir können Raum geben oder keinen Raum geben. Aber: Kleinkind, Nachbar, Hühnerbaron – alle Menschen sind ichkompetent, selbstverantwortlich, entscheidungssouverän.

In unzähligen Dingen treffe ich wie alle Eltern Entscheidungen im Familienalltag. Entscheidungen, von denen ich meine, dass sie das Beste für die Kinder sind. Und setze sie auch durch. In mir schwingt dann etwas Doppeltes:

»Das ist meine Sicht vom Besten für Dich« und zugleich »Damit spreche ich Dir nicht ab, dass Du Deine eigene Sicht von Deinem Besten hast«. Wir haben eine Kollision der Besten. Zwei Sichten vom Besten des Kindes stehen sich gegenüber, meine und die des Kindes, *und zwar gleichwertig.*

Das ist gänzlich anders als im üblichen Umgang mit Kindern: Da *werden* Kinder erst mit 18 souverän, von zwei gleichwertigen Besten ist da keine Rede. Da hat der Erwachsene die einzig richtige Sicht vom Besten des Kindes: »Sieh ein, ich habe recht. Es ist zu Deinem Besten.«

Selbstverständlich setze ich meine Sicht vom Besten des Kindes auch durch. Dabei erkenne und übersehe ich aber nicht, dass das Kind ein eigenes Bestes ins Spiel gebracht hat, denn Kinder sind – wie alle Menschen – ichkompetent. *Das überhaupt so zu sehen ist der erste Unterschied zum traditionellen Umgang mit Kindern.*

Sein eigenes Kinder-Bestes kann mein Kind aber aus meinen subjektiven Gründen heraus nicht realisieren. Und wenn ich mich dann durchsetze, so setze ich das vom Kind als sein Bestes Eingebrachte nicht herab. Durchsetzen ohne Herabsetzen, ohne »Sieh das ein!«. *Dies ist der zweite Unterschied zum traditionellen Umgang mit Kindern.*

Wie raumgebend ich dann auf ichkompetente Entscheidungen der Kinder reagiere – das wird sich zeigen. Und das hängt von vielem ab und kann heute anders sein als morgen. Aber darüber – wie viel Raum kann sein – rede ich nicht an meinen Abenden.

Ich rede davon, wie souverän Kinder, junge Menschen, grundsätzlich gesehen sind. Und da komme ich mit dem ungewohnten Blick der vollen Souveränität von Anfang an.

Es gelingt immer wieder, an meinen Abenden auf diesen Kerngedanken aufmerksam zu machen und ihn auch zu vermitteln. Ein Nachdenken, Innehalten, einen neuen Blick zu bewirken. Nach einigen Erklärungsumwegen hatte diese Mutter dann verstanden, worauf ich hinauswollte.

»Die Kinder können Entscheidungen treffen, die ihnen und ihrer Sicht entsprechen. Dass sie das können, muss ich ihnen nicht absprechen. Aber ob ich das zulasse, was sie vorhaben, kann ich dann sehen. Da kann ich einschränken oder Raum geben.« Hat sie verstanden? Ich glaube schon.

Gummistiefel

»Heute wollte meine Tochter wieder ihre Gummistiefel nicht ausziehen. Was soll ich machen?«

Beim Vortragsabend komme ich auf den Durchsetzungspunkt zu sprechen. Die Eltern wollen sich nicht so gerne – genauer: extrem ungerne – durchsetzen, wenn sie ihre Kinder dabei nicht »mitnehmen« können. Sie wollen, dass die Kinder bei den Elternentscheidungen mitmachen, mitziehen, einsehen, Widerstand aufgeben. Dass es ohne Streit und Geschrei und Tränen ausgeht.

Heute gab es das Beispiel der schmutzigen Gummistiefel, die die dreijährige Tochter partout nicht ausziehen wollte. Noch mehr Gespräche, noch mehr Werben, noch mehr Mitnehmen. Die Eltern wollen von mir hören, wie es denn gelingen kann, dass die ganze Durchsetzerei gut ausgeht. »Ja Mama, dann zieh ich die Stiefel aus«. So soll es sein.

Wenn alle Einigungsbemühungen nichts bringen – klar, da kann man zulegen, Sonne scheinen lassen, Seminare besucht haben, gerade gut drauf sein, schlau, listig, hinterlistig vorgehen. Wenn das aber alles nichts hilft, dann soll ich das Zaubermittel haben. Habe ich aber nicht.

Dann geht es um »Du oder Ich«, Stiefel an oder Stiefel aus. Und wenn die Mutter den Dreck nicht im Flur und auf dem Teppich haben will, muss sie – sich durchsetzen. Die Stiefel von den Füßen kriegen. Wobei »kriegen« heißt: gegen den Willen des Kindes entfernen, von den Füßen abziehen bis runterreißen.

Wie das geht? Mit dem entsprechenden Mittel. Machtmittel Körpermacht: handgreiflich, Kind und Bein festhalten und am Stiefel ziehen. Mit dem Machtmittel Gefühlsmacht könnte das

Kind auch selbst tun, was es soll: Erfolg per Druckstimme, Ekelton, bösem Blick.

»Geht das nicht auch anders?« Und dann erzählen die anderen Eltern davon, wie sie es schaffen würden, friedlich, mit Einigung, »mitnehmend« eben. Ich halte dagegen: »Es ist aber grad nicht zu schaffen. Die Stiefel sind jetzt stellvertretend für alles Mögliche. Und es wird in Ihrem Alltag immer wieder passieren, dass es keinen Frieden gibt. Dass Sie sich durchsetzen, mit Ihren Machtmöglichkeiten, auch mit körperlicher Macht.«

»Wobei, auch klar«, das sage ich dann schon noch, »Sie sich ja nicht immer durchsetzen *müssen*. Sie können auch nach- oder aufgeben und hinnehmen oder akzeptieren, dass das passiert, was Ihr Kind will. Also Dreck auf dem Teppich. Aber wer will das schon? Sie werden sich durchsetzen.«

Ich sage dann, dass die Eltern sich keinen Vorwurf machen müssen. »Wenn Sie beim Durchsetzen Ihren Kindern auch Leid zufügen: das gehört dazu, das lässt sich nicht ändern, und dafür müssen Sie sich weder schämen noch schuldig fühlen.«

Ich wende das ins Allgemeine: Wenn man sich für seine Interessen, Ideale, Richtigkeiten einsetzt, und der andere dann nicht tun kann, was er will, bedeutet das meistens auch, dass der andere nicht begeistert ist und an uns leidet. Unseren Weg gehen heißt für andere dann, dass diese ihren Weg nicht gehen können.

Es braucht schon irgendwie ein großes Herz, sich annehmen zu können, sich zu mögen und die Selbstachtung nicht zu verlieren, wenn wir anderen Leid zufügen. Klar haben wir so ein Friedensbild von uns, dass wir durchs Leben gehen ohne dass wir Leid auslösen. Aber das ist einfach unrealistisch! Und genau das sage ich den Eltern.

Die Verbrämung »Das ist doch nur zu Deinem Besten« ändert nichts wirklich am Leid des Kindes. Es soll *uns* beruhigen, dass wir doch gar nicht so schlimm und leidvoll für die Kinder sind. Sind wir aber! Und dem kann man ins Gesicht sehen. Man kann dazu stehen, dass man – auch, immer wieder, auch den Kindern gegenüber – jemand ist, der Leid zufügt.

Sich schlecht fühlen dabei – ist überflüssig. »Sie sind eine gute Mutter, ein guter Vater. Sie müssen nicht an sich zweifeln, wenn Sie sich durchsetzen und es dann Tränen bei den Kindern gibt.«

Und ich sage auch: »Sie können es aber lassen, den Kindern ihre Niederlage noch zusätzlich zu erschweren. Durch das Herabsetzen der Kinderposition mit dem ganzen *Sieh ein, ich habe recht!*-Theater.«

»Ein klares *Hier stehe ich, ich kann nicht anders!*, eine authentische, ehrliche Botschaft, ausgesprochen oder zwischen den Zeilen, ist von anderer Qualität. Sie machen dann Ihr Kind nicht schlecht, putzen es nicht runter, lassen ihm seine Würde in der Niederlage.«

»Sie müssen den Glauben an sich nicht verlieren, wenn Ihnen keine gemeinsame und friedliche Lösung gelingt. Sie haben sich doch bemüht, mit Ihrem Kind geredet und versucht, es mitzunehmen. Sie haben Ihre Bücher gelesen und Vorträge und Seminare besucht.«

»Aber es kommt eben immer wieder vor, dass das alles nichts nützt. Und dann stehen Sie halt zu sich und setzen sich durch – auch wenn Ihr Kind dabei leidet.«

Ob die Gummistiefel beim nächsten Mal leichter von den Füßen gehen?

Barbie-Krone

»Meine Tochter ist drei, und sie will ihre Barbie-Puppe abends nicht wegräumen. Ich habe es mit allem Möglichen versucht, aber sie tut's einfach nicht. Wie kann ich es schaffen, dass sie die Puppe wegräumt?«

Ein Alltagsproblem, Standard. Das Kind tut nicht, was die Mutter will. Ich sehe die Mutter an und nehme die Problematik grundsätzlich auf. Nicht auf der Ebene, dass man die Kinder zwingt, etwas zu tun. Obwohl das ja auch interessant genug ist. Wie zwinge ich einen anderen Menschen, das zu tun, was ich will?

Die guten Worte und Kompromisse, klar, werden erst versucht. Aber wenn das Gute und Freundliche und Sanfte nichts bringen: Dann kann ich verzichten oder eben »mich durchsetzen«, wie das so schön heißt. Mit den Mitteln und Mittelchen, die mir dazu einfallen.

Mir geht es jetzt aber nicht um die äußere Welt, die Handlungsebene, wo man »sich durchsetzt«, sondern um die innere Welt, die Seelenebene. Denn dort ist die Mutter unterwegs und weiß nicht weiter, hat sich verkämpft.

»Das kann doch nicht so schwer sein, eben die Puppe ins Regal zu stellen« – tausend gute Worte, tausend böse Worte, nichts hilft. Ich soll helfen. »Was soll ich tun, damit sie wegräumt?«

Innere Welt: Jeder gehört sich da selbst, auch ein Kind, auch diese Tochter. Das kann man anders sehen, und es wird ja meistens anders gesehen. Da sollen die Kinder innerlich, seelenmäßig so sein, wie die Erwachsenen das gerne hätten: einsichtig, innerlich folgsam – damit sich daraus dann die Handlungsfolgsamkeit ergibt. Brav nennt man das. Wenn ein Kind sich da querlegt, nennt man das ungezogen. Was ja gar nicht geht, Trotz heißt und ausgetrieben werden muss.

Die Mutter ist bei ihrer Teufelsaustreiberei gescheitert: Das Mädchen denkt – denkt! seelenmäßig – gar nicht daran, die Puppe wegzuräumen. Sie hat ihre eigene Denke, eigene Sicht von den Dingen, und die heißt: Ichräumnichtweg.

Die Mutter will, dass ich ihr den Zauberspruch verrate, mit dem sie ihr Kind vom Trotzdämon befreien kann. Auf dass ihre Tochter wieder »lieb« ist. Und dann tut, was doch so einfach ist: die Barbie ins Regal stellen.

Liebe Leute! Diese ganze Teufelsaustreiberei ist zwar ein Grundelement des traditionellen Umgangs mit den Kindern. Und da gibt es Pülverchen und Mittelchen und Tipps und Bücher und Seminare und Experten. Aber von der Art bin ich eben nicht. Dafür hält die Mutter mich aber, und deswegen erwartet sie auch einen entsprechenden Pülverchenrat.

Ich mache nun keine große Theorie mit ihr. Ich sage ihr einfach, was ich davon halte, und denke, da wird schon etwas überkommen. »Lassen Sie das Kind in Ruhe, Ihre Tochter will halt nicht. Was wollen *Sie*? Schon klar, Sie wollen, dass die Puppe ins Regal kommt. Wo ist das Problem? Sie machen den kleinen Handgriff einfach selbst.«

Ich bekomme schon mit, dass die Mutter jetzt das Abendland den Bach runtergehen sieht. »Aber …« Bevor ich sie weiterreden lasse, was heißt: die pädagogische Anderswelt sich ausbreiten lasse, zeige ich ihr etwas von meiner Welt:

»Sie lieben doch Ihre Tochter. Sie ist grad nicht im Club der Barbiewegräumerinnen. Heute nicht, mal sehen, was morgen ist. Wenn Sie darangehen, dass sie sich ändern soll, und zwar innerlich ändern soll, etwas einsehen soll, dann wischen Sie Ihrer Tochter die Würdekrone vom Kopf. Denn so, wie das Mädchen grad ist, lieben Sie es nicht mehr, Sie sind im Groll mit ihr. Das ist doch ein viel zu hoher Preis.«

»Ja, Sie sind nicht begeistert, aber machen Sie nicht so ein großes Fass auf. Sie müssen die Seele Ihrer Tochter nicht retten, die ist nicht in Gefahr. Ihr Kind will nur, nur! grad mal einen anderen Weg gehen als Sie.«

»Ich finde es nicht richtig, den Willen von Kindern zu brechen, auch nicht auf die ausgeklügelte ›einfühlsame und achtsame‹ Art. Das ist doch einfach unwürdig. Tun Sie, was Sie *tun* müssen, auch stinkautoritär wenn es nicht anders geht, aber lassen Sie das innere Königtum Ihrer Tochter dabei in Ruhe.«

Und weil sie das nicht versteht, was ich da meine, erkläre ich das mit den zwei Ebenen von Handlungsebene und Seelenebene und komme zum Sioux und dem Büffel: Er wird getötet – aber mit Achtung. Der Büffel stirbt nicht würdelos.

»Ich kann mein Kind zwingen, wenn es sein muss – aber es darf seinen inneren Willen behalten?« »Ja«, sage ich, »lassen Sie sich nichts bieten. Aber lassen Sie die Seele Ihrer Tochter dabei in Ruhe. Sie müssen Ihrem Barbiepuppenkind nicht auch noch die Krone vom Kopf wischen.«

Die Mutter sieht mich nachdenklich an.

Badewanne

»Es ist doch gut, wenn man alles erklärt. Immer wieder. Das hab ich von Anfang an gemacht. Aber jetzt sind die Zwillinge in der Schule und wollen endlos diskutieren. Ich bin oft an meiner Grenze. Manchmal schaue ich nachdenklich zu anderen Eltern und werde neidisch. Die ordnen einfach an: Ab in die Badewanne! Das funktioniert dann auch. Bei mir gibt's da endlose Diskussionen. Aber Diskutieren ist doch richtig. Was meinen Sie?«

Mit diesem ausufernden Eingehen auf die Kinder habe ich nichts im Sinn. Mit Diskussionen schon. Aber im Rahmen. Den setze ich. Die Wanne muss eben sein. Wie zig andere Sachen auch. Sie muss sein, weil ich das so will. Weil ich das richtig finde.

Die Kinder sind schon die Gelackmeierten. Klarer Fall. Sie wollen keine Wanne, aber ich. Ich versuche, sie mitzunehmen, achtsam mit ihren Wünschen umzugehen. Aber im Rahmen, in meinem Rahmen. Und wenn es nicht anders geht, dann eben: »Rein mit Euch!«

Diese ganze Verschleierungssalbaderei – das rauscht doch gnadenlos an der Realität vorbei. Und das ist auch einfach extrem anstrengend.

Welcher Lehre ist sie da aufgesessen? So einer Mischung aus achtsam, antiautoritär, seelenheilkundig. Na ja, das gibt es zuhauf. Aber diese Mutter fragt mich ja, sie ist am Limit, sie sucht Hilfe.

Was kann ich ihr geben? Ich halte ihr nicht meine Position unter die Nase. Das geht nicht für sie. Ein »Ab in die Badewanne!« ist nicht ihre Welt. Ich versuche lieber, ihr einen versöhnlichen Gedanken zu zeigen, einen, der sie mit sich selbst in Frieden bringt.

Ich sage zu ihr: »Sie sind halt eine Erklärerin. Solche Eltern gibt es. Bei jeder Elternart gibt es Leichtes und Schweres. Es gibt nicht die eine Art, die immer nur Lächeln und Folgsamkeit erreicht. Es gibt die Gegensätze: Wanne ja – Wanne nein. Und es gibt verschiedene Arten, damit umzugehen.«

»Man kann im Elternklub der Diskutierer sein (Schau mal, …), oder der Anordner (Rein da!), oder der Nachgeber (Okay, heute keine Wanne), oder der Schlaumeier (So wie die heute drauf sind, wird geduscht), oder der Abgeber (Mach Du das mit den Kindern). Und so weiter.«

»Sie wissen ja, wo Sie da unterwegs sind. Also. Dann diskutieren Sie. Auch endlos. Und stopfen die Kinder schließlich auch gegen deren Willen ins Wasser. Und jetzt kommt das, was ich Ihnen sagen will: Dabei müssen Sie absolut kein schlechtes Gewissen haben. Sie tun doch, was Sie können. Sie erhalten aber keine Zustimmung zu Ihren Argumenten. So ist es.«

»Aber: Sie wollen doch, dass die Kinder einen eigenen Kopf haben, dass sie argumentieren. Den haben Sie bekommen. Der sagt zwar Nein zu Ihrem Wunsch. Aber: Er ist da. Ihre Kinder steigen mit ihrem eigenen Kopf ins Wasser. Unzufrieden, gezwungen, wütend – aber mit ihrem eigenen Kopf.«

»Sie wünschen sich das Zaubermittel, dass die Kinder tun, was Sie gern hätten. Das gibt es, das gibt es nicht. Wie es kommt. Und wenn Sie kein ›Ja Mama‹ bekommen, dann leiden die Kinder. Das lässt sich nicht verhindern.«

Ich sage es ihr noch einmal. Eindringlich: »Das lässt sich nicht verhindern.« Ich weiß, dass Eltern wie sie genau das aber als inneren Auftrag mit sich rumschleppen: Dass kein Leid, Ärger, Wut, Ungemach bei den Kindern entsteht, wenn man dies und das an sie ranträgt. Quadratur des Kreises.

»Stehen Sie einfach zu dem Leid, das Sie verursachen.« Darüber kommen wir dann länger ins Gespräch. Zum Schluss bekomme ich mit, dass so drüber nachzudenken für sie neu ist – und irgendwie verboten. Aber süße und gesunde Frucht, die sie entlastet.

Verantwortungsvater

Ein Mann, Mitte fünfzig, nach dem Vortrag: »Mein Sohn ist jetzt dreißig, er hat mir neulich Vorhaltungen gemacht wegen unserer Scheidung. Damals war er sieben. Ich wäre meiner Verantwortung ihm gegenüber nicht gerecht geworden und hätte mich auch der Mama gegenüber verantwortungslos verhalten. Was denken Sie darüber?«

So eine Frage geht voll rein in die gesamte Verantwortungsthematik, und entsprechend springe ich darauf an. Kann jemand einem anderen sagen, wie er seine Verantwortung sehen und wahrnehmen soll? Berechtigt sagen, so dass man die Aussage ernst nimmt, sich damit beschäftigt und darauf eingeht?

Man kann sie auch als anmaßend und übergriffig ablehnen. So habe ich das hier gesehen. Niemand ist befugt, sich zum Verantwortungs-Überwacher anderer aufzuschwingen. Auch nicht ein Kind gegenüber den Eltern, auch nicht dieser Sohn gegenüber seinen Vater.

Wir gehören nicht anderen, auch nicht die Eltern den Kindern. Ebenso gehört unsere Verantwortung nicht anderen. Andere sind davon betroffen, wie wir unsere Verantwortung sehen und wie wir sie leben. Aber sie haben uns nicht zu sagen, wie wir das zu denken und zu tun haben.

Es ist schon klar, dass dieser Sohn unter der Entscheidung seines Vaters, sich von seiner Frau zu trennen, gelitten hat. Da steckt die ganze Dramatik der Scheidungskinder drin. Aber lässt sich *zu Recht* aus dem Scheidungsleid der Kinder ein Handlungsmuss der Eltern herleiten?

Nein, klares Nein. Wenn Paare auseinandergehen, hat dies tausend Gründe, Abgründe, Vorder- und Hintergründe. Und die

Eltern werden das Leid ihrer Kinder viel, wenig oder gar nicht berücksichtigen. Gibt es dabei eine moralische Forderung der Kinder an die Eltern?

Das »Du sollst bleiben« des Kindes ist gewichtiger als der (getrennte) Weg, den Eltern gehen wollen? Wer steht über wem? Da ein jeder sich selbst gehört, kann man die Aussage des anderen, des Kindes hören – aber sie zu bewerten obliegt jedem selbst. Von daher kommt das »Ich bin *nicht* für Dich verantwortlich«.

Wie viel Willkür und Nichtachtung den Kindern gegenüber liegt in einer Trennung? Ist ein solches Denken (das diese Frage und ähnliche hervorbringt) nicht die eigentliche Willkür und Nichtachtung, und zwar den sich trennenden Eltern gegenüber? Das sehe ich so.

Menschen gehen ihren Weg durchs Leben, durch ihr Leben. Dies hat rechts und links Leid und Freud zu Folge. Und darüber, speziell über das Leid, hat jemand zu befinden? Zu befinden mit einem Verhaltensanspruch? Das »Hättest Du aber tun müssen!« ist nicht von meiner Welt. Ist ohne Frieden. Ist ohne Liebe. Ist ohne Heilung. Ist von der dunklen Art.

Der Vater war verwirrt von dem Vorwurf seines Sohns. Wir haben länger miteinander gesprochen. Klar weiß er um das Leid seines Trennungskindes. Und das hätte er wirklich gerne mit einem Zauber von seinem Sohn ferngehalten, ihn davor bewahrt. Aber dieser Verantwortungs-Vorwurf hat ihn getroffen.

»Wie soll ich damit umgehen? Was soll ich meinem Sohn sagen? Ich stehe zu meiner damaligen Entscheidung, die Trennung war unser Weg. Das war meine Verantwortung. Mir, meiner Frau und meinem Sohn gegenüber. Um Schlimmeres zu verhindern. Aber das kann ich meinem Sohn nicht vermitteln. Er ist so im

Vorwurf und Leid, da komm ich nicht durch. Ich war nicht verantwortungslos.«

Ich habe ihm gesagt, natürlich, dass er nichts falsch gemacht hat. Dass es zuerst um sein – sein – Leben und seinen – seinen – Lebensweg geht. Und dass wir dafür die Verantwortung tragen. Wobei wir den anderen, auch unseren Kindern und unserem Partner, so viel Raum in uns und auf unserem Weg geben, wie wir können.

Und dass da auch dazu gehört, Ansprüche, die wir als übergriffig erleben, zurückzuweisen. Um uns gesund zu erhalten. Um uns nicht einreden zu lassen, wir wären Unholde und Monster (gewesen).

Das »Ich liebe mich, so wie ich bin« gilt auch hier, auch in der Rückschau auf Leid, das andere durch uns erlebt haben. »Sie waren damals ein liebevoller und verantwortungsvoller Vater, so wie Sie es auch heute sind und bis ans Lebensende sein werden.« Ich habe ihm das gesagt, überzeugt.

Umsetzen

»Wie kann ich das alles in die Praxis umsetzen?«

Das geht natürlich nicht so, wie es in dieser Frage aufscheint. Als Anwendung. Als etwas, das gekonnt sein will. Das man lernen kann, Schritt für Schritt, nach Programm und Struktur. So geht es eben nicht!

Wie aber dann? Nun – es passiert einfach. Beiläufig. Ohne Absicht. Als Geschenk. Einfach so. Aber: nicht jedem passiert es, und nicht zu jeder Zeit und an jedem Ort. Es braucht günstige Umstände. Gute Zeiten. Sonne am Himmel. Besser: Sonne im

Herzen. Denn mit dem Herzen hat es zu tun. Es ist ja auch eine Herzenssache. Und die kommt gleich nach der Verstandessache. Oder vorher.

Mit dem Verstand können Sie herausfinden, welche Gipfel der Erkenntnis überhaupt in Frage kommen. Welche Gipfel der Ethik und Moral, der Philosophie und der Lebensfreude Sie denn überhaupt als die eigenen ansehen möchten. Und welche Sie dann besteigen wollen, die Gipfel, auf denen Sie zu Hause sind, im Nachdenken, mit dem Verstand, mit der intellektuellen Identität.

»›Unterstützen statt erziehen‹ finde ich gut.« So ein Satz ist zunächst einmal eine klare Kopfposition. Und gleich danach und eigentlich ja davor kommt das Herz: »Das fühle ich. Ich fühle es eben, es wärmt mein Herz und macht mich froh.«

Wenn Sie das fühlen (*wenn* Sie das fühlen), **dann** ist der Rest – der ganze Rest: die sogenannte Umsetzung – etwas, das sich einfach ereignet. Etwas, das nicht inszeniert werden kann, sondern sich ergibt. Als Ausdruck dieses Gefühls: »So – genau so ist es für mich richtig.« Mehr ist nicht nötig, und mehr geht auch gar nicht. Nur so lässt sich das alles »umsetzen«.

»Kann man das nicht konkreter haben? Das ist mir zu nebulös. So, dass man sich unter der Umsetzung auch etwas vorstellen kann?«

Ich antworte mit einem Bild: Wer den Wald für sich entdeckt hat und offen ist für das, was dort geschieht, wer sich gerne dort aufhält, auf den Waldwegen spazieren geht oder querfeldein drauflos, der entwickelt seine eigene Wahrnehmung von diesem Lebensbereich. Er wird mit der Zeit sicherer und kundiger. Er hat schließlich den Wald in sein Leben aufgenommen, hat ihn »umgesetzt«.

So ist das auch mit dem Hineinwachsen in die Welt von »Unterstützen statt erziehen«. Man muss offen dafür sein, gelegentlich auf die Wanderkarte schauen – mal wieder etwas über »Unterstützen statt erziehen« lesen. Und kann sich mit Leuten austauschen, die sich auskennen, dem Förster und dem Waldarbeiter – mit mir in meinen Büchern, mit Teilnehmern auf meinen Seminaren, mit Eltern, die auch so unterwegs sind. Nur Mut!

Niemand ist böse

»Sie sagen, ein Böser sei ebenso viel wert wie ein Guter. Beide seien Ebenbilder Gottes, sie gingen nur unterschiedliche Wege. Heißt das, jeder kann Böses tun, so wie er will? Kinder verprügeln oder jemanden umbringen? Und steht dann genauso gut da wie ein Arzt oder ein Feuerwehrmann?«

Ich werde mit seltsamen und skurrilen Fragen auf meinen Vorträgen konfrontiert. Die Gleichwertigkeit ist nicht immer leicht zu verstehen, insbesondere, wenn es um Fragen der Moral geht, um Gut und Böse. Es geht um das Durcheinander, dass Gut und Böse von gleichem Wert seien.

Ich unterscheide das, was jemand tut, von dem, was jemand ist. Also die Tat vom Täter.

Was jemand ist: Alle handelnden Personen haben gleichen Wert. Alle sind, um im bekannten Bild zu bleiben, Ebenbilder Gottes. Es ist klar und liegt auf der Hand, dass es Personen gibt, die gleiche Wege gehen, und dass es Personen gibt, die unterschiedliche Wege gehen.

Zwei Ärzte gehen den gleichen Ärzte-Weg. Zwei Mörder gehen den gleichen Mörder-Weg. Die Wege der Ärzte (Heilen) und der Mörder (Töten) sind dabei unterschiedlich. Aber es gilt, dass alle vier Personen, die zwei Ärzte und die zwei Mörder, gleichen Wert haben, weil sie alle Ebenbilder Gottes sind.

Was jemand tut: Dies zu bewerten kann sehr unterschiedlich ausfallen und »liegt im Auge des Betrachters«. Ärzte finden ihr Tun gut. Auch Mörder finden ihr Tun gut. Selbstverständlich finde *ich* das Tun des Mörders völlig unakzeptabel.

Ich vermeide, wenn ich über diese Thematik rede, dabei das Wort »böse«. Weil »böse« einen unguten Mitklang hat. Weil »böse« in meinen Ohren nach einer Herabsetzung der Person klingt, weil »böse« die Ebenbildlichkeit Gottes eines jeden Menschen in Abrede stellt. So wie »Unkraut« die Distel herabsetzt, die eine wertvolle Pflanze ist wie andere Pflanzen.

Es gibt viele solcher herabsetzender Begriffe. Einige werden in ihrer Herabsetzung bemerkt und vermieden, zum Beispiel »Neger«. Das Etikett »böse« wird aber ganz allgemein verwendet und in seiner Herabsetzungswucht nicht bemerkt.

Was sagen, ohne missverstanden zu werden? Ein »Der findet es okay, wenn Kinder geschlagen werden, der findet es sogar in Ordnung, wenn einer jemanden umbringt!« will ich mir nicht an Land ziehen oder gar als Kommentar über meinen Vortrag im Internet finden.

Andererseits will ich schon klarmachen, wie ich das sehe. Dass ich unterscheide: Tat von Person. Es ist nicht immer einfach und braucht oft mehrere Anläufe, bis ich gut und nachvollziehbar erklärt habe, was ich meine.

Neulich gelang das nicht bei allen. Die Teilnehmerin, die diese Frage stellte, verließ zum Schluss den Vortrag und sagte, meine Position, einen Kinderprügler und Mörder gut zu finden, gehe ja überhaupt nicht. Hatte ich zwar nicht gesagt, hatte sie aber so verstanden. Die anderen Teilnehmer hatten mich jedoch verstanden. Wir unterhielten uns nach dem Vortrag noch eine Weile darüber.

Es war nicht so schön, jemanden mit einer solchen Einschätzung von meinem Vortrag und von mir ziehen zu lassen. Aber es tat gut, dass meine Überlegungen den anderen geholfen hatten, sich zurechtzufinden in ihrem Alltag: Dass sie nicht die Bösen sind, wenn sie ihren Kindern zum Beispiel etwas wegnehmen. Weil niemand ein Böser ist, auch sie nicht.

Hinzu kommt, dass mich die Innenwelt eines »Bösen« interessiert. Wenn ich seine Motive einschätzen kann, hilft es mir, ihn nicht zu verurteilen, den anderen nicht mit einer Mörderfratze zu sehen, sondern eben als Ebenbild Gottes. Durch ein solches Verstehen lasse ich mich dabei nicht auf seine Seite ziehen.

Und: Was ich als eine »böse« *Tat* einstufe, kann niemand in meiner Gegenwart realisieren. Aber wenn ich interveniere, dann ohne Herabsetzung.

Kistenstapel

»Mein Sohn ist 18 Monate alt. Neulich kletterte er auf gestapelte Kisten. Als er auf der dritten stand und zu hüpfen anfing … Als ich ihn herunterholte, was verbaue ich ihm da? Aber wenn er fällt … Ich bin in einem Dilemma. Was ist richtig? Wann soll ich eingreifen?«

Was ist richtig, was ist falsch? Man hört sich dies und das an. Hat da einer wirklich recht? Letztlich entscheiden wir selbst, verantworten das Eingreifen vor uns, folgen unserer Erkenntnis oder der anderer. Und folgen unserem Gefühl.

Parallel zum Eingreifen rumort aber das Nachsinnen darüber, was denn nun das Beste für das Kind ist. Hätte die Mutter ihren Sohn nicht doch noch klettern lassen sollen?

Die Welterkundung des Kindes über die eigene Sorge stellen? Gutes Gefühl zum Kind und schlechtes Gefühl zu sich?

Oder: Die eigene Sorge über die Welterkundung des Kindes stellen? Gutes Gefühl zu sich und schlechtes Gefühl zum Kind?

Wir wollen den Kindern helfen und sie fördern. Und wenn wir uns ihnen in den Weg stellen, dann ist das nicht so gut. Nicht für's Kind, auch nicht für uns – weil wir dann Wegversteller sind. Wir verursachen Leid. Das Kind vom Stapel herunterholen ist leidbehaftet.

Geht das anders? »Nein«, sage ich, »wir fügen anderen immer wieder mal Leid zu. Den Kindern, dem Partner, Fremden. Aus zig Gründen und in zig Situationen. Das lässt sich nicht vermeiden. Dass wir Leidverursacher sind, gehört zu uns.«

Wir töten, um zu essen. Wir bekommen den Job, den ein anderer gerne hätte. Wir haben beim Abbiegen Vorfahrt, der andere muss warten. Wir holen das Kind vom Stapel. Ich ja – Du nein. So einfach ist das. Tatsache des Lebens.

Und dann will ich ihr das Herz leichter machen: »Wir sind ja auch immer wieder Freudebringer, nicht vergessen.« Und erzähle auch von Jesus, *dem* Liebesboten schlechthin. Ich sage, dass auch er Leid verursacht hat. Als er die Geldwechsler aus dem Tempel warf und sie auspeitschte. Sie wollten Geld für ihre Familien verdienen, und er wütete sie an. Leid. Er holte sie vom Stapel.

»Und wenn Jesus das passiert, dann kann Ihnen das auch passieren. Entspannen Sie sich, Sie können runterkommen, das schlechte Gewissen ihrem Kind gegenüber ins Museum bringen.«

»Machen Sie einfach das, was Sie grad angemessen und richtig finden. Und schieben Sie dabei die Frage, was das Beste für Ihr Kind ist, freundlich zur Seite. Ihr Kind ist jetzt nicht dran. Jetzt sind *Sie* dran, jetzt haben *Sie* Vorfahrt. Der Kleine kommt dann schon wieder an die Reihe. Aber jetzt nicht. Darum seien Sie nicht zimperlich: ›Runter vom Stapel!‹.«

Das hat die Mutter erleichtert. Sie hat aufgeatmet. Eigentlich bin ich nicht so direktiv. Aber ich habe sie einfach vom Stapel geholt, fröhlich hatte sie da nämlich nicht gehockt.

Entschuldige Dich!

»Entschuldige Dich!«

Eine Erzieherin erzählt von einem Streit der Kindergartenkinder. Sie nahm die Kinder auseinander, aber der Übeltäter hatte sich nicht entschuldigt. Sie ist ratlos, wie sie es schaffen kann, dass der Dreijährige sich entschuldigt. Bemüht hatte sie sich, aber ohne Erfolg.

»Das muss er doch.« Auf mein fragendes Gesicht hin sagt sie: »Das erwarten die Eltern.« Ja, da hat sie recht, so läuft es. Eltern erwarten ein solches Sozialverhalten, der Kindergarten soll das richten.

Mein Mitgefühl ist rasch bei dem Übeltäter. Der gehänselte Junge wird sicher Trost und Zuspruch bekommen haben, da muss ich nicht hinterherfühlen. Ich bin beim Täter. Seine Zicke, die er da gefahren hat (dem anderen etwas wegnehmen): es wird ihm schon klar sein, dass das nicht in Ordnung war. Das hat die Erzieherin rübergereicht. Wäre das nicht genug gewesen? Jetzt auch noch entschuldigen?

Ein »Sorry, tut mir leid« kommt mir gut über die Lippen. Nicht immer leicht, aber verlässlich. Wenn das, was gerade passierte, wirklich auf mein Konto ging. Es ist eine bizarre und absurde Vorstellung, dass sich da einer vor mir aufbaut und meine Entschuldigung einfordert. So etwas habe ich in meinem Erwachsenenleben auch noch nicht erlebt. Wiewohl ich weiß, dass das durchaus vorkommt.

»Entschuldige Dich!« – welche Übergriffigkeit. Wieso gibt es diese Wortkombination, »Entschuldige« plus »Dich«, überhaupt? »Entschuldige bitte!«: Klar, diese beiden Worte gehen und gehören dazu.

Ich bin perplex über das, was die Erzieherin mir erzählt, aber ich weiß natürlich sofort, was da los ist. Nur dass mir diese Alltagsanmaßung, dieses 1001. Stückchen seelischer Kindermisshandlung gerade nicht geläufig war.

»Müssen Sie das wirklich?« Und unausgesprochen per Blick: »Dem Kind auferlegen, dass es sich entschuldigt?« Ich versuche, vorsichtig, meine Position ins Spiel zu bringen. Ich nehme Kontakt zu ihr auf: »Ich kann mir die Situation gut vorstellen, ich habe schon verstanden.«

Auf meinen Vorträgen will ich ja nicht lebensfremd und utopieverkündend erlebt werden, sondern als jemand, der realistische, handfeste Anderswege aufzeigt. Diese Erzieherin schwingt ein. Sie hat den Jungen ja auch nach dem Auseinander und kurzem Warten, dass er sich entschuldigt, nicht weiter bedrängt.

Nur: Das sollte sie aber, das wird von ihr erwartet. Und da weiß sie nicht, wie sie das machen soll. Sie sagt, sie will den Übeltäter mit so einer Entschuldigungsgeschichte nicht noch zusätzlich belasten. Er wird häufiger ausfallend und er tut ihr leid, ist ihr ans Herz gewachsen.

»Sie schauen vor Ort, was geht und was Sie können, gut können. Und wenn Sie den Jungen nicht zum Entschuldigen anhalten wollen, dann lassen Sie es eben. Sie sind dann nicht übergriffig, das ist doch super.«

»Den Eltern können Sie ja sonst was erzählen, wenn die Sprache drauf kommen sollte. Wahrscheinlich werden Sie eh nicht gefragt, es sind ja nur die Erwartungen in uns, die so belastend sind. Und falls doch, sagen Sie halt kurz: ›Ja, er hat sich entschuldigt.‹ Kleine Lüge – großer Friede.«

»Danke«, sagt sie. Sie fühlt sich unterstützt. Ich denke, sie hat noch nie gehört, dass eine Erzieherin, eine pädagogische Fachkraft, so damit verfahren kann, darf, ja: sollte. »Sie folgen einfach Ihrem Herzen. Das ist nicht nur wohltuend und befriedend, sondern auch höchst professionell. ›Rehumanisierung des pädagogischen Alltags‹ nenne ich das.«

Wir sind auf einer Wellenlänge.

Konzentration

»Wie klappt es, dass die Kinder mir 15 Minuten zuhören?«

Eine Erzieherin fragt mich zu einem Problem, das sie mit den Vorschulkindern hat. Sie will sie auf die Schule vorbereiten. Doch die Kinder konzentrieren sich nicht, bis auf ein paar Ausnahmen. Sollten sie aber, so wie es sich im letzten Kindergartenjahr gehört, wenn nach dem Sommer die Schule anfängt.

Ich erzähle meinem Freund etwas vom Tage. Dann merke ich, dass er mir gar nicht zuhört, er ist mit seinem Handy zugange. Seine Konzentration ist nicht da, wo ich sie gerne hätte. Und: wie es sich wohl auch gehört, wenn man sich unterhält.

Was soll ich der Erzieherin raten, wenn die Kinder sich nicht konzentrieren? Was soll ich mir raten, wenn mein Freund sich nicht konzentriert? Auf mich. Bevor ich zu einem Rat komme, sehe ich mir das Ganze erst einmal grundsätzlich an. Beide Szenarien.

Mich auf etwas konzentrieren ist etwas, das mir gehört. Niemand steht über mir und kann mir zu Recht sagen, dass und worauf ich mich zu konzentrieren habe. Es ist meine, *meine* Konzentration, sie gehört mir. Niemandem sonst. Und was für mich gilt, gilt für jeden anderen auch.

Auch für die Kindergartenkinder, auch für meinen Freund. Wenn also jemand von mir Konzentration wünscht, dann ist das sein Anliegen. Das er mir mitteilt. Und ich entscheide dann, wie ich damit umgehen will.

»Hörst Du mir zu?«, »Hörst Du mal zu!«, »Hörst Du bitte mal zu?!« Da gibt es viele Möglichkeiten. Aber stets gilt: Ich entscheide. Es geht um mich, meine Zeit, meinen Wert, meine Würde. Und wenn ich den Wunsch nach der Konzentration zurückweise: dann ist dies mein Weg. Den kann der andere respektieren. Oder er regt sich auf, fühlt sich nicht geachtet usw.

Die Erzieherin wünscht sich die Konzentration der Kinder. Anders: sie fordert sie ein. Nicht aus böser Absicht, natürlich nicht, sondern in bester Absicht. Sie hat dabei nicht präsent, dass die Konzentration der Kinder den Kindern gehört. Tiefer: Sie hat nicht präsent, dass die Kinder überhaupt sich selbst gehören.

Ihre Welt ist: Die Kinder gehören in dieser Situation (die sehr dehnbar ist) ihr, ihren Vorstellungen vom Besten der Kinder. Die Kinder gehören jetzt dem System Kindergarten, das sie fit machen will für das andere System, Schule genannt. Das sie wiederum fit machen will für das dann folgende System, Arbeitswelt, oder »Leben«. Wie die Erzieherin sich das so vorstellt, im Konsens mit den anderen Erwachsenen.

Tue ich ihr Unrecht? Tja ... Ich habe mitbekommen, wie die Erzieherin vor mir spricht, schaut, wie sie unterwegs ist. Ich nehme ihre missionarische Ausstrahlung wahr, ihre Verantwortung für die Kinder. In völliger Selbstverständlichkeit unserer Erwachsenenwelt: Erwachsene erziehen Kinder.

Von der Anmaßung, die von ihrem »Wunsch« ausgeht, ahnt sie nichts. Sie ist erfüllt von dem Auftrag, zu helfen, dass die Kinder zurechtkommen, gelingen, richtige Menschen werden.

Tue ich ihr Unrecht? Sie will doch helfen. Ich helfe auch. Helfen ist ohne Oben-Unten, helfen ist okay. Wenn es denn ohne Oben-Unten ist, wenn es wirklich okay ist. Ich bekomme das von ihr nicht mit. Sie steht oben, die Kinder unten. Sie weiß einfach, was für die Kinder gut ist, nämlich Konzentration einzuüben.

Dass die Kinder nicht mitziehen, ärgert sie nicht. Es macht sie ratlos. Sie mag die Kinder, sie achtet sie, sie ist einfühlsam, sie ist weit vorn. Das merke ich schon. Aber sie kommt nicht in die Wahrnehmung und Nachdenklichkeit, dass es im Untergrund des Ganzen eine ungute chauvinistische Unterdrückungsstruktur gibt, Adultismus genannt.

Ich verstehe die Zwischen-den-Zeilen-Botschaft der Kinder: »Lass uns in Ruhe. Wir wollen das nicht. Was willst Du eigentlich von uns? Unsere Souveränität, unseren Kopf, unsere Seele?

Verschwinde!« Die Kinder sind stark. Und unkundig. Sie werden sich weh tun. Auflaufen. Kinder, die sich nicht konzentrieren können, haben in der Schule schlechte Karten.

Es wäre angebracht, den Kindern Konzentration beizubringen. Es wäre angebracht, meinem Freund Konzentration (auf mich) beizubringen – geht ja gar nicht! Das »Beibringen« ist das Problem. Wenn es denn mit einem Oben-Unten *ohne* chauvinistische Ausprägung daherkommen würde, wäre es gut.

So wie mein Fahrlehrer mir das Autofahren beigebracht hat. Er war der kundige Lehrer, somit oben, ich war der unkundige Schüler, somit unten. Dieses Szenario war ohne das missionarische, das pädagogische Oben-Unten. Und das war die Voraussetzung dafür, dass es funktionierte, seine Wissensvermittlung und meine Wissensaneignung.

Ich müsste der Erzieherin sagen, dass sie nur fahrlehrermäßig weiterkommt. Nur, dass die Kinder ja gar nicht dort stehen, wo ich stand: ich wollte Autofahren lernen. Wollen die Kinder in die Schule? »Ihr wollt doch alle in die Schule.« Leuchtende Augen. »Dann lernen wir jetzt das Konzentrieren.« Verständnisvolle Zustimmung. So ist es aber nicht gewesen.

Diese Kinder sind nicht schulorientiert. Sie sind in ihrem Spiel. In der Spielwelt der Vorschulkinder. Vielleicht kommen die Kinder vor ihr überhaupt nicht an den Punkt, sich auf die Schule einzustellen.

Also sage ich der Erzieherin: »Die Kinder sind noch nicht so weit. Sie können die Kinder nicht per Klick umschalten. Versuchen Sie nicht etwas, was nicht geht. Schließen Sie Frieden mit dieser Unkonzentriertheit Ihrer Kinder. Sie haben sich bemüht, mehr geht nicht.«

Und: »Wir können uns bescheiden. Und freundlich sein, Liebe schicken, die Substanz und Grundnahrung, die den Kindern später in der Schule hilft.« Das versteht sie gut, sie nickt.

Nicht einmischen

»Mein Sohn (8) war allein unterwegs und hatte Krach mit einem Erwachsenen, einem Freund der Familie. Hätte ich mich einmischen sollen?«

Die Kinder geraten immer wieder einmal in unangenehme oder auch gefährliche Situationen. So etwas bricht über sie herein, oder sie haben ihren Anteil daran. In diesem Fall hatte der Sohn einen Freund der Familie durch sein Verhalten verärgert, er wurde schließlich angefaucht. Und kam empört zu seiner Mutter.

Wenn die Kinder mit anderen unterwegs sind, ist das schön, aber auch voller Risiken. Das Balancieren über das Brückengeländer ist voll prickelndem Reiz, aber auch voll Risiko. Wenn der Junge dabei ins Wasser fällt, helfen Eltern ihm heraus, keine Frage.

Aber hier? Soll sie zu dem Freund hingehen und die Wogen glätten? Oder kann das Kind allein herauskommen, wenn es in so ein Beziehungsgewässer gefallen ist? Falsch machen geht nicht. Die Mutter kann intervenieren oder die Sache bei ihrem Sohn lassen. Es kommt wie immer darauf an, was man will.

Sie erzählte, dass sie gespürt hat, das Ganze ihrem Kind zu überlassen. Ihr Sohn war wütend und kam zu ihr. Beschwerde. Ein Eingreifen lag in der Luft. Aber sie hat es eben anders gemacht. Sie hat das Herauskommen aus dem Wasser ihm überlassen. War eigentlich seine Sache.

Einmischen fühlte sich übergriffig an. »Es gehört ihm und er schafft das schon.« Und so kam es auch. Ihr Sohn beruhigte sich, und nach einer Weile ging er zu dem Erwachsenen zurück »um das mit ihm zu besprechen«.

Fand ich beeindruckend. Vom Kind. Und von der Mutter: nicht hinstürzen, sondern erst mal schauen, was wirklich Sache ist. Was Sache ist bei ihr und ihren Mutterhelfegefühlen. Und bei ihm und seinem »Kann ich selbst hinkriegen«.

Das feine Hinhören fand ich beeindruckend. Das Zuwarten. Das Offenhalten einer Tür. Es wäre nichts dabei gewesen, sofort zu intervenieren – wenn ihr Gefühl so gewesen wäre. Aber sie hat eben den anderen Weg genommen.

Ich habe dann überlegt, dass wir Eltern oft, ganz oft, ich sage: viel zu oft anspringen, wenn die Kinder mit einem Beschwer daherkommen. Wir verpassen, dass die Beschwernisse der Kinder eben auch ihnen gehören. Ich bin dann durchaus in Hab-Acht-Position. Aber ich muss meinem Kind sein Ungemach nicht sofort, auf der Stelle aus der Hand nehmen, auf dass es ihm besser gehen möge.

Ich kann in gewissem Respekt vor dem Ungemach sein – dem kaputten Knie, dem Wassersturz, dem Anfauchen. Ich meine, es sind Geschehnisse aus der Welt meines Kindes. Sie gehören ihm. Ich nehme sie nicht fort aus seiner Welt, ziehe sie nicht rüber in meinen Bereich, ich vereinnahme sie nicht. Weiter: Ich vereinnahme mein Kind nicht. Wiewohl die Gelegenheit günstig ist und der Reiz groß.

Wie viel achtungsvolle Distanz haben wir unseren Kindern und ihrer Welt gegenüber? Kann man da sensibel sein? Lässt sich erkennen, was mein und was dein ist? Wie viel Verstrickung ist gesponnen, wie viel lässt sich überhaupt bemerken? (Was ja auch unter Partnern und Freunden ein großes Thema ist.)

Ich habe das Gefühl, dass die Mutter eine gute Botschaft gesendet hat. »Okay, ich hör Dir zu und ich bin da.« Sie hat noch nicht einmal mitgesendet »Brauchst Du mich?«. Sie hat einfach nur schwingen lassen, dass sie da ist, dass er nicht allein ist, dass er sich auf sie verlassen kann.

Was ihm offensichtlich gereicht hat. Was ihn nicht weggekippt hat aus seiner Sphäre, verlockt hat, den schlappmachenden Süßeweg in ihre Arme zu nehmen. Den alle Kinder kennen, gut kennen. Der oftundoft nötig aber eben auch so süchtigmachend ist.

Der Junge konnte bei sich und seiner Power bleiben. Er trug sich nach einer Verschnaufzeit zurück ins Getümmel. In die Welt der Beziehungen, ins wilde Leben.

Wutanfall

»Mein Sohn kriegt oft einen Wutanfall, wenn ich nein sage. Was soll ich machen?«

Frage eines Vaters. Er erzählt, dass er ratlos daneben steht. Sein Sohn ist vier, er schlägt dann um sich und fängt an, Sachen kaputt zu machen.

Ich antworte mit dem Drumherum. Konkretes habe ich nicht parat. Außer, dass ich Dinge, die für das Kind gefährlich werden könnten, außer Reichweite bringe. Vorher die Wohnung nach Messer, Gabel, Schere, Licht durchforste. Oder die Dinge, die nicht kaputt gehen sollen, wegstelle oder sichere. Und dann nehme ich den weiten Bogen:

Da läuft nichts wirklich aus dem Ruder. Klar haben Wutanfälle ihre Ursachen. Und ihre Anlässe, oft ein Nein. Die Kinder wollen eben nicht das, was wir wollen, und unser Nein schlucken sie nicht, sondern bewüten es. »Das könnten Sie ihm lassen, es ist seine Art zu reagieren, wenn so ein Nein seinen Weg verstellt.«

So etwas ist nicht schön. Wer hat denn gerne ein Wutanfallkind? Aber so ein Kind kann einem schon mal geliefert werden, vom Leben, Gott, den Umständen, irgendwelchen Psychodingen bei den Eltern. Tausend Gründe und Abgründe. Soll man da rumstochern?

Manchmal hat man den goldenen Einfall, wie sich so ein Wutsplitter aus der Seele ziehen lässt. Das passiert aber im wirklichen Leben nicht auf Bestellung. Therapie? Was soll man denn noch alles machen! Es sind Wutanfälle, nicht die Pest.

»Nehmen Sie Ihrem Sohn seine Wutanfälle nicht übel. Es ist seine Art, mit Ihrem Nein umzugehen. Und nehmen Sie es sich selbst nicht übel, dass Sie so ein Kind haben. Und dass Sie nicht wissen, wie Sie diese Wutanfälle wegbekommen.«

»Sie haben so ein Kind, jetzt grad, vielleicht kürzer, vielleicht länger. Und Sie sind so ein Vater, einer, der so ein Kind hat und der nicht so recht weiß, wie er damit umgehen soll.«

Ich nehme das Drama aus dem Szenario, die Schwere, das Üble. Ich schicke ihm rüber, dass er in Ordnung ist und dass er nichts Besonderes tun muss. »Vielleicht schaffen Sie es, nicht mit Schimpfen anzufangen. Nicht noch einen draufsetzen. Sie müssen nichts tun, verbessern, lösen. Sie können einfach warten, bis der Anfall ausschwingt.«

Reicht das? Einfach warten, bis das wütige Kind vor mir von allein aufhört? Ja was? Soll ich es hochnehmen, festhalten, auf es einreden, es bedrängen, mit »freundlicher« Stimme voll Psycholeim einkleistern? Kann man alles machen, mache ich aber nicht. Finde ich nicht hilfreich.

Einer wütet, der andere ist dabei. »Sie sind ja da. Sie gehen nicht weg. Und wenn Sie es schaffen, auch innerlich nicht wegzugehen, sich nicht von Ihrem Kind zu distanzieren – das wäre prima. Es ist nicht verboten, sein Kind weiter zu mögen, wenn es wütet. Und sich selbst zu mögen, wenn Ihr Kind wütet.«

Ich sage ihm, dass die Wüterei seines Sohns ihm keine neue Last aufbürden muss. Die nämlich, dafür zu sorgen, dass das weggeht. Dass er nicht dem Bild hinterherjagen muss, als guter Vater müsse er aber doch.

»Sie müssen da gar nichts. Sie können schauen, was Sie gern tun würden, aus Ihrer Sicht, nicht aus der Sicht eines bemühten Vaters. Wutanfälle kommen und gehen, wie dunkle Wolken. Man kann sie nicht wegzaubern. Lassen Sie sich und ihn in Ruhe, wenn er wütet. Sie müssen nicht sein Wutmeister sein.«

Pizzeria

»Ich bin mit meinem Mann in der Pizzeria, am Nachbartisch sind Kinder. Sie sind laut, rennen rum, gucken auf die Teller. Es ist ungemütlich. Was tun? Ich will ja nicht kinderfeindlich sein.«

Können Kinder ungemütlich sein? Sind nicht viel zu wenig Kinder in der Öffentlichkeit? Gibt es da einen kinderfeindlichen Anspruch auf kinderlärmfreie Zonen? Kuschkinder in der Pizzeria ja, Lautkinder nein?

Ich kenne das natürlich auch. Und ich bin nicht begeistert, wenn solche Eltern ihre Kinder im Lokal von der Leine lassen. Und wenn sie das mit so einem super-avantgardistischen Blick tun: nervt extra. Diese Eltern ansprechen bringt gar nichts. Macht nur noch mehr ungute Stimmung.

Den Wirt um Ruhe bitten, absurd. Nur: ich will mich im Restaurant entspannen und bin auf dem Spielplatz gelandet. Nichts gegen Spielplätze, passt nur gerade nicht zusammen.

Tja. Die Kinder sind am falschen Ort, wenn sie hier spielen wollen. Gibt es falsche Orte für Kinder? Für Menschen? Na ja: Im OP-Saal wird außer dem Arzt und seinen Helfern kein Kind und auch niemand sonst akzeptiert. Im Cockpit sind nur die Piloten. Im Theater tollen Kinder nicht im Orchestergraben herum, beim Fußballderby nicht auf dem Rasen, bei einer Beerdigung nicht hopphopp über den Sarg. Es gibt sie schon, die kinderfreien Räume.

Aber die Pizzeria? Italien scheint auf, die Kinder dort in ihrer beiläufigen Öffentlichkeit. Hier ist aber nicht Italien. Wie kinderfeindlich ist das denn, die Kinder hier bei uns in der Pizzeria ruhigzustellen? Vitalität her! Aber im Museum? Auf dem Friedhof? Und und und.

Ich überlege, was ich der Mutter sagen soll. Irgendwie haben die Eltern auch das Recht, ihre Kinder in der Pizzeria loszulassen, und solange sie nicht die Salami anderen von der Pizza klauen … Und irgendwie ist es einfach nur rücksichtslos. Da sehe ich beides.

»Wenn Sie einen gemütlichen Pizzaabend mit Ihrem Mann haben wollen, dann sollten Sie aufstehen und in eine andere Pizzeria gehen. Ohne Kommentar, so was bringt nur noch mehr Ungemütlichkeit, die Antworten der Eltern können Sie sich sparen.«

»Und wenn ich schon bestellt habe?« »Einpacken lassen und morgen essen. Erst mal gehen und gemütlich woanders essen. Es geht um Achtsamkeit für sich selbst: Diese Pizzeria tut Ihnen nicht gut, also weg hier. Gelassen.«

»Wenn man in Hundescheiße tritt, kann man gelassen bleiben. Und den Schuh sauber machen. Man kann sich auch aufregen über sein Missgeschick. Diese lauten Kinder in der Pizzeria sind ein Missgeschick. Sie müssen sich nicht aufregen. Sie können gehen und fertig.«

»Die Alternative ist natürlich, diese Lautkinder ins eigene Pizzerialeben einzubeziehen. Sie ansprechen. Ins Gespräch kommen. Sie zeigen den Kindern, was Sie bestellt haben. Wollt ihr nachher ein Eis? So etwas geht auch. Schauen Sie, wie Sie drauf sind. Aber nicht als Pflicht kindernett sein. Andere Menschen, auch Kinder, können stinken oder duften. Trauen Sie ihrer Nase und folgen Sie ihr.«

Müssen

Gesprächsrunde mit sieben Müttern. Eine Mutter sagt: »Ich mache so viel falsch. Ich kriege es oft einfach nicht hin. Und ich kann mich dann nicht leiden.« Sie sieht zu ihrer Freundin: »Du machst alles richtig!« Die lacht und sieht das anders.

Tja. Meinen Vortrag habe ich gehalten. Wie das so ist mit der Erziehungsfreiheit, der Souveränität, dem Sich-selbst-Gehören. Und: dass man keinen wirklichen Fehler machen kann, weil letztlich niemand der Oberschiedsrichter ist.

Verpufft: »Ich mache so viel falsch.« Sie will ihre Fehler erkennen, daran arbeiten, eine bessere Mutter werden. Es schwingt mit, was sie alles muss, besser: müsste.

»Sie müssen gar nichts«, sage ich. Nicht in diesem Sinne. Ich erkläre, wie ich das meine. »Sie müssen nicht einmal leben. Sie wollen.« Belehre ich sie? Als Besserwisser? Was soll das bringen, ihr den Unterschied von »müssen« und »müssen« klar zu machen?

»Ich muss Autofahren.« Das Fester-Griff-Müssen. (Nur: Niemand muss Auto fahren, jeder kann laufen.) Es geht bei ihr um dieses Müssen. »Wenn Sie Auto fahren wollen, müssen Sie tanken.« Dies ist das andere Müssen, das Wenn-Dann-Müssen. Über das wir selbst befinden, das uns nicht im Griff hat.

Sie ist da aber fest im Griff. Sie muss ihre Fehler erkennen und eine gute Mutter werden. Ich erzähle hin und her, dies und das. Rote Ampel, Steuern zahlen, Kinder wickeln: Wir müssen da gar nichts, wir wollen. Konsequenzen, wenn wir nicht tun, was wir müssen, sind bekannt. Nur: dass wir eben nicht wirklich müssen!

Die anderen hören zu. Noch habe ich das Gefühl, dass ich die Mutter nicht bedränge. Ich bin sehr deutlich. Kämpfe ich um dieses Kind vor mir? Gegen die Dämonen unserer Kindheit? Zeige ich ihr ihre Würdekrone?

»Sie gehören sich selbst.« Und ich zeige ihr das Tor zu der anderen Welt: »Sie können sich lieben, so wie Sie sind. Sie sind die Schönste im ganzen Land. Sie können sich in Ruhe lassen, müssen sich nichts übelnehmen.«

Es gibt dann diesen Moment, wo sie wirklich zuhört. In Resonanz gerät zu meinem Wortschwall. Wo ihr »Aber ich muss doch« leiser wird. Wo sie in den kindlichen Blick fällt. »Macht ja auch nichts, wenn Sie sich blöd finden. Es gibt keinen Zwang, sich zu mögen. Es ist nur eine Möglichkeit, mit sich umzugehen. Schönreden statt Schlechtreden.«

Beim Verabschieden gibt sie mir die Hand. »Wird schon«, sage ich. »Danke«, sagt sie.

Ohne Helm

»Mein Sohn will beim Fahrradfahren keinen Helm aufsetzen. Nach endlosem Gezerre fährt er jetzt ohne. Eigentlich will ich das nicht.«

Mir geht sofort durch den Kopf: Klare Kante zeigen, ohne Helm kein Rad, und Punkt. Wo ist da das Problem?

Strafen, Belohnungen: Es hat alles nichts genützt. Sie lässt ihn jetzt ohne Helm fahren. Mit unguten Gefühlen. »Da ist er für sich selbst verantwortlich.« Na ja, das ist er wirklich, wie jeder Mensch. Aber sie ist in Not, hat Angst, dass etwas passieren könnte, was mit Helm eben nicht passieren würde.

Sie will ihm das Radfahren nicht verbieten. Alle seine Kumpel fahren ohne Helm. Helm ist bei diesen Zehnjährigen uncool. Sie ist nicht glücklich mit ihrem Kind.

Wie gehen wir mit der Sorge um den anderen um? So etwas nagt und soll verschwinden. Aber was kann helfen? Ich habe ihr gesagt, dass sie sich keine Vorwürfe machen muss, wenn etwas passiert. »Sie haben sich bemüht. Mehr geht grad nicht. Wir können nicht alles erreichen, was wir wollen. Auch nicht im Umgang mit den Kindern.«

Neu für sie ist, sich selbst dabei ohne Vorwurf, schlechtes Gewissen, Schuldgefühl zu sehen, sehen zu können, sehen zu dürfen.

»Aber ich könnte ihm das Radfahren verbieten. Dann passiert doch auch nichts.« Klar, könnte sie. Theoretisch. Diese Mutter aber nicht, sonst würde sie es ja getan haben. Sie wünscht sich etwas, was es nicht gibt: ihren Sohn *mit* Fahrradhelm.

Wir haben immer wieder unrealistische Wünsche an die anderen, die uns drängen und aus unserer Not kommen. Und wenn sie nicht erfüllt werden, geht es uns nicht gut. Was kann man tun? Es ist oft wie ein Schmerz, der sich nicht vermeiden lässt.

Wenn das Messer ausrutscht und mir in den Finger fährt. Es tut höllisch weh, aber ich mache mir keinen Vorwurf. Ich verlasse mich nicht, lasse mich nicht im Stich. Ich bin nicht schuld. Ich habe mich bemüht, aber es sollte nicht sein. Das Messer ist nicht meinen Weg gegangen.

Sie hat dieses Kind, und es tut ihr weh, wenn es ohne Helm fährt. Der Messerschmerz klingt nach und nach ab. Der Helmschmerz klingt auch ab? Ja, wenn sie ihn nicht immer wieder aufs Neue erlebte, bei jeder Radrunde. Wenn sie es schaffte, ihr helmloses Kind als ihre Realität wahrzunehmen. Wenn.

»Er ist so jemand, helmlos glücklich«, sage ich. »Sie haben dieses Kind und kein anderes.« Ich erzähle ihr ihre Wirklichkeit. Sie verkämpft sich, bleibt im Unfrieden, will etwas, was es nicht gibt. Das sage ich ihr. Sagt ihr das etwas? Ich merke, dass sie anfängt, entspannter über diese Helmerei nachzudenken. Sie macht andere Bemerkungen als eben. Sie sieht das Szenario von einer anderen Perspektive.

Und ich sage ihr zum Schluss noch etwas Handfestes. Dass es auch Studien gibt, die gezeigt haben: Kinder mit Helm haben oft ein überzogenes Sicherheitsgefühl und sind entsprechend leichtsinniger unterwegs. Da lächelt sie.

Smartphone

Nach dem Vortrag meldet sich ein Vater, Josef. Er schickt mir eine E-Mail und fragt mich um Rat. Seine sechsjährige Tochter hängt mehr und mehr am Smartphone. Er macht sich Sorgen, besonders, nachdem er ein Video von einem Hirnforscher gesehen hat. Ich schreibe ihm einen Brief.

Lieber Josef,

als meine Jüngsten 11 und 13 waren, begann das. Ich habe mich schwer geärgert, dass der Apparat so viel Aufmerksamkeit zog. Dass das Erleben der realen Welt von der virtuellen Kunstwelt irgendwelcher Geldhaie so abgedrängt wurde. Die Kinder bekamen Zeitlimits, erst eine Stunde, dann zwei. Auf einer Ferienfahrt nach Polen hingen sie dann sechs Stunden am Handy, ich habe es überstanden.

Wohl war mir nicht, Hirnforschung und Co. Heute, Jahre später, können sie in eigener Regie machen. Ich habe nicht (!) bemerkt, dass sie irgendein Problem im Umgang mit der realen Welt bekommen haben. Wenn wir im Wald sind, sind wir im Wald. Auf der Fahrt dorthin hängen sie am Handy.

Ich sage jetzt: Ein Verbot stört ihre innere Ruhe, mit dem Biest umzugehen. Wenn ich sie lasse und freundlich begleite, haben sie bei all der Verhexung ja mich als Anker und jemanden, der zu ihnen hält, sie nicht ausmeckert, blöd findet, sich die Haare rauft, Weltuntergang ruft.

Sie können sich bei mir ganz entspannt (mit meiner freundlichen Begleitenergie) diesem Kram hingeben. Ich glaube, das ist das Beste, was ich beisteuern kann.

Lass Dein Mädel in Ruhe, wenn Du es kannst. Später, wenn wir gestorben sind, sehen wir uns dann mal von oben an, was draus geworden ist. Lieb sie einfach, auch in diesem Handywahn. Und wenn Du es schaffst, kannst Du Dir auch ihre Handywelt erklären lassen. Mehr Wissen in diesen Dingen hilft mir jedenfalls.

Lieber Josef, entspann Dich und mach Dir keinen Stress. Nicht nachgeben, weil alle das machen. Sondern etwas verwirrt aber mutig mit Deinem Kind einen neuen und unbekannten Weg gehen, sie nicht allein und im Stich lassen. »Papa steht hinter mir« hat so viel!

Erfreue Dich an Deinem Kind und geh Du in den Wald, in die reale Welt, wenn Dir danach ist. Ich jogge jedenfalls jeden Tag in der Natur. Beim Schatzsuchen »Geocachen« gibt's Handy plus Natur, sieh mal nach unter www.geocaching.com – da sind die Kinder dann auch gerne mit Handy draußen.

Und wenn Dir schlecht wird bei dem ganzen Theater – sie ist ja erst sechs –, dann nimmst Du ihr das Smartphone einfach weg, und fertig: »Es wird mir jetzt zu viel!« Und wenn es Dir dann wieder besser geht, rückst Du es halt wieder raus.

Liebe Grüße!

Hubertus

3 Eigenes Erleben

Ich stelle nun eigene Erlebnisse mit Kindern vor und gebe Ihnen so gerne einen kleinen Einblick in meine Praxis.

Die Altersangaben einiger Kinder variieren, denn diese Kinder waren in einzelnen Erlebnissen unterschiedlich alt. Allen Personen habe ich veränderte Namen gegeben.

Gehtnicht und Gehtdoch

Wenn man mit Kindern unterwegs ist, gibt es viele Dinge, die nicht gehen, die einfach nicht gehen. Wobei schon klar ist, was die Kinder gerne hätten und was sie wollen, wo es aber offensichtlich nicht geht. Wo noch nicht einmal darüber nachgedacht wird, ob es nicht doch gehen könnte.

Wo das Gehtnicht über dem Gehtdoch thront.

Gestern hatte ich mich mit meinem Sohn Jakob zu einem Waldgang mit seinen Kindern Lotte (8) und Jonas (6), meinen Enkelkindern, verabredet. Da standen aber zwei »Das geht nicht« davor: Zweieinhalb Stunden mit dem Auto hinfahren, zweieinhalb Stunden zurückfahren: für einen Spaziergang? Völlig unverhältnismäßig!

Außerdem Corona: Lässt sich das einhalten mit den Kindern, die anderthalb Meter Abstand, wenn man draußen unterwegs ist? Jakob und ich befanden: Das geht! Wir hatten uns coronabedingt acht Wochen nicht gesehen, das wog die Fahrerei auf. Und das mit dem Abstand würden wir schon hinkriegen.

Jedenfalls trafen wir uns. Superwetter. Bevor es losging: »Ich kann nicht auftreten.« Lotte humpelte barfuß aus Jakobs Auto und konnte mit rechts nicht mehr richtig auftreten. Aber kein Druckschmerz. Auch kein Splitter. Oder vielleicht mit Schuhen laufen? Gehtnicht nahm Witterung auf. »Das wird nichts«, dachte ich, »kein Gang in die schöne Mailandschaft. Dann eben Picknick.« Gehtnicht feixte.

»Einen Versuch könnten wir machen«, sagte Jakob, »wenn es nicht geht, dann geht es nicht.« »Genau mein Reden«, Gehtnicht war zufrieden. Den Versuch machten wir. Der Versuch wurde länger und länger, barfuß ging es weiter. Gehtdoch war an der Reihe.

Ich hatte Kekse mitgebracht. »Die gibt's, wenn wir ans Wasser kommen.« Gemeint war die Ems, unser Ziel nach einer halben Stunde durch Wald und Feld. Nach drei Minuten: »Hier ist Wasser«, Jonas hatte einen Tümpel entdeckt. Jonas sagte nicht »Keks«, er sagte »Wasser«, aber es war schon klar. Gehtnicht: »Das ist nicht die Ems, jetzt gibt's keinen Keks.«

Aber Gehtdoch rückte den ersten Keks aus Jakobs Rucksack raus. Mein Sohn war auch klar: Wasser ist Wasser. Und: es gab mehrere Wässerchen bis zum Fluss … Gehtnicht war nicht begeistert, Gehtdoch schon.

Ein großer Baum lag über dem Weg. Man konnte sehen, dass es einige Krabbler unten durch geschafft hatten. Gehtnicht wurde nicht gefragt, Jonas war durch. Lotte: »Das geht nicht, ich bin größer.« Gehtnicht war zufrieden. Jakob: »Das schaffst Du.« Und Lotte schaffte es. Gehtdoch war zufrieden. Jakob ließ es sich nicht nehmen, auch drunter durch zu rutschen. Rucksack zuerst. Gehtdoch strahlte.

Noch ein umgefallener Baum, schräg nach oben. Da raufklettern? Jetzt war Gehtnicht klar: »Das geht nicht, zu gefährlich.« Aber rittlings vorschieben und vorschieben: das ging doch! Bis oben hin, ziemlich wackelige Geschichte. Gehtdoch passte auf. Ich machte ein Abenteuerfoto: Baumkinder, souverän in ihrem Element. (Titelfoto)

»Wirf uns einen Keks zu«, kam es von oben. Ja, dahinten war wieder ein Tümpel zu sehen. »Das wird nichts«, dachte ich. Jakob versuchte es. Drei Kekse landeten im Gestrüpp. Gehtnicht war zufrieden. Schöner Mist. »Wartet mal«, sagte ich. Ich hatte als einziger Schuhe und lange Hose an. »Ich hol sie.«

»Dorn und Brennnessel«, maulte Gehtnicht mich an, »das lässt Du schön bleiben!« Wo Gehtnicht recht hat, hat Gehtnicht recht.

Egal. Ich da durch. »Seht Ihr einen?« Sahen sie nicht. Aber ich. Alle drei. Geht doch!

Wir wollten zum alten Feuerplatz. Der Sandweg dahin war ein echter Sandweg, sehr sehr schwarzstaubig. Jonas wollte Staubschlange spielen. War dabei, sich in den Sand zu werfen. Gehtnicht blies ins Horn: »Sofort aufstehen!« Kurzer Blick von Jakob: »So eine schöne Schlange.« Es stiebte und staubte, Jonas war kaum mehr zu sehen, kroch meilenweit im schwarzen Element.

Zwei Spaziergänger kamen entgegen, wichen auf den Grasrand aus. »Das wird ja eine schöne Badewanne heute Abend!« Gehtnicht nickte gequält. Gehtdoch las im Schlangenbuch nach: »Schwarzstaubschlange, aha.«

Die geplante Spaziergehzeit war lange vorbei. Das Abendessen war verabredet. Zu Hause, ohne mich, wegen Corona. »Wir müssen umdrehen.« Aber wir wollten doch zur Ems. Gehtnicht triumphierte: »Keine Ems!« Jakob telefonierte per Handy: »Wir kommen später, geht das?« »Nein, bitte lass Franziska nein sagen«, hörte ich Gehtnicht. Aber: »Klar, das geht.« Ja glaub ich's!

Dahinten war wunderschöner gelber Ginster. »Da will ich hin«, sagte Lotte. Und der Fluss? »Ha«, sagte Gehtnicht, »nix Ginster.« Aber eigentlich … Gehtdoch kam so gelbgold daher. Es war wirklich sehr schöner Ginster.

»Können wir barfuß durch die Wiese rennen?« »Das Gras ist hoch, die Bienen freuen sich«, sagte Gehtnicht, »und die Disteln. Außerdem werfen die Leute auch Flaschen in die Wiese, da ist doch alles voller Scherben.« Gehtnicht hatte gute Argumente. »Klar könnt Ihr«, Jakob war klar. Gehtdoch passte auf: kein Bienenstachel im Fuß, keine Scherbe im Fuß.

Matschböschung an der Bevermündung in die Ems. Wir standen auf der Mündungsbrücke und hielten nach Fischen Ausschau. Der Matsch zog Jonas an. Schon war er unten. »Er sollte da nicht rummachen«, dachte ich, »wenn er abrutscht, gibt es eine Riesenrettungsaktion. Muss ja nicht sein. Obwohl?« »Kein Obwohl!«, Gehtnicht redete auf mich ein, »wenn der abrutscht!« Jakob hatte die Ruhe weg. Gehtdoch grinste.

Jonas, Hosenbein hoch: sein rechtes Bein war bis zum Knie wunderschön schlammschwarz. Gehtdoch lachte. Jakob: »Da solltest Du Dir das andere Bein auch schwarz machen.« Ja geht's noch? Nochmal die abrutschige Matschböschung? Gehtnicht schrie Alarm. Aber Jakob hatte Freude an dem Matschvergnügen von Jonas.

Beim Einsauen des zweiten Beins rutschte er tiefer und tiefer. Gehtdoch hielt die Luft an, »Siehst Du«, rülpste Gehtnicht. Jonas kam raus und war stolz auf seine schwarzen Beine. »Geht doch!« rief er.

Ratsch – die Kekspackung riss kaputt, die Kekse sausten in den Sand. »Die könnt Ihr vergessen«, Gehtnicht war endlich mal dran. »Die sammeln wir ein«, sagte Jakob. »Die guten ins Töpfchen, die schlechten in Kröpfchen«, kommentierte ich. Aber alles kam ins Kröpfchen. Auf dem Sandweg blieb ein bisschen übrig. »Für die Vögel.« Gehtdoch schmeckte es.

Die Verlängerungsstunde war rum. Jetzt zügig zu den Autos. Da kamen wir an eine Stelle der Bever, wo ich mit Jakob und seinen Freunden früher oft war. Er war so alt wie Lotte heute, und es waren immer herrliche Wasserabenteuer. Jedenfalls gingen wir erinnerungsmäßig zum Sandufer von damals, ein Ehrenbesuch.

»Kann ich da mal rüber?« Lotte peilte das andere Ufer an. 15 Meter weg. »Eh Leute, das Abendessen!«, Gehtnicht baute sich auf, »außerdem: ist es nicht Sommer, viel zu kalt, außerdem: keine Badesachen dabei, außerdem: keine Handtücher dabei, außerdem.«

»*Eigentlich* haben wir doch Zeit.« Jakob und ich sahen uns an und dachten an früher. Kurz mal ans Handy: »Geht, kein Problem.« Gehtnicht fiel in Ohnmacht.

Es war wunderwunderschön. Beide schafften die andere Seite, das Wasser ging bis zum Bauch. Richtiges Wasservergnügen. Zum Abtrocknen gab's T-Shirts. Mehr geht nicht!

Iris und die Selbstkraft

Auf dem Spielplatz habe ich sie vor Augen, die Kinder. Ich bin mit meinem Enkel Finn (4) dort, eine ganze Weile. Die Kinder ringsum sind auch im Vorschulalter. Dann: Eine Mutter will nach Hause, aber ihre Tochter nicht, Iris (3). Sie hat neben uns mit Sandförmchen gespielt. Ich sehe hin und ich höre hin.

Schon Iris' erster Impuls auf die Botschaft ihrer Mutter war eine klare Ansage: Iris will weiter im Sand spielen. Sie hat nichts gesagt, nur kurz hoch- und gleich wieder runtergeblickt. Wortlos dabei: »Ich will spielen, hier, mit dem Sand.«

Und: »Hier ist es richtig, hier will ich sein, hier tut es gut, hier bin ich eins mit mir und der Welt, hier ist meine Harmonie, hier bin ich, Iris, zeitlos.« Ich sehe ihre Würde, ihre Selbstkraft: »Ich gehe diesen Weg, und ich will ihn gehen. Diesen Sandweg.«

Sie wird ihn nicht gehen können. Die Ungeduld ihrer Mutter wächst, die Worte werden härter. Es braut sich Ungutes zusammen. Iris sagt noch immer nichts, aber sie klammert sich an den

Sandkörnern fest und ruft sie um Hilfe. Sie ist sich ihres Weges sicher, sehr sicher, so sicher. Es rührt mich an.

Ich interveniere nicht, habe dazu kein gutes Gefühl. Iris wird sich nicht mit mir gegen ihre Mutter wenden, das ist nicht vorgesehen, ja absurd. Und führt zu Eskalation mit Beschämung oder Demütigung von Iris.

Ich sehe zu meinem Enkel. Auch er ist sich sicher, immer wieder sicher. Was seins ist. Wohin sein Weg geht, gehen soll. Auch er hat diese Selbstkraft. Alle Kinder haben diese Kraft.

»Ich will über meinen ersten Atemzug selbst entscheiden« – Leboyer hat diese Kraft erkannt. Ich drücke das so aus: »Menschen sind selbstverantwortlich von Anfang an« und »Jeder spürt selbst, was für ihn das Beste ist«.

Das aber übersetzen in Alltag – das wird unrealistisch. Man sieht sofort die Kinderfinger in der Steckdose. Ja schon, aber: Übersetzungsfehler! So ist das nicht zu lesen, dieses »Selbstverantwortlich von Anfang an«.

Es ist immer die Schwierigkeit, diesen zentralen Punkt anderen Menschen nahezubringen. Die Steckdose aus der Assoziation herauszubekommen. Den Blick des Nachdenkens, den inneren Blick von der Im-Alltag-Unmöglich-Mauer hin zur Innenwelt zu lenken.

Zu der Selbstkraft. Zu der überwältigenden Energie, die ein Lebewesen – jedes Lebewesen, Schmetterling, Tiger, Menschenkind – in sich trägt: Ich bin. Ich gehe diesen Weg. Und ich will diesen Weg gehen.

Natürlich lassen sich Wege andersrichten, abbiegen, umkehren, auflösen. Die ganze Wegewelt ist zauberbar. Wobei klar ist: »*Ich* –

Schmetterling, Tiger, Menschenkind – entscheide, will entscheiden.« Wegändern: jeder nimmt einen anderen Weg, wenn die Steine zu spitz sind.

Und speziell Menschenkinder folgen durchaus auch Wegvorschlägen und Wegänderungen, die sich auftun, die an sie herangetragen werden, um die sie gebeten werden. Die Selbstkraft – die Selbstverantwortung, das Ichgehöremir – ist ja nicht blöd!

Ich finde diese Kraft grandios, sie ist so einzigartig. Die Kinder sind dermaßen voll davon, dass es eine Wucht und Freude ist. Aber … und da beginnt das traurige Desaster: »Normale« Erwachsene (und wer ist das nicht?) haben keinen Freudekontakt, keinen Achtungskontakt zu dieser Kraft. Sondern einen Störkontakt. Einen Im-Alltag-Unmöglich-Kontakt.

Dieser göttliche Funke wird in Steckdose und Co übersetzt, das klare Licht wird gebrochen (am Leid der eigenen Kindheit) und als Trotz und Ungehorsam gelesen.

Iris' Mutter ist eine normale Mutter. Nach »achtsamem Eingehen« (Hinhocken, Augenhöhe) auf ihr Sandkind ist dann klar, wie es ausgeht. Iris stemmt sich gegen das Sandkastenbrett.

Neben dem Einsetzen der Muskelmacht legt sich die Mutter dabei auch mit Iris' Selbstkraft an, Konflikt in beiden Dimensionen. Natürlich ist die Mutter stärker, sie hat Iris in den Buggy »gesetzt«. Auf der Selbstkraftebene dröhnt es heftig. Da ist Iris einfach nur »unkooperativ« bis »biestig«.

Ich habe mitbekommen, dass Iris' Mutter den Bruder vorn am Parkende an der Straße abholen will. »Ich kann auf Iris aufpassen, bis Sie wieder da sind. Dann kann sie noch ein bisschen spielen. Ich bin mit meinem Enkel Finn da und habe Zeit, das wäre kein Problem.« Erwachsenenwelt, Erwachsenensprech.

Ich blicke dabei die Mutter und dann auch Iris an. Ob das was wird? In der Erwachsenenwelt? In der Kinderwelt? »Willst Du mit dem Opa von Finn noch hierbleiben?« Iris nickt, springt aus dem Buggy und ihre Mutter lächelt mich erleichtert an.

Kartoffeln und Nudeln

Vorweg: Ich mag Hunde. Auch Dackel. Wir hatten einen Dackel, als ich Kind war, er hieß Joker. Wir alle haben ihn sehr geliebt. Das Dackelbild, das ich gleich hervorhole, ist von anderer Art.

Es gibt Kartoffeln zum Abendessen. »Nudeln«, sagt mein Enkel Finn (4). Ich bin zu Besuch bei seinen Eltern, meiner Tochter Marie und ihrem Mann Ole. Ich höre es und überhöre es nicht. Klar, denke ich, es wird Kartoffeln geben, das »Nudeln« lässt sich ausreden. Werden die Eltern so machen. Doch das »Nudeln« bleibt, nimmt zu, steht machtvoll in der Küche, mit Würde. Was ist zu tun? Was ist zu denken?

Nachgeben und Abendfrieden wahren – und dabei Dackel sein. Der Dackel nämlich, der man ist, wenn man sich den Wünschen, *diesen* Wünschen der Kinder unterordnet. Oder hart bleiben, den Dackel und damit den Abendfrieden vertreiben. Dieser Gegensatz von Einlenken und Hartbleiben ist von grundsätzlicher Art.

Dieses Paar ist ein Phänomen des Lebens und kommt überall vor, vom Appeasement in der großen Politik über das Berufsleben und die Partnerschaft bis ins Kinderzimmer und die Küche. Nichts Ungewöhnliches, nichts, was aus dem Ruder läuft, sondern etwas, das dazugehört. Fragt sich, wie man damit umgeht.

Wo verorte ich mich dabei? Wenn es eine Wahl gibt: Ich entscheide, Chefgefühl, Souveränität. Kartoffeln oder Nudeln?

Meine Entscheidung. Beim Abendessen mit einem Vierjährigen ist die Machtfrage klar: Die Mutter und der Vater sagen, wo es langgeht. Und das Kind? Der Andere? Der einen anderen Weg gehen will?

Wie soll ich mit einem Andersweg umgehen? Herr/Frau/Kind Andersweg sind in meinem Leben und halten mich an. Ist schon klar, was gewünscht wird. Ich kann einschwenken, meinem Jetztweg einen Korb geben und dem Andersweg folgen.

Wie bekomme ich da Ruhe rein, wie zu einer guten Lösung, wie zu meinem Frieden? Wie wichtig ist mir mein Jetztweg? Was bekomme ich von Deiner Wichtigkeit mit? Wie wichtig bin ich mir? Wie wichtig bist Du mir?

Die beiden Eltern sind unterschiedlich unterwegs. Der Vater will sich die Nudeln nicht bieten lassen, die Mutter ist unentschlossen. Ich halte mich zurück, wiewohl ich ja auch etwas sagen könnte. Die Sache beginnt zu eskalieren, der Kleine fängt an zu weinen. Nudeln mit Tränen. Gar nicht gut, geht mir durch den Sinn, so was können Eltern schlecht haben.

Dem Kind folgen, wenn es per Tränen unterwegs ist? »Einlenken«, wie das so schön heißt. Ich merke, dass ich für die Nudeln bin, genauer: für den Abendfrieden. Aber ich werde ja auch nicht als Dackel angezählt.

Zu mir: Ich kann gut nachgeben. Ein Geschenk des Lebens. Ich kenne genug Menschen, die das nicht können. Ich gebe ja nicht immer nach und nicht bei allem und jedem, aber das »Dann mach Du« gelingt mir leicht. Ohne Dackelblick. Dabei habe ich mir oft Kommentare der unguten Art anhören müssen: »Du lässt aber auch alles mit Dir machen.« Nein, lasse ich nicht.

Das Gewebe »Alles mit sich machen lassen« passt auch überhaupt nicht. Ich lasse gar nichts mit mir machen. *Ich* mache, heißt hier:

Dir folgen. Meine Entscheidung, nicht mein Überdentischgezogensein. Ich gebe dem anderen nicht »nach«, das ist falsch gewoben, sondern gebe ihm das, was er braucht.

Ich habe genau solche Szenarien mit meinen Kindern oft erlebt. Auch diese Kartoffeln-Nudeln-Geschichte hat es gegeben. Und locker und freundlich habe ich den Herd noch einmal angestellt und Nudeln gekocht. Kerze auf den Tisch, Abendessen in Harmonie. Die Kartoffeln? Waren nicht so begeistert, aber war schon okay.

Es ist ja nicht immer so. Ich lasse beim Autofahren den Drängler vorbei, ich lasse sie hinter mir im Kino reden, ich zahle den überhöhten Preis. Oder ich lasse das alles eben nicht zu: den Drängler nicht vorbei, hole die Kinoaufsicht, bestehe auf dem korrekten Preis. Ich entscheide, was ich mitmache und was ich nicht mitmache.

Ich gehöre auch nicht meiner Erkenntnis und meinen eben gefassten Plänen. Das ist ja alles schön und gut, aber zum Schluss entscheide ich, was sein soll. Erkenntnisse und Pläne haben mich nicht im Griff. Getrimmt werden wir auf anderes, auf Konsequenz, auf was sich gehört, wie es sein sollte, wie es geschrieben steht, was angesagt ist.

Als Kinder haben wir diese Erzählung zu hören bekommen und in uns aufgenommen. Und wenn es heute Abend Kartoffeln gibt, die ja gewaschen, geschält, gekocht wurden, alles Mühe und Lebenszeit, dann gibt es Kartoffeln. Klar doch. Klar doch? Bin ich der Dackel meiner Kartoffeln?

Was lebt da bei mir im Untergrund? Kraft und unverbrüchliche Gewissheit (ich bin, ich gehöre mir, ich bin Teil des Unendlichen) – oder braust da so eine süßlähmende Ohnmacht, immer bereit, sich in mir auszubreiten und mir den Weg zu weisen?

Ich bin mit mir klar und ein Sternenkind. Und von daher wünsche ich mir, dass die Eltern von dieser großen Beiläufigkeit berührt werden und die Kartoffeln Kartoffeln sein lassen.

»Ich glaub, ich mach ihm Nudeln.« Die Welt der Mutter lugt in die Küche, breitet sich in der Küche aus. Erreicht den Vater. »Okay«, sagt er. So ganz selbstverständlich. Ich bin fasziniert – sie können das! Tränen wegzaubern und die Kerze anzünden. Der Dackel schmiegt sich an meine Füße.

Spielst Du mit mit mir?

Ich bin mit meiner Tochter Marie und ihren beiden Kindern im Wildgehege unterwegs. Nach einer Weile: »Spielst Du mit mir?« Mein dreijähriger Enkel Finn will nicht die Tiere, nicht sein Laufrad, er will mich. Ich aber will mich gerade ausruhen, ein bisschen herumgehen, ein bisschen quatschen, ein bisschen Tiere, ein bisschen Familie. Aber Spielen?

Das braucht Konzentration, Aktion, Fantasie und Geduld. Was will ich? Ich höre meinen Wunsch nach ruhiger Kugel, ich höre seinen Wunsch nach mir. Was Ende der Kugel heißt, was Kinderwelt heißt, irgendwie anstrengend.

Okay, sage ich mir, na gut, und ich lasse mich breitschlagen, fühle mich auch vom Kinderwunsch geehrt und vom Kind gemocht. Ich schließe meine Ruhetür und öffne die Spieltür.

Erst gibt's ein Versteckspiel. Hinter den Bäumen und Büschen. Das ist lustig. Dann sind wir oben auf der Aussichtsplattform für die Wildschweine. Da liegt ein Stock rum, schon gibt's Angelspiel.

Fische werden an Land gezogen. Auf dem Herd gebraten, mit Öl. Und gegessen, mit Zitrone und Petersilie. Mindestens 20 Fische werden geangelt. Dann nochmal Verstecken. Das Ganze dauert eine dreiviertel Stunde, danach wandern wir alle zurück zum Parkplatz.

»Spielst Du mit mir?« Das ist eine der schönen Fragen des Lebens. Wenn ich diesem Anruf folge, löst er mich aus meiner Ichwelt und bringt mich in die Wirwelt. Das ist zur richtigen Zeit, das ist zur falschen Zeit, das ist beglückend, das ist anstrengend – so, wie es gerade kommt.

Es ist so etwas wie Zeitverschwendung dabei. Überflüssiges. Kinderkram eben. Und es ist Erhabenes dabei, Wahrheit, Sinn. Ist Spielen nicht wichtiger als meine ganzen Alltagsaktivitäten und Geschäftigkeiten? Es ist wichtiger, aber das Spielen hat nicht oft die Chance. Heute aber war sie da, diese Lebenschance, ergriffen, erlebt, erfüllt.

»Spielst Du mit mir?« Wenn das Leben das an mich heranträgt und wenn ich das merke: dann ist es grandios. Dann beschwingt es mich, macht alles leicht, freundlich, unkompliziert. Ich lasse mich fallen in den Augenblick.

Wie immer geht es um die Frage, wer ich sein will. Ich entscheide das. Aber ich will auch gefragt und gelockt sein. Wenn ich ernsthaft und denkgelähmt unterwegs bin, hat es das Spielen schwer.

Doch die Leichtigkeit des Seins gibt nicht auf, sie ist ja da und umgarnt mich, hält zu mir, fängt mich ein – und ihr nachzugeben ist himmlisch. Ich muss nur den Schritt durch die Spieltür hinbekommen.

Und das alles ist ja nicht »nur ein Spiel«. Es ist Herz, Vertrauen und Liebe. Es sind die Momente, die in meinem Lebenstagebuch mit einem Stern versehen werden. Mein Enkel hat mich heute in diese Sternenwelt hineingezaubert.

Gleis Neun

»Kommst Du mit Deinem Enkel mit in den Zoo?«, wurde ich neulich gefragt. Einige Tage später sah ich, wie eine Mutter mit ihrer kleinen Tochter in ein Akrobaten-Varieté ging. Eltern nehmen ihre Kinder mit auf Abenteuer. Nicht, weil es sein muss (wie in unschönen bis schrecklichen Lebensumständen), sondern – warum eigentlich?

Ich bin mit meinen Kindern oft in den Wald gegangen, unser Abenteuerland. Auch in Zoo, Zirkus, Kino, Badesee, Konzert und andere Abenteuer. Was schwingt da mit und was soll das? Das Leben für uns Erwachsene ist meistens straff organisiert, Verstecke und Nischen gibt es kaum.

Mit den Kindern unterwegs sein ist offener, nicht so durchgestylt, nicht so wirklich berechenbar. Mit Einladung zum Chaos, zur Pause, zum Abenteuer. Die Kinder im Schlepp – das öffnet. Lässt sich nicht vermeiden, gehört dazu. Wenn Kinder dabei sind, sind alle Planungen nur solche auf Abruf.

Kinder fallen hin und brauchen Pflaster. Kinder haben Hunger und Durst. Kinder rennen hierhin und dorthin. Kinder weinen und lachen. Kinder hören weg und woanders hin. Kinder quengeln und widersetzen sich. Kinder fassen Hunde und Katzen an. Kinder ignorieren unsere Regeln und stellen eigene auf.

Kinder beschmieren und bekleckern sich. Kinder kichern und schreien. Kinder rennen weg und platzen rein. Kinder sollen folgen und tun es nicht. Kinder sehen unordentlich aus und sind dreckig. Kinder machen keine Hausaufgaben, sondern hängen am Handy. Kinder gehen barfuß und ins Wasser. Kinder amüsieren und nerven. Kinder sind einfach nicht erwachsen!

So viele Unwägbarkeiten, so viele Fluchtwege, so viele verbotene Früchte, so viele Einladungen des Lebens. Und dem geben wir nach, gebe ich gerne nach, lasse mich an die Hand nehmen: ins Abenteuerland.

Klar, ich organisiere den Einstieg. »Wir fahren in den Wald«, »Heute Zoo, okay?«, »Wir gehen ins Varieté.« Aber der Impuls und der Schwung, das überhaupt in Erwägung zu ziehen, anzuzetteln und zu machen: Der kommt aus der Resonanz mit den Kindern.

Es ist das Ding: gehe ich allein los? Weniger. Ich ziehe mit den Kindern los. Ich höre ihr unausgesprochenes Summen: »Was machen wir heute?« Sie kommen schon klar, sie haben ihr Abenteuer, ihr Kinderleben ist ein einziges Abenteuer. Aber da kommt etwas rüber, bei mir an, lässt mich einschwingen. Und dann nehme ich sie in meine Spielwiesen mit, meinen Wald, Zoo oder Varieté.

Wenn ich gelegentlich meinen dreijährigen Enkel Finn mit dem Buggy von der Kita abhole, gehen wir immer ein Stündchen zum Bahnhof, Bahnhof Altona. Gleis Neun. Bis gaaanz nach vorn, da, wo niemand mehr ist.

Die rote Lok. Die schwarze Lok. Der blaue Zug. Der grüne Zug. Der weiße Zug. Der rote Zug. Einer kommt an. Einer fährt weg. Der Lokführer. Der Kinderwagen. Die Stolperplatten. Signal rot. Signal grün. Einsteiger. Aussteiger. Mülltrennboxen. Wartehäuschen. Schaltkasten. Prellbock. Vornwind. Hintenwind. Vornsonne. Hintensonne. Zugbegleiter. Müllsammler. Ansagestimme. Das ganze Ambiente – reines Abenteuerland.

Ich esse meinen Hamburger, er sein Schokoeis im Becher mit Waffel. Das besorgen wir vorher, und dabei gerate ich in Vorfreude: gleich verlassen wir die Leute, verlassen die Realität, biegen vom Hauptweg ab, ins Gleis Neun …

Salat zum Abendessen

Ich bekomme mit, wie zwei ältere Kinder (beide 9) ein jüngeres Kind (6) ärgern. Lars und Moritz lassen Nils nicht mitspielen, obwohl sie zu dritt verabredet sind. Nils sitzt da und weint. Das kann ich nicht so stehen lassen.

»Ihr seid zu dritt unterwegs«, sage ich zu den beiden. »Lasst Nils nicht hängen.« Es kommt nichts Nettes. »Der heult doch nur.« Was jetzt?

Soll ich mich kümmern, mehr als diesen Satz einwerfen? Wenn ich weiter interveniere, werde ich als jemand wahrgenommen, der die übliche Macht hat. Die Macht, anzuordnen, was Kinder zu tun und zu lassen haben. Diese Macht habe ich zwar, aber das ist nichts, was ich in dieser Situation will, und nichts, wie ich mich grundlegend verstehe.

Ich lasse die Kinder ihre Dinge tun, kommentiere das schon mal, mische mich auch schon mal ein, lasse auch kein Kind an der Steckdose rumspielen. Aber eigentlich: lasse ich sie ihre Dinge tun.

Eigentlich. Aber jetzt wegschauen? Ich will den weinenden Nils nicht im Stich lassen. Ich will aber den beiden Großen auch nicht vorschreiben, was sie zu tun haben, nämlich Nils mitspielen zu lassen. Dilemma, Zwickmühle. Da ist Haltung gefragt. Nicht Wegschauen. Sondern Hinschauen. Und aktiv werden.

Na ja, das ist ein generelles Problem und ein großes Thema. Kommt am Tag zig mal vor, mal kleiner, mal größer. Einmischen bei einem Streit im Supermarkt? Habe ich gemacht. Einmischen bei einem Parkplatzstreit? Habe ich nicht gemacht.

Unterschrift für den Erhalt der Kita? Habe ich gemacht. Demonstration für den Hambacher Forst? Habe ich nicht gemacht. Mal schaue ich hin und tue was, mal schaue ich weg und tue nichts.

Wenn ich nichts tue, obwohl ich etwas tun könnte. Wenn ich das Ungemach, Leid und Übel stehen lasse, das mir über den Weg läuft und mich ruft – dann sage ich, dass ich mich nicht um alles kümmern kann.

Was aber so ja nicht stimmt, denn um vieles von dem Alles könnte ich mich ja sehr wohl kümmern. Anfangen damit, vegetarisch zu essen, mit dem Rad zum Einkaufen zu fahren, bei Greenpeace Mitglied zu werden.

Es gibt da eine Bremse in mir. Ein Stoppschild. Ja, ich könnte dem Bettler einen Euro in seinen Becher tun, aber ich tue es nicht. Ziemlich gemein, mein Einkauf hat 25 Euro gekostet, und jetzt keinen Euro für den Mann ohne Beine?

Ich bin da nicht stolz drauf oder irgendwie so naseweis aufpasserisch auf mich selbst. Ich finde es blöd, aber ich lasse es dann so sein. Nehme es mir nicht übel, aber finde es eben auch nicht schön. So eine Mischung.

Nils' Tränen sind mir aber zu viel. Mir ist klar, dass ich den Großen nicht Sympathie verordnen kann. So etwas funktioniert nicht. Aber ich kann mich unabhängig von einer Intervention bei Lars und Moritz um Nils und sein Leid kümmern.

»Die wollen nicht mit Dir spielen.« Feststellung, Kontaktaufnahme. Das ganze »Sollten sie aber doch« wisch ich weg. Ich nehme Nils auf den Arm. »Komm, wir holen Salat aus dem Garten für das Abendessen.« Nils sucht einen schönen Salatkopf aus.

Leuchtstab

Die Nachbarskinder Kira (6) und Kevin (4) sind zum Babysitten bei mir. Alles läuft gut, doch dann will Kevin auch mal den Leuchtstab haben, den Kira hat. Aus meiner Sicht berechtigt, Kira spielt damit seit zehn Minuten. Kevins Bitte wird nachdrücklicher, Kira rückt ihn nicht raus. Es kommt zum Streit. Lauter Streit, Tränen.

Soll ich intervenieren? Das »Kevin ist jetzt auch mal dran« ist da, es ruft mich auf. Aber ich will das nicht von mir aus tun. Fände ich irgendwie unpassend, unhöflich.

So eine Intervention sagt im Untergrund: »Ihr könnt Eure Konflikte nicht allein lösen. Ihr seid da unzuverlässig. Nicht vertrauenswürdig. Unfähig. Kinder eben, die das noch nicht können.« Ich wäre die Ordnungsmacht. Meine Intervention käme mir übergriffig vor.

Lasse ich die Kinder im Stich? Bin ich herzlos, unsensibel? »Du kannst doch nicht einfach nur zusehen, wenn sie sich streiten und nicht weiterwissen.« Das höre ich schon. Doch ich sehe nicht nur zu. Ich sehe zu ohne »nur«. Ich bin ja da, und sie sehen mich. Ich schicke Freundliches, Anteilnahme.

Ich schicke keine Ungeduld, Vorwurf, Grummel. Und ich bin da, wenn sie mich zu Hilfe rufen sollten. Und auch ein »Soll ich Euch helfen?« wäre schon viel zu viel Einmischen, stößt sie aus ihrer Konzentration aufeinander.

Nein, ich trage ihren Streit, ihr Geschrei, ihre Tränen. Ich ertrage sie nicht, ich trage sie. Und all die vielen üblichen Möglichkeiten, die an mich heranwabern, schicke ich weg, auch freundlich und gelassen.

Möglichkeiten: Den weinenden Kevin auf den Arm nehmen, Kira ins Gewissen reden, »Wenn Ihr Euch nicht einigt, verschwindet der Leuchtstab mal für eine Weile«, Ablenkungsmanöver starten, sie rausholen aus der Situation (»Wir gehen jetzt in den Wald«), Thematisieren von Streit und Gerechtigkeit, usw.

Ich habe Geduld, krame in der Küche nebenan weiter rum. Kira behält den Stab, aber auch sie hat Tränen in den Augen. Es wird ruhiger, es wird still. Dann höre ich an ihren Stimmen, dass sie sich nicht mehr gram sind, sie verhandeln irgendetwas, das nichts mit dem Leuchtstab zu tun hat. Sie kommen zu mir, suchen meine Nähe, und wir besprechen, ob wir rausgehen. Der Stab in Kiras Hand hält die Klappe.

Einen Satz sage ich ihnen aber doch. Ich habe ihre Gesichter beim Streit gesehen und gelesen: »Wir tun etwas Ungehöriges.« Beschämtsein, Schuldgefühl. Schnute, Blick auf den Boden. Ich sage ihnen: »Bei mir könnt Ihr auch streiten. Das ist okay.« Mir liegt daran, ein Pflaster zu kleben, ein Trostbonbon zu geben, Sonnenstrahlen zu schicken.

Und ich freue mich: Ich habe sie nicht aus ihrer Balance gestoßen, ich habe ihre Souveränität nicht angetastet. Ich habe den Pfad ihrer Würde nicht verlassen: Auch wenn ihr streitet und schreit und Tränen fließen – ihr seid Menschen mit einer Würdekrone.

Ich weiß aber auch, dass ich das nur kann, weil mich ihre Töne, Emotionen, Kinderbotschaften – Signale aus meiner eigenen Kindheit – nicht verwirren, zum Intervenieren drängen. Und ich merke, dass ich dankbar bin für dieses Friedensgeschenk.

Renesmee

Wir sehen. Die Welt. Mit den Augen, dem Herzen, den Bildern, den Farben, den Gedanken, der Fantasie, den Träumen und vielem mehr. Dieses Sehen ist fein gesponnen, gewachsen, es ändert sich oder bleibt gleich, es ist machtvoll, laut und leise, einheitlich und gegensätzlich. Es ist ein Teil unseres Selbst, es ist in uns und wir sind in ihm. Alles im Untergrund, mit grandioser Wirkung im Außen.

Nachmittags-Seminar, Tagesmütterausbildung, ich bin Gastreferent. Sitzkreis. Eine Teilnehmerin hat ihre Tochter mitgebracht, 16 Monate alt, Renesmee. Ich beginne mit dem Vortrag, entfalte meine Welt. Renesmee erzählt von ihrer Welt, viel Aufmerksamkeit ist bei ihr.

Ich sehe das Kind, und ich sehe, wie Renesmee die Konzentration stört. Meine und die der anderen. Einige Mütter spielen mit ihr, reden mit ihr, sind bei ihr und nicht beim Vortrag. Das ganze ist nervig, aber auszuhalten.

Ich erzähle vom »Wer ist Du?« und vom »Wer bin ich?«, von Identität, Grenzen, Würdekrone, Souveränität. Von Gleichwertigkeit, Augenhöhe, Selbstliebe und Co. Renesmee spielt mit dem Schlüsselbund und der Handtasche, bekommt Kekse und Fläschchen.

Wer ist wichtig, richtig, darf sein? Was ist verabredet, Konsens, Dissens? Ich bekomme mit, dass viele zuhören, oder eben nicht. Ich höre nicht auf zu erzählen, breite weiter aus. Es ist weiter nervig.

Pause nach einer Stunde. Habe ich nötig. Die Leiterin entschuldigt sich. »Aber sonst hätte diese Teilnehmerin nicht kommen können.« »Schon gut«, sage ich. Lege Bücher aus, entspanne mich. Welchen Blick habe ich auf die Kinder, die ich in meiner Erzählung leben lasse? Nun ja.

Was sehen die Teilnehmerinnen, mit den Gedanken, mit dem Herzen? Sehen sie die Krone? Sehen sie sich als Missionarinnen, die Kinder erst zu richtigen Menschen machen? Oder sehen sie sich als Gleichwertige, Kind unter Kindern, ein Leben lang? Haben sie überhaupt folgen können, bei so viel Renesmee?

Nach der Pause kommen wie immer die Fragen. Und meine Antworten. Wir sind weiter im großen Sitzkreis, 20 Mütter und ich. Und Renesmee. Während ich gefragt werde, bevor ich antworte, sehe ich das Kind.

Ich höre die Fragen und habe Sehzeit, weil ich ja mit der Antwort noch nicht dran bin. Ich sehe das Kind, wie es im Kreis hin- und herläuft, herumgeht – und ich bemerke, dass ich die Krone sehe!

Wo ist meine Anspannung, mein Ärger, mein Unwohlsein? Nicht mehr da – statt dessen sehe ich das leibhaftig vor mir, was ich gerade noch etwas angestrengt sichtbar machen wollte. Alles an dem Kind vor mir ist schlüssig, königlich, leicht, liebenswert.

Die Konzentration auf Renesmee lässt jetzt das in mir schwingen, was hier verhandelt wird. Es wird groß, großartig, einmalig. Ich habe dieses Kind nicht bestellt für diesen Nachmittag. Aber es ist da, geliefert vom Leben, und lehrt mich und die Teilnehmerinnen das, was ich mit meinem Vortrag aufscheinen lasse. Eine intensive, eine magische Allianz.

Mein Blick auf das Kind hat sich verändert. Statt Störung jetzt Unterstützung. Statt Unwohlsein jetzt Erstaunen, Ergriffenheit. Statt Belastung jetzt Gelassenheit. Statt »Geh« jetzt »Willkommen«.

Ich bin von dieser Verwandlung so verzaubert, dass ich erst im Nachgespräch mit der Leiterin dahinter komme, was da passiert ist. Mein Herz sieht Kinder ja so, und das »Ich bin genau so jemand« von dem Kind hier in den Raum geflüstert, hat mein »Kinder stören die Konzentration eines Vortrags« überwunden, mich erreicht, meinen Blick auf sie geändert.

Ihr wortloses »Hallo Hubertus« hat mich erreicht, Resonanz ausgelöst, mich »Hallo Renesmee« antworten lassen. Unsere Welten haben sich aus ihrer Gegensätzlichkeit gelöst.

Der Nachmittag war gut. Sehr gut. Viele nehmen etwas mit, wie es dann heißt. Es wird eine erfüllte und heitere Atmosphäre. Es gibt konkrete Beispiele, direkt zum Erleben: Renesmee nimmt eine Tablettendose aus der Handtasche. »Nein«, kurzer Protest – und vorbei. Grenzziehen ohne Herabsetzung.

Oder: sie hängt sich die Handtasche um den Hals. Die Nachbarin: »Gib her«, das geht problemlos. Ihre Mutter: »Das kann sie doch machen.« Tasche zurück, das Spiel geht weiter.

Die Unterschiedlichkeit der Grenzen wird deutlich. Und dass wir für unsere Grenzwahrung selbst zuständig sind. Alles mein Thema, aber jetzt nicht nur erklärt, sondern direkt gelebt. Und erfahrbar für den anderen Blick auf die Kinder, für den ich heute gekommen bin.

Tee im Zoo

Ich bin zu Besuch. Meine Enkeltochter Josephine (4) stürmt bei der Begrüßung auf mich zu. »Baust Du mit mir einen Zoo?« Ich will erst mal ankommen, ein wenig mit ihrer Mutter, meiner Tochter Elsa, plaudern, Tee trinken. Das Kind ist für mich noch nicht dran: »Nein, später. Erst trinke ich Tee.«

»Was soll ich machen, wenn ich merke, dass mein Sohn anderen Erwachsenen auf den Zeiger geht?« Frage beim Vortrag neulich.

»Nach Gefühl«, sage ich auf die Frage, »je nachdem, wie der Erwachsene reagiert. Wenn Sie merken, dass der andere sich unwohl fühlt, könnten Sie Ihr Kind zurückhalten. Wenn er den Abstand, den er will, selbst herstellt, müssen Sie nichts tun.«

»Sie können diesen Erwachsenen auch ganz sich selbst überlassen. Wenn sich dann in ihm etwas aufstaut und er auf einmal heftig reagiert und Ihr Kind anfährt, sollten Sie ihm das nicht übelnehmen. Vielleicht wartet er auf Ihre Hilfe. Vielleicht hat er aber auch so einen unguten Anspruch, dass Sie als Mutter eingreifen sollten. Müssen Sie nicht machen, können Sie machen.«

Wie gelassen können wir sein, wenn unsere Kinder die Grenzen der anderen überschreiten? Wenn deutlich wird, dass sie anderen zur Last fallen? Ist es Sache der anderen, sich zu wehren?

Wie viel Ärger kommt in mir hoch, wenn von den anderen der Anspruch kommt, ich hätte für das richtige (was immer das ist) Benehmen meiner Kinder zu sorgen? Ein »Ist doch nicht mein Problem« ist zwar wahr, aber unfreundlich. Nur, will ich mir das Problem eines anderen aufladen?

Elsa fragt mich: »Wird es Dir zu viel?« Sie will eingreifen. »Lass mal«, sage ich. »Das krieg ich schon hin.« »Okay«, sagt sie. Wir plaudern und trinken Tee.

Ich vertröste Josephine eine Weile. Sie spielt allein, kommt immer wieder zu mir. Dann setz ich mich zu ihr auf den Teppich, und wir haben eine sehr schöne entspannte Stunde miteinander im Zoo.

Warten am Zwischentor

»Ich warte!« Meine Kinder – Henrik (16) und Cornelius (14) – sollen bitte sehr aus dem Auto steigen, es geht zum Einkaufen. Aber sie spielen weiter mit dem Handy rum. Ich bin ausgestiegen und warte. Ungern. Ungerner. Noch ungerner. Ich öffne unsanft ihre Aussteigetür.

Dann kommt endlich Bewegung ins Feld. Einer steigt aus. Der andere noch nicht. Mein Warten wird schwer, explosiv. Dann kommt auch der zweite. Der Weg zum Geschäft ist lastig, wartelastig. Jedenfalls nicht unbeschwert und heiter. Die Sonne scheint zwar, aber nur am Himmel.

Wieso kann ich nicht warten? Einfach da sein und warten? Was bremst mich aus? Ich bin heute Vormittag gerne mit den Kindern in der Stadt. Wir haben etwas vor, Einkaufen und mal sehen. Doch ihr Nichtaussteigen vertreibt die Leichtigkeit des Seins.

Warten – welch grandioses Thema. Ein Lebensthema. Auf alles und jedes und jede und jeden wird gewartet. Dass er/sie/es kommen möge. Nicht kommen möge. Dass es vorbei ist. Dass es nicht vorbei ist. Endlos, uferlos. Und immer wieder mit diesem unangenehmen Ton dabei.

Wenn ich gut bei mir bin, mit den Wolken fliege oder die Sonne genieße, dann gelingt das Warten. Dann könnte ich die Kinder in ihrem Spiel sehen, auch jetzt, wo sie nicht aussteigen.

Sie sind doch in der Freude, in ihrem Spiel eben. Was muss ich das stören, zerstören durch meine Pläne, meine Eile, meine Ungeduld? Warum muss es jetzt nach mir gehen (»raus jetzt, sofort«) und nicht nach ihnen (»gleich, wir sind noch nicht fertig«)?

Ich bin da irgendwie auf ein ungutes Gleis geraten. Wirklich eilig ist es nämlich natürlich sowieso und niemals nicht. Ich sinne nach. Und merke, dass ich mich nicht ernst genommen fühle.

Dass ich mich von ihrem Spiel herabgesetzt fühle. Ausgebremst fühle. Blöd dastehe. So neben der offenen Autotür, mit dem Einkaufsbeutel in der Hand. Das ist ganz schön absurd, skurril, grotesk. Was macht sich da in mir breit?

Alte selbst erlittene Kindersachen. Gedrängt zu werden. Dauernd gedrängt zu werden. Von den Wichtigkeiten und Notwendigkeiten und Sowiesoigkeiten der Erwachsenen. Alles hatte aufzuhören, wenn die Großen am Zug waren. Sie warteten nicht. Sie *er*warteten.

Dass ich nämlich in die Spur komme. So, wie sie sich das wünschten, so ganz selbstverständlich, als Umgangsform von Groß und Klein. Wenn die Großen sagten, was zu passieren hatte, dann war ich am Zug, das auch zu tun. Subito!

So gingen und gehen Erwachsene mit Kindern eben um, als banale Basis. Erwachsene warten nicht auf Kinder. Es ist der Grundstandard. Ohne Worte. Wenn das Auto anhält, ich aussteige, dann steigen die Kinder auch aus. Handy aus und raus.

»Jedes Warten ist da unpassend, öffnet die Tür zum Unterordnen der eigenen Wichtigkeiten unter den Kram der Kinder. Kann man nicht durchgehen lassen. Führt ins Chaos. Ist völlig alltagsuntauglich.« Das kenne ich schon, meins ist es nicht – eigentlich.

Ich bin immerhin heute auf einer Zwischenstation angekommen. Ich kann es aushalten, bis sie kommen. Werde nicht massiv. Aber es ist sehr schwer. Immerhin kann ich sehen, was sie tun: sie spielen, sie spielen ja. Sie sind nicht irgendwie aufsässig. Sie spielen ja nur.

Und genau dieses Merken erreicht mich dann beim Gehen zum Geschäft, wie der Zauberglanz der Sonne. Es kommt an. Die Freude des Spielens, die Schmetterlinge aus dem Auto, das Glück des Handyspiels. Die Melodie des Lebens dringt bis zu mir vor, lacht mich an. Ich beruhige mich.

Und ich kann stehen bleiben, als sie sich einem Bettler zuwenden, der am Boden sitzt. Ich warte. Er spricht sie an, sie sehen zu mir, und ich gebe ihnen etwas für ihn. Sie freuen sich über sein »Danke« und seinen freundlichen Blick.

Habe ich es nicht eilig? Das hat sich erledigt. Ich warte. Und genieße die drei Menschen vor mir, wie sie miteinander zu tun haben, die Kinder und der Bettler. Ich werde beschenkt. Das Warten öffnet Zwischentore für Orte, die nicht vorgesehen, aber dennoch da sind, voller Wunder und Geschenke.

Handywelt

Wochenende mit Freunden, viele Kinder sind dabei. Viele Handys auch. Wir Eltern sehen, wie die Handys die Kinder im Griff haben. Oder haben die Kinder die Handys im Griff? Klar, wir kommen ins Gespräch über Kinder und Handys. Abends schreibe ich etwas dazu.

Wie viel Handy, Smartphone und Co darf in Kinderhänden sein? 1, 2, 3 Stunden am Tag? 24 Stunden? Ich habe gelernt, dazugelernt. Am besten finde ich heute die Allezeit-Position: die Kinder geben ihrem Handysein Raum, sie bestimmen selbst über ihre Handyzeit. Allezeit.

Wenn mir unbehaglich ist, sag ich das. Wenn ich es nicht mehr sehen kann, sag ich das. Was dann passiert? Mal sehen, je nachdem wie alles so spielt. Dann wird es ausgeschaltet – oder auch nicht.

Dann fühle ich mich missachtet oder auch nicht. Dann geht das Abendland unter oder auch nicht. Dann hau ich auf den Putz oder auch nicht. Situation, flexibel, wenn die Sonne scheint ist es anders als wenn es regnet.

Statt Brandenburger Tor: Handy. Statt Amsel: Handy. Statt Stadt-Land-Fluss: Handy. Geht ja gar nicht! Aber wenn sie so leben? Anders: Sie leben so. Sind in ihrer Welt unterwegs. Das Tor, die Amsel, das Spiel: kommen nicht zur rechten Zeit.

Jetzt kommt es: Wer bestimmt, wann rechte Zeit ist? Mein Ding? Hallo, wer bin ich denn! Die Kinder leben ihr Leben. Ich freue mich, dass sie da sind. Muss mehr sein? Mehr muss nicht sein.

Osterbesuch bei Freunden in Polen. Anna ist 16, voll in der Handywelt. Mittagessen. Gäste – wir – sind da. Alle sitzen am Tisch, es ist festlich. Anna: nicht da. Ihre Eltern: Voll entspannt. Absolut kein Thema, die Nicht-Anna. Wir beginnen. Anna kommt. Mit Handy. Setzt sich hin, Handytime. Drei Löffel Suppe, nebenbei. Hauptmahlzeit: Handy.

Und jetzt, so fantastisch, so magisch, so alle Bedenken niederreißend, so herzanrührend: Sie schmiegt ihren Kopf an den Arm ihres Vaters, er hält sie, er isst weiter, er unterhält sich weiter. Mehr Harmonie geht nicht. Nach drei weiteren Löffeln geht sie wieder. Es ist so … gut einfach.

»Es ist ihre Welt. Ihr Leben. Wir sehen ein bisschen in ihre Zukunft. Wir sind dabei. Sie gestaltet ihr Leben.« Ihr Vater liebt sie, sie fühlt sich bei ihm wohl, er fühlt sich bei ihr wohl. Diese Familie hat absolut kein Handyproblem.

»Macht sie auch noch mal was anderes?«, frage ich. Brandenburger Tor, Amsel, Stadt-Land-Fluss. Meine Dunkelwelt zerrt an mir. Ihr Vater erzählt mir, was sie alles macht: Tor,

Amsel, Spiel. Sie ist kein Alien. Sie ist Anna. Ein ganz normales Kind.

Bildungsreise

Neulich war ich mit meinen Enkelkindern Lotte (5) und Jonas (3) im Museum für Naturkunde. Alles dort ist sehr anspruchsvoll eingerichtet. Schwerpunkte Weltraum, Wasser, Indigene Nordamerikas. Gut gemacht für das akademische Publikum dieser Universitätsstadt. Aber für Kinder?

Mein Sohn Jakob wollte mit mir gerne die Wasserausstellung ansehen, aber wir haben uns lieber von den Kindern leiten lassen. Die Kinder nehmen sich immer das Ihre mit. So wie wir das ja auch machen.

Als ich mit den Teenagern vorige Woche in »The LEGO Batman Movie« war – angesagter Kinofilm –, habe ich mir auch das Meine rausgezogen. Das war etwas anderes als das, was den Teenies wichtig war. Habe ich gemerkt, als sie hinterher über den Film fachsimpelten.

Die beiden Kleinen waren also in einer akademischen Welt unterwegs. Jonas sauste ein paar Mal die Rampe für Rollstuhlfahrer runter. Fand er toll! Und saß dann vor dem Video über Wasserangelegenheiten. Da gab es afrikanische Welt und Brunnentechnik.

Dann: Das riesige Walskelett hat ihn beeindruckt. Und die gefährlichen Zähne des Braunbären. Und irgendwelche Leuchtgeschichten.

Andere Kinder in seinem Alter nutzten diesen Bildungstempel mit viel Spaß und Rumrennen als Erlebnisbühne. Bildungsreise der besonderen Art. Die Gelassenheit der Eltern und der Museumsleute bei dem Kindergewusel fand ich nun wiederum beeindruckend. Meine Bildungsreise.

Lotte war woanders als Jonas. Sie tauchte in die Inhalte ein und stellte viele Fragen. Es gab auch ein Bild von indigenen Kindern mit ihren Fahrrädern. »Papa, fahren die Rad?« »Ja klar, wie Du.« Lotte war beeindruckt.

Die indigene Welt des Heute war bei ihr angekommen. Das war schon anderes als das, was in den Kinderbüchern zu finden ist, Federschmuck, Tipi, Bison und Co. »Die sind ja wie ich.«

Die Bildungsreise ging weiter: Ein Film über neue Büffelherden, Interview mit einem Enkel der sechsten Generation von Sitting Bull. Er freut sich: »Es ist gut, dass Bisons zum Verkaufen gezüchtet werden. Ob die Cowboys weiß, rot, schwarz oder gelb sind, spielt keine Rolle. Hauptsache, die Büffel sind wieder da.«

Rampe nach Afrika und Amerika: Ich war lange nicht mehr auf einer Bildungsreise.

Schulsteine und Sportzeug

Alex ist sieben. Heute erzählte mir seine Mutter Anne von »Steinen«. Die Lehrerin hatte den Kindern vor vier Wochen ein leeres Heft mit nach Hause gegeben. Sie sollten sich ein Thema aussuchen, darüber etwas ins Heft schreiben und illustrieren, und dann ihre Arbeiten in der Klasse vorstellen.

Alle stellten gestern ihre Hefte vor. Anschließend wurden die Hefte auf einen freigeräumten Platz in die Mitte des Klassenzimmers gelegt. Alle konnten sich die Arbeiten ansehen. Und sie dann so bewerten: Jedes Kind hatte einen kleinen Stein. Den legte es auf das Heft, das ihm am besten gefiel.

Es kam, wie es kommen musste: einige Hefte hatten viele Steine, einige wenige, einige keine. Aber was hatte sich die Lehrerin um alles in der Welt dabei gedacht? Hatte sie in ihrer Ausbildung nicht ein Mindestmaß an Psychologie gelernt?

Hatte ihr die »gute Idee« den Blick auf das verstellt, was bei den Kindern ablaufen musste? Strahlende Gesichter: »Ich habe viele Steine bekommen!« Wortloses Blicksenken: »Ich habe keinen Stein bekommen.«

Was geht im Untergrund, in der Seele ab? Konkurrenzdenken fördern. »Ich bin besser als Du, ich habe mehr Steine!« Versagensängste fördern. »Ich habe keinen Stein und tauge nichts!«

Angeberei in die Klasse tragen. Schlechte bestrafen und Minderwertigkeitsgefühle produzieren. Motivieren der Starken auf Kosten der Schwachen. Demotivieren von eh schon Schwachen.

Die Mutter war entsetzt. »Mein Sohn hat gesagt, dass das schon seit der ersten Klasse so geht. Er hat bis heute noch nichts davon erzählt – er nimmt das als Standard. Ich glaub's nicht!«

*

An einem anderen Tag kommt Alex mit diesem Zettel nach Hause: »Sport ist gesund und gut für den Körper. Darum ist es schade, dass ich mein Sportzeug vergessen habe.«

Er soll ihn abschreiben. Wie oft, habe ich nicht mitbekommen. Einmal, zehnmal, hundertmal? Was denkt sich die Lehrerin dabei, eigentlich? Wie erlebt sie sich vor dem jungen Menschen?

Wie sieht sie Kinder? Haben Kinder eine Würde, gar eine unantastbare?

Die Lehrerin will eine Veränderung in dem Jungen. In seinem Vergesslichkeitskopf, in seiner Seele. Sie ist die kluge Missionarin, die dem kleinen Menschlein zeigt, wo es lang geht. Im Sportunterricht, bei ihr als Managerin seiner Arme und Beine, seiner Beweglichkeit und Muskeln.

Macht so etwas gesund, Freude, Spaß? Was passiert da, bei dieser Abgesandten unserer Kultur, einer Lehrerin? Ausgebildet mit viel öffentlichem Geld an einer Universität?

Wie viele Vorlesungen und Seminare hat sie mitgemacht? Wie viele Professoren hatten mit ihr zu tun, Einfluss auf sie genommen? Wie sind ihre Freundinnen gestrickt? Was denken die alle eigentlich von Kindern? Sind Kinder Trottel, Dumpfbacken, Biester, Bildungsmaterial?

Ich glaube mal, dass diese Sportzeugvergessekinder echt anstrengend für solche Lehrer sind. So anstrengend, dass Grundlegendes auf der Strecke bleibt. Der gute Ton – dahin. Einfühlung – dahin. Vorbildlichkeit – dahin. Freundlichkeit – dahin. Mut machen – dahin. Statt dessen Drama, Draufhauen, Bloßstellen, Schimpf und Schande.

So eine Lehrerin will ich nicht an meine Kinder heranlassen. Wie konnte so eine Lehrerin die Prüfungen überstehen, die vielen Begutachtungen in ihrer Referendarzeit? Oder sind sie alle so?

Die Professoren, die Bücher, die Freundinnen? Das ganze System Schule? Ist so ein kleiner Zettel »Sport ist gesund …« ganz einfach eine Systemselbstverständlichkeit? Und nur seine Mutter und ich finden etwas dabei?

Der Junge war super. Hat sich davon nichts angesteckt. War belustigt. Abgeschrieben hat er ihn trotzdem. »Dem Kaiser geben, was des Kaisers ist.« Na gut, wenn er so stabil ist, wenn er in einem schützenden Zuhause aufwächst.

Ich aber habe den großen Blick. Da hat sich doch in den 1000 Jahren, in denen ich dabei bin, nichts geändert. Nichts wirklich. Die Würde des Kindes ist immer noch antastbar.

Zettel statt Stock, schon klar. Doch das Subtile ist von eigener Gefahr. Noch schwerer zu erkennen. Modischer Nebel liegt über dem ganzen gruseligen Schulland. »Die Sportlehrerin ist doch eine Nette«, höre ich von den Eltern.

Mein Tag

Herbstferien. Ich bin mit meinen Kindern Henrik (11) und Cornelius (9) im Harz unterwegs. Wir besuchen eine Quelle, eine heilige Quelle der Kelten und Germanen. Ich fahre immer mal wieder hin zum nächtlichen Meditieren. Jetzt sind wir am Tag hier – Sonne, Wald, Bucheckern. Und die Quelle.

Wie ich die Kinder da so vor mir sehe, an diesem geheimnisvollen Ort. Sie sind in ihrem Spiel, unbefangen. Die Macht der Geschichte und die Tiefe der spirituellen Präsenz tun ihnen nichts. In mir verbindet sich etwas: das Leben der Kinder und die Botschaft des Ortes.

»Wer aus mir trinkt, der wird ein Reh.« Quellen erzählen viel. Was höre ich jetzt? »Schau zu Dir und den Kindern – es ist Dein Tag.« Ich höre, bin erstaunt und verstehe dann. Wie oft ist ein Tag mein Tag?

Das Gefühl, nach fremden Regeln durch den Tag zu gehen. Nicht das Eigentliche tun, sondern irgendwie immer und immer wieder Fremdes. Dinge tun, die ich zwar nicht wirklich tun muss, die ich aber tue. Wegen der Selbstverständlichkeiten und der Vorteile und der Nachteile.

Ist dies mein Tag, meine Zeit? Bin ich jetzt bei mir? Ja doch – wie ich die Kinder hier im Sonnenwald sehe, wie ich sie mitgebracht habe zu diesem wichtigen Platz, wie wir der Quelle zuhören und aus ihr trinken. Das alles ist meins, so will ich sein. Es wird mir bewusst und es dringt in mein Herz. Ich fühle mich beschenkt. Ich bin bei mir: so soll es sein.

Es ist nur eben oft anders. Wie viele meiner Tage waren meine Tage? Wie war das in der Kindheit? Sind die Schulvormittage von den beiden Kindern vor mir ihre Tage? Jetzt sind Ferien, heute ist die Selbstverständlichkeit *ihres* Tages machtvoll.

Aber es kann eben auch anders, ganz anders sein. Dann macht es sich breit, dass wir nicht mehr uns gehören. Schule ist nur ein Beispiel.

Jeder ist immer sein eigener Chef, das ist schon wahr. Aber dieses Gefühl aus dem Grund des Selbst ist oft sehr dünn. Und auch diesen Verlust zu bemerken entgleitet leicht. Es fühlt sich dann alles einfach nicht so gut an, und der Tag wird fremd.

Immerhin: Meine Wahrnehmungen kann ich oft annehmen, das hilft, und die Selbstliebe kehrt zurück. Hier an der Quelle geht es mir gut, mein Taggefühl ist schlüssig. Ich gebe mich frei und freue mich.

Und ich schlage den Bogen zu den vielen Menschen, die seit Tausenden von Jahren hierher gekommen sind. Wie war das wohl mit »ihrem Tag«? Hier, an der Quelle? Lebten sie wie ich jetzt bei sich, in Harmonie mit sich?

Ich konzentriere mich: was will ich denn wissen? Es relativiert sich alles, wenn ich an so viele Menschen denke. Da richte ich mich wieder auf uns drei im Hier und Jetzt: Wir haben eine gute Zeit. Dies ist mein Tag.

Da bist Du ja!

Wir spielen Verstecken. Die fünf Kinder sind zwischen sieben und sechzehn, eine Erwachsene und ich. Es ist spät, Mitternacht vorbei. Wir sind bei einem Freund zu Besuch, in einem großen alten Haus mit Keller und Geheimgang. Alle Lichter sind aus, ich bin dran mit Suchen.

Ich suche im Dunkeln, die Taschenlampe will ich nicht. Es soll richtig spannend sein. Für mich und die Kinder. Ich taste mich im Dunkeln durch die Räume, vorsichtig.

Die lang zurückliegenden Erwartungs-Schreck-Gefühle machen sich in mir breit: Wenn es passiert, wenn ich jemanden berühre, wenn ich mich erschrecke, wenn ich mich stoße, wenn ich stolpere …

Als ich dann tatsächlich im finstersten Keller an jemanden stoße – echt jetzt, das Gefühl! Dann muss ich ihn auch noch im Dunkeln erkennen, nur fühlen. Sehen und reden ist nicht. Geschafft: »Du bist es!«

Und dann geht es weiter auf die Jagd! In der Flurgarderobe taste ich herum, da ist nichts, ich will aufgeben. »Buaaa!!!« – vor Schreck fahre ich zurück. Die Versteckte fühlte sich entdeckt und ruft drauflos. Oh Mann! Worauf habe ich mich da eingelassen? Herrliche Gefühle, Grusel-Schreck-Lust. Wir lachen lauthals.

Dann finde ich niemanden mehr, dann mache ich die Taschenlampe doch an und finde immer noch niemanden. Schöne Pleite. Aber auch wieder so gut: »Du hast mich nicht gemerkt, ich lag genau da, wo Du das Kissen weggezogen hast. War das spannend!«

»Und ich war in der Kiste, Du hast am Deckel rumgemacht, aber nicht reingesehen. Ich bin fast gestorben!« »Stimmt, für die Kiste warst Du doch viel zu groß.« »War ich aber nicht.« Wir lachen.

Als ich mich dann selbst verstecke. Und unter der Bettdecke sofort entdeckt werde. Wie blöd, kein gutes Versteck. Als ich beim nächsten Mal im Stockdunkeln im Geheimgang hinter einer Tür regungslos aushalte. Als dann niemand kommt.

Als ich Piep mache wie das Mäuschen. Und die Taschenlampe näher und näher kommt. Und ich die Luft anhalte. Ha, nichts gemerkt! Aber: »Da bist Du ja!« Heiliger Schreck! Sie hat mich! »Ich seh Dich durch den Türspalt.«

Als das dann alles so passiert – da wird mir das ganze Szenario gegenwärtig, so, wie es damals war. Und ich merke, dass die Kinder genau dort unterwegs sind. Ich bekomme es mit, ich bin dafür bereit, es schwingt in mir.

Ich sage dazu nichts, höre mir ihre Geschichten und Abenteuer an, bin Gast in ihrem Land, bin mit ihnen, bei ihnen, fliege über die Jahre hinweg in ihr Spiel, fühle mich willkommen, bin da, angekommen und glücklich.

Charlottes Wege im Paradies

Spaziergang mit Freunden, mit Stefan und Friederike. Ich gehe mit ihrer Tochter Charlotte (2) voraus. Charlotte fällt hin und hat sich die Haut aufgeschürft. Sie blutet ein wenig und weint.

Was kann ich jemandem Gutes tun, der sich weh getan hat? Soll ich Charlotte auf den Arm nehmen? Soll ich es wegreden? »Ist doch nicht so schlimm« oder »Zeig mal« oder »Das hätte aber auch schlimmer ausgehen können« oder »Tut es sehr weh?«.

Begrüße ich den Schmerz des Kindes mit der gebotenen Höflichkeit? Lehne ich ihn ab? Sehe ich nur Komplikationen? Ist die Ruhe des Spaziergangs dahin? Wie geht es mir? Bin ich verärgert? Bin ich hilflos? »Auch das noch« oder »Wieso denn?« oder »Ausgerechnet jetzt«.

Reagiere ich gelassen? Sollte ich gelassen reagieren? Ist Gelassenheit nicht zu kalt und unpersönlich? Kann ich persönlich und gelassen sein? Wenn ich erschrecke, macht ihr das noch mehr Angst. Wenn ich Trostformeln sage wie »Heile, heile Gänschen« – was tue ich damit? Ist so etwas ein guter Zauber für kleine Kinder?

Was will ich erreichen? Soll Charlotte wieder lachen? Soll sie den Schmerz verlieren, vergessen? Was habe ich gegen Schmerz? Was ist eigentlich überhaupt gegen Schmerz zu sagen? Aber wie kann man nur so etwas fragen! Doch gehört Schmerz nicht zum Leben dazu?

Charlotte fällt hin und es tut ihr weh. Ich bin dabei. Ich helfe ihr auf. Ich tupfe das Blut ab. Ich sehe sie an. Ich nehme sie auf den Arm. Worte? Wozu? Welche Worte?

Wie kann ich jemandem beistehen, der in Not ist? Andersherum: Wie will ich, dass mir beigestanden wird, wenn ich in Not bin? Ich falle hin, die Haut ist aufgeschürft, ich blute. Du bist dabei. Du hilfst mir auf und gibst mir ein Taschentuch, um das Blut abzutupfen. Was wünsche ich, dass Du sagst? Was solltest Du tun, damit es mich tröstet?

Was wollen wir für Hilfe, was wollen wir für Trost? Was will ich, was willst Du? Wer sind wir, wenn wir Trost brauchen? Sollte man das wissen? Will ich wissen, wer ich bin, wenn ich Trost und Hilfe brauche? Ich habe Not und Schmerz, und Du bist dabei. Und ich wünsche mir jetzt von Dir …

Es hängt davon ab, wer Du bist, wer Du in meinem Leben bist. Wie unsere Beziehung ist. Wem ich mich anvertrauen kann, zeigen kann. Wen ich in mein Herz sehen lassen kann, in meine Not und in meinen Schmerz. Wen hätte ich gerne dabei, wenn ich gleich hinfallen werde? Wen wünsche ich um mich herum? In guten wie in schlechten Zeiten?

Charlotte fällt hin, ich bin dabei. Hat sie mich ausgesucht? Man muss nehmen, was da ist, und jetzt bin ich da. Und es wird etwas geschehen, mit uns. Sie erlebt ihren Schmerz in meiner Gegenwart, ich erlebe ihren Schmerz in meiner Präsenz. Meine Antwort kommt aus mir und meiner Beziehung zu ihr, aus unserer beider Realität.

Also: Charlotte fällt hin und ich bin dabei. Sie ist zwei Jahre alt, wir kennen uns ein wenig, ich habe mich über diesen jungen Menschen vor mir eine halbe Stunde lang gefreut, auf unserem Spaziergang. Ich habe ihre Souveränität und Lebendigkeit, ihre Selbstverständlichkeit und ihre Sanftheit wahrgenommen und aufgenommen.

Ich habe ihr ohne Worte gesagt, dass mir ihre Gegenwart gut tut. Und ich habe von ihr ohne Worte gehört, dass es für sie okay ist, wenn ich auf dem Spaziergang mit dabei bin. Ich bin dabei, und ich bin einbezogen.

Und so antworte ich auf ihren Schmerz: »Willst du noch einen Keks?« Und ich sage mit dem Herzen: »Das Leben geht weiter, auch mit blutender Haut. Wo waren wir eben? Wir haben Kekse auf dem Spaziergang gegessen. Ein Keks ist eine feine Sache. Er schmeckt.«

»Schmerz schmeckt nicht. Aber kommt vor. Wenn man hinfällt. Es tut dann weh. Wer hat das gerne? Man kann ihm nicht ausweichen, aber natürlich geht er auch wieder.« Und ich nehme sie auf den Arm, trage sie ein Stück, frage »Okay?« Sie nickt. Ich setze sie ab und gebe sie dem bunten Leben zurück.

Und ich? Ich rede mit dem nächsten Stein, über den sie stolpern könnte, und mit der nächsten Distel, die sie stechen könnte, um sie ein wenig abzulenken, diese Hindernisse auf Charlottes Wegen im Paradies.

Melanie

Melanie, ein Kind aus meinem Forschungsprojekt, ist drei Jahre alt, als wir an einem schönen Sommertag auf der Wiese am Fluss sitzen. Melanie, ihre Mutter Kerstin und zwei Freundinnen. Und ich. Melanies Mutter will in der üblichen Art ihrer Tochter vermitteln, wie gefährlich es ist, nah an der steilen Uferböschung zu spielen.

Sie erklärt und warnt. Melanie reagiert typisch. Sie sieht vor sich hin, dreht sich weg und signalisiert deutlich: »Lass mich in Ruhe, ich komme zurecht.«

Ich schweige und beobachte. Und ich biete mich – wortlos, ohne Aktion – Melanie an, falls sie nach mir suchen sollte. Melanie beginnt mit mir zu spielen. Die Böschungsfrage ist ungelöst. Kerstin vertraut mir jetzt ihre Tochter an und wendet sich ihren Freundinnen zu.

Ich komme mit Melanie näher zur Böschung. In mir ist keine Angst und kein Anspruch, stellvertretend für dieses selbstverantwortliche Geschöpf des Universums die Entscheidungen »zu Deinem Besten« treffen zu müssen. Ich traue ihr zu, die Böschungsfrage selbst richtig zu entscheiden.

Und ich weiß auch, dass ich mich in einem Unglücksfall auf mich verlassen kann. Melanie und ich: Wir beide können uns auf die Situation und aufeinander einlassen.

Und dann erlebe ich, wie sich ein junger Mensch von drei Jahren mit dem Fluss, den Strudeln, der Gefahr, dem Risiko, dem Steinewerfen, den Blumen, der Sonne, dem Wind beschäftigt. Wie sie lebt, lacht, ängstlich ist, mutig ist, stolz ist, sich erkundet und die Welt begreift.

Wir sind in einer vertrauten, sehr nahen Beziehung, und es ist etwas von Achtung, Geheimnis und Andacht zwischen uns. Obwohl sie nichts direkt mit mir tut und ich ihr nur gelegentlich Grasbatzen lockermache zum Hineinwerfen, erleben wir dabei auch uns.

Die anderen sind vergessen, und wir begegnen uns als gleichwertige und freie Menschen in einer tiefen emotionalen Dimension. So, wie sie sich vertraut, kann ich mir und ihr vertrauen.

Ihr Selbstvertrauen erreicht mich ungehindert, fegt das Bedenken, dass sie zu Schaden kommen könnte, fort. Und bestätigt das tief in mir lebende Gefühl aus meiner eigenen Kindheit, dass jeder von uns ein König und eine Königin ist – ein Ebenbild Gottes. Ich spüre ihre Kraft und ihre Stärke – so, wie ich mir in ihrer Gegenwart selbst sicher bin.

Sommerschaukel

Die Schaukel ist beschmiert. Mit Matsch und Lehm. Lucas und Ferdinand, beide sechs, haben sich darüber hergemacht. Die anderen Kinder sind nicht begeistert. Ich auch nicht.

Wir sind auf dem Sommer-Camp. Wieso hat das keiner verhindert? Einige Erwachsene haben das doch gesehen! Wir besprechen abends im Erwachsenenkreis die Szene – und dann werde ich nachdenklich.

Es gibt bei so etwas wie der beschmierten Schaukel zu wenig Raum für freundliche Reaktionen, nachsichtiges Begleiten, humorvolles Lächeln. Es gibt diesen Raum schon in uns, aber seine Tür ist sehr verborgen.

Das Offensichtliche drängt sich vor und ist sofort da: »Was soll das?« »So ein Unsinn!« Ablehnung, Herabstufung, Korrektur. Mit zugehörigem Druck: falsch, schlecht, unmöglich.

Wenn die Kinder den Tag unterwegs sind, hinterlassen sie immer ihre Spuren. Chaotische Zimmer, klatschnasse Pullover, saudreckige Stiefel. Aber es sind Zimmer! Pullover! Stiefel! »Chaotisch«, »klatschnass«, »saudreckig« sind die Blicke aus dem Ablehnungsraum.

Schnell zur Hand, aber eben nicht die einzige Sicht der Dinge. Das Zimmer, der Pullover, die Stiefel: sie erzählen so viel. Von der Energie, Freude, dem Weg und dem Leben der Kinder. Warum sehe ich das nicht?

Ich sehe es ja. Jetzt, beim Nachdenken. Im Alltagsbetrieb sehen wir das weniger. Fixiert, gebannt, festgenagelt auf das Szenario »Unangenehm«. Dies ist in uns gefahren, über uns gekommen, gelernt: als wir Kinder waren und die Reaktionen und Kommentare der Großen erlebten, zu unserem Gang durch den Tag.

Wir machen das jetzt nach, als Große. Nur: dass es nicht gut tut. Mir nicht und den Kindern nicht. Und: dass ich das bemerken kann. Und: diesen Raum verlassen kann.

Die rote Ampel. Die vergessene Bescheinigung. Das Brot ausverkauft. Endlos. Ärger anziehend wie Kuhfladen die Fliegen. Automatisch. Und genau da denke ich jetzt dazwischen: Ich muss diesen Automatismus ins Unangenehme nicht in mir stattfinden lassen. Kann ich – muss ich aber nicht.

Ich bin der Chef – wie immer. Ja: rot, vergessen, ausverkauft. Was ist dabei? Rot: unverhoffte Pause, vergessen: dann eben nochmal, kein Brot: gibt's halt Müsli. Ich muss mich doch nicht aus meiner Freude drängen lassen.

Matsch auf der Schaukel? Meine Güte: Problem? Wasser, Eimer, Bürste, eine kleine ungeplante Unterbrechung der Alltagskramerei. Eine geschenkte Zeit. Zum Nachsinnen, Haltmachen, Sonne und Sommerwolken genießen. Und vielleicht helfen die Kinder ja.

Wir sind ungewohnt, positiv zu reagieren. Generell! In die Freude zu gehen. In der Freude zu bleiben. Die Freude auszukosten. Wir mögen dies oft nicht und tun es als Schönreden ab. Das Abtun ist ja nicht verboten. Nur: schmeckt das?

Nein, es schmeckt nicht! Warum sollte ich ekliges Zeug essen? Warum eigentlich interpretieren wir so eklig? Sind wir eklig geworden? Die Blicke von Lucas und Ferdinand nach meinem Blick waren eindeutig. Ich war angematscht wie die Schaukel.

Jetzt nehme ich meine Zauberei und der dreckige Ekel verschwindet. Heile Welt lässt sich immer hervorholen. Generell!

Fragt sich, ob man das sieht und den Mut dazu hat. Denn so etwas ist mit Bann belegt. Bann aus der Kindheit, aus dem Modus des Schlechtredens und Schimpfens.

Das lasse ich hinter mir, jetzt, beim Besprechen mit den anderen. Halte ihrer Verblüffung stand und empfehle mehr davon. Mehr von dieser Heilen Welt. Mehr Sonne und Sommerwolken.

Kletterbaum

Der Kletterbaum ist eine alte Eiche mit wunderschönen Kletterästen. Für große und für kleine Kinder. Nora ist vier, wir kommen zum Kletterbaum. Der Stamm ist für das Kind zu mächtig, die Äste sind unerreichbar. »Ich komm nicht dran.«

Ich bekomme das mit, bin aber im Gespräch mit ihrer Mutter Mary Ellen. Auch sie bekommt das mit, ist aber im Gespräch mit mir. Noras Tonlage ist deutlich. Sie will nicht den Baum, denke ich, sie will Kletter-Event.

Wir Erwachsene sehen uns kurz an und setzen unser Gespräch fort. Nora hängt irgendwie am Stamm fest, kein Ast erreichbar, zufrieden sieht sie nicht aus. Sollen wir uns nicht doch kümmern?

Oder sollen wir sie ihre Erfahrungen selbst machen lassen? Das heißt uns raushalten, damit sie ihre eigenen Möglichkeiten, Wege, Umwege, Unwege, Dochwege kennenlernt? Damit sie lernt, überhaupt?

Mir sind derartige Überlegungen zum Besten der Kinder bekannt, nur zu gut bekannt. Die Situation ist für so eine pädagogische entwicklungsfördernde Aktion geradezu klassisch. Raushalten zum Besten des Kindes. Aber ich bin da ganz woanders.

Ich nehme sie und mich jenseits ihrer Töne und jenseits dieser Förderüberlegungen wahr. Ich bin hier draußen am Baum, Mary Ellen ist hier draußen am Baum, Nora ist hier draußen am Baum. Jeder tut seine Dinge.

Die Großen spielen das Leben: diesmal reden, das Kind spielt das Leben: diesmal kletterbaumen. Lassen wir Nora im Stich? Geben wir Nora die Chance? Sind wir gemein? Sind wir hilfreich?

Was will ich wirklich? Ich merke, dass es mir jetzt gerade nicht recht ist, aus dem Gespräch mit ihrer Mutter auszusteigen. Einmal zum Ast heben reicht ja nicht, das wird noch ein Ast, viele Äste – und das Gespräch ist vorbei.

Will ich nicht. Ich will noch nicht einmal etwas sagen, ich will eigentlich nicht einmal dahindenken. Jetzt gerade nicht. Nachher kann das anders sein, aber jetzt nicht.

Ich schaffe es, bei mir zu bleiben und nach dem Aufnehmen von Noras Botschaft und dem kurzen Blickaustausch mit Mary Ellen weiter in meine Gedankenwelt und unsere Unterhaltungswelt zu wandern. Ich bin stark und standhaft, dieser mächtigen Kindesforderung ein freundliches authentisches Nein zu schenken.

Unser beider Nein schwingt zu den Kind. Ohne jedes Wort. Sicher weiß Nora, dass wir sie gehört haben. Sie wird sich ihre eigenen Gedanken dazu machen. Macht sie auch: sie fängt an, sich mit dem Unmöglichen zu beschäftigen.

Die Rinde lässt sich klammern, der erste Ast kommt ins Greifbare. Schon ist sie hoch, höher, noch höher: Ast sieben. Da sitzt sie und schaut umher. Sie lacht, und der Baum sieht glücklich aus.

Als Nora beim Runterklettern festhängt, kommt ein Angstton. Beiläufig hebt Mary Ellen sie nach unten. Nora geht zur Bank, auf der wir sitzen, und kuschelt sich an ihre Mutter. Sie schaut zum Zitronenfalter und fliegt mit ihm in seine, ihre, unsere Welt.

Radtour

Ich will mit meinen Kindern eine Radtour machen, mit Jakob (9), Marie (7) und Elsa (7). Jakob und Marie wollen mit, doch Elsa will lieber zu Hause bleiben. Aber nicht allein. »Was willst Du? Mitkommen oder dableiben?«

Mir ist nicht wohl dabei. Wer ohne Lust eine Radtour macht, wird es nicht lange aushalten, und die anderen sind dann genervt. Das ist jedenfalls meine Befürchtung.

Elsa kommt mit. Aber sie hängt nach und freut sich weder über die Kühe noch über die Fohlen. Sie zockelt hinterher. Die Fröhlichkeit von uns drei anderen nimmt nach und nach ab: ihretwegen.

Es ist nicht so, dass wir sie verurteilen. Nur – wie sollen wir fröhlich sein, wenn einer betrübt ist? Beim nächsten Berg ist es dann soweit: Elsa kommt nicht. Wir halten an und warten. Dann kommt sie.

Jetzt führt kein Weg mehr daran vorbei, ich will Klarheit haben. Noch mal: Dass sie eben keine Lust auf die Radtour hat. Aber wir. Dass sie lieber zu Hause spielen will, aber nicht allein. Aber wir wollen ihretwegen nicht auf die Tour verzichten.

Auf mein »Was willst Du denn jetzt? Nach Hause, und zwar allein, oder mitfahren?« kommt nichts Genaues. Klar ist: Sie will nach Hause, und zwar mit uns. Aber wir wollen fahren, mit ihr oder ohne sie.

Was nun? Weiterfahren mit Elsa? Noch zwei Stunden das aushalten? Abbrechen und nach Hause fahren? Jakob und Marie sind gelassen: »Dann fahren wir eben zurück.« Sehr zufrieden sehen sie dabei aber nicht aus.

Was will ich – was will ich wirklich? Mit den Kindern schöne Zeit verbringen. Geht das so? Nein. Denn eins der Kinder will es so nicht. Meine Radtour ist gemessen an dem, was ich will (mit den Kindern schöne Zeit verbringen) unrealistisch. Bamm. Da liegt er, der Baumstamm, über dem Weg. Ich komme nicht rüber, weiß keinen Rat.

Also? Also keine Radtour. Schwer, aber es kommt, ich halte mich an und erkenne die Realität: So geht es nicht. Ärgerlich, aber wahr. Und deswegen schon etwas weniger ärgerlich.

»Ja, wenn Du absolut nicht willst …« Ich sage das wirklich ohne Druck, doch wollen zu sollen. Aber ich sage auch und beschönige da nichts, dass ich lieber weiterfahren würde. Nur, dass es uns ja auch keinen Spaß macht, wenn einer dabei ist, der keine Lust hat. Aber dass ich auch nicht richtig sauer bin. Nur nicht gerade erfreut.

In mir schwingt keine Schuldzuweisung, aber auch kein Verniedlichen. Diese Psychologie ist fein, sie liegt haarscharf neben dem »Du bist schuld«. Wir sagen uns von Souverän zu Souverän, was zu sagen ist. Ohne Oben-Unten. Ohne Anspruchsdenken. Von Person zu Person. Elsa und Hubertus, Hubertus und Elsa.

Wir stehen da und haben unser Dilemma. Energie, Kräfte, Gefühle, Sonne, Wind, Stress, Leidtun, Blumen, Warten. Ich spüre, dass ich mein Rad umdrehen werde. Marie und Jakob drehen ihre Räder bereits um.

Stillstand, Ohnmacht, keine Idee mehr, und: die neue Richtung beginnt, der Stillstand ist überwunden. »Ja, dann …« Wie können wir uns freuen, wenn einer unglücklich ist? »Dann los, nach Hause.« So ist das Leben! Angenommen. Okay.

»Ich glaub, ich schaff es doch.« »Waas?« »Ich komm mit.« Na dann! So ist das Leben! Luftholen, durchatmen, kein Kommentar. Auf geht's. Elsa summt vor sich hin und fährt den Berg rauf, ich schiebe. Die restlichen Stunden ist sie gut drauf, und wir anderen auch.

Die rote Chipsrolle

Wir machen Ferien in Großbritannien, meine Frau Veronika, Jakob (9), Marie (7) und ich. Eines Tages fahren wir mit der Fähre weiter zu den Äußeren Hebriden. Wir besuchen den Leuchtturm Butt of Lewis und fahren einige Tage später mit der Fähre wieder zurück nach Schottland, Hafen Ullapool.

Wir verlassen den Hafen, es soll nun zum Loch Ness gehen. Nach einer halben Stunde: »Mein Stickzeug ist nicht da.« Marie hat Stickgarn mit und knüpft damit auf der ganzen Reise bunte Freundschaftsbänder. Aber jetzt ist es nicht wie gewohnt neben ihr im Auto.

Während wir weiterfahren, überlegen wir, wo es sein könnte. Schließlich halte ich an und suche die voll bepackte Rückbank ab, aber es ist kein Stickzeug da. »Jetzt überlege mal, wann hast Du es zuletzt gesehen?« »Auf der Fähre.«

Stimmt, ich erinnere mich, Marie hat es dort benutzt, vor ihr auf dem Tisch. Dann kam es wie immer in eine leere rote Chipsrolle. Ich sehe alles deutlich vor mir. Kurz vor dem Aussteigen stand die rote Rolle neben Marie auf der Bank, auf der wir gesessen hatten.

»Hast Du vergessen, sie von der Bank mitzunehmen?« Es kommt keine Antwort, der Kummer ist zu groß.

Na ja, weg ist weg. Aber ich kann das nicht! Da muss mehr gehen! Ich habe beim Aussteigen den Reinigungsdienst gesehen, die Frauen packten alles Liegengebliebene von Tischen und Bänken in große blaue Müllsäcke. Sie mussten die Chipsrolle für das gehalten haben, was offensichtlich war: Müll, auf der Bank zurückgelassen. Eingepackt und weg.

Eine verwegene Idee meldet sich in mir: Wenn ich die Müllsäcke untersuche? Ja, im Film, aber nicht in der Realität. »Wir könnten zurückfahren und ich untersuche die Müllsäcke«, sage ich trotzdem. »In einem müsste Dein Stickzeug sein.« Aber so eine Trostbemerkung ist doch unfair. Unfair?

»So ein Quatsch.« Die Stimmung im Auto ist entsprechend deutlich. »Außerdem sind wir schon viel zu weit weg.« In mir nimmt es Schwung. »Ich könnte es doch versuchen.« Aber »Das klappt doch nie« breitet sich weiter aus.

Ich will Marie nicht hängen lassen. Soviel Kummer. Wenigstens einen Versuch machen! Ich sehe mich irgendwo am Hafen die Säcke aufschlitzen.

Veronika kennt mich: Wenn ich mir so etwas Absurdes einmal in den Kopf setze, dann … Sie gibt mir freie Hand, Loch Ness würde uns nicht weglaufen. Nessie grunzt freundlich. Jakob und Marie sagen gar nichts mehr, es ist alles zu unwahr.

Ich drehe das Auto mit Schwung um und fahre zurück. Die Atmosphäre ist erst angespannt, dann heiter. So viel Nonsens für ein Stickzeug. Soviel Liebe für ein Kind.

Am Hafen traue ich mich nicht, über den Zaun zu den blauen Säcken zu klettern. Wen fragen, ob das geht? »Das klappt doch nie« lauert. Am Ticketschalter: »Wir waren grad auf der Fähre. Meine Tochter hat ihr Stickzeug vergessen, es müsste in einem der Müllsäcke in einer roten Chipsrolle sein. Ob ich vielleicht …?« Der Ticketman sagt nur: »Hafenmeister.«

Puh, hohe, sehr hohe Hürde. Den Hafenmeister für so eine Bagatelle angehen? Der hat weiß Gott anderes zu tun. Es ist aber keine Bagatelle! Es ist eine Herzenssache! Auch diesen Versuch will ich machen, auch wenn ich mich schwer blamieren sollte. »Wartet am Auto.«

Büro des Hafenmeisters, anklopfen, reingehen. »Meine Tochter …« Der Hafenmeister legt seine beiden Telefonhörer aus der Hand und hört zu, sehr konzentriert. »Ich habe auch eine Tochter in dem Alter.« Gespräch von Vater zu Vater. »Wir haben die Müllsäcke aber gar nicht hier ausgeladen, sie werden diesmal auf der anderen Seite, in Lewis entsorgt. Die Fähre ist schon zurückgefahren.«

Aus der Traum! Aber: »Ich rufe den Kapitän an, die Crew kümmert sich darum. Wie sah die Rolle genau aus?« Mir kommen fast die Tränen. »Warten Sie vor dem Büro, es kann dauern.«

Alle vier warten wir auf der Bank vor dem Büro. Gespannt, angespannt. Ob das was wird? Wie unrealistisch ist das denn eigentlich alles? Das Fünkchen Hoffnung wird stärker – die Enttäuschung wird um so größer sein … Schließlich öffnet sich die Tür, der Hafenmeister steckt den Kopf raus, sieht uns: »We've got it!« (»Wir haben es!«)

Wir sind sprachlos. »Die Fähre kommt morgen um elf Uhr zurück, seien Sie dann am Kai, der Kapitän bringt Ihrer Tochter das Stickzeug mit.« Wir sind immer noch sprachlos.

Dann suchen wir uns einen Campingplatz, haben einen schönen Abend am Meer und kriechen voll Vorfreude ins Zelt. Am nächsten Vormittag sind wir um elf am Kai. Die Fähre läuft ein, die Passagiere verlassen das Schiff.

Dann kommt die Crew. Zum Schluss auf der großen Außentreppe der Kapitän in seiner blauen Uniform. In seiner rechten Hand hält er – die Rolle! Rot und wunderschön. Es ist einfach nur ergreifend. Schon hat er uns entdeckt und gibt Marie ihre Rolle, sie drückt sie an sich. So viel Kinderglück. Der Kapitän und ich, wir strahlen uns an.

Ich sause zum Hafenmeister, Bürotür auf, großer Dank, Händeschütteln. Weiter geht's fröhlich zum Loch Ness.

Der spielt!

Ich bin zu Besuch bei meiner Tochter Marie. Das Abendessen ist vorbei, Geschirr und Besteck sind in die Spüle geräumt. Mein Enkel Hannes (2½) nimmt sein Kinderstühlchen und rückt es vor der Spüle zurecht. Er stellt sich darauf und kann jetzt dort oben wirtschaften. Sein Vater Ole stellt ihm das Wasser an. Ich sitze am Küchentisch, wir unterhalten uns, nebenbei sehe ich Hannes vor der Spüle.

Dann geht ein Wahrnehmungs-Fenster auf, und ich sehe das Kind intensiv vor mir, bin konzentriert und schwinge ein: Hannes wäscht hier etwas ab, stellt dort etwas um, nimmt den Lappen, Hannes singt vor sich hin. Mir geht das Herz auf: Dieser junge Mensch ist so ganz bei sich, in seiner Welt. Souverän, ohne Wenn und Aber: Hannes wäscht ab.

Als ihm eine Tasse mit lautem Bums ins Becken fällt – da sehen alle kurz auf und sind dann wieder in ihrer Welt, nicht in

Hannes' Welt. Da bin ich aber gerade angekommen, und ich bin verblüfft, dass Marie ihn mit dem Wasser so rumhantieren lässt, mögliche Überschwemmung lässt grüßen. Außerdem könnte die Tasse ja auch auf den Boden gefallen sein, Stress und Scherben am Abend.

Ich komme in unsere Erwachsenen-Gesprächswelt zurück: »Weißt Du eigentlich, was Hannes grad macht?« Ich will sie behutsam auf das zu erwartende Ärgernis vorbereiten. Marie nur kurz: »Der spielt.«

Da bin ich zum zweiten Mal heute Abend fasziniert: Ich dachte, die Mutter steht jetzt auf und kümmert sich um mögliche Scherben und Pfützen. Aber nein! Sie hat ihr Kind nicht ausgeblendet während wir reden. Sie weiß genau, wo er ist, was er macht und wie er unterwegs ist: »Der spielt.«

Aha – der spielt! Ja, klar doch, irgendwie *völlig* klar doch. Wasserpfützen, Scherben? Ganz verkehrte Welt! »Der spielt!«

4 Kinderland

Ich ergänze nun mit einigen Erlebnissen aus meinem Forschungsprojekt mit Kindern. Was ist die eigene Art junger Menschen, wie sind sie unterwegs? Das wollte ich herausfinden. Als »Gast im Kinderland« war ich bei ihnen und schrieb auf, was ich erlebte und was dabei mit mir passierte.

Über das Forschungsprojekt, den Verlauf und Charakter der Treffen mit den Kindern habe ich oben im Vortrag berichtet, im Kapitel »Forschen« (S. 42/43). Ich fuhr mit dem Auto, meinem VW Käfer, zu den Treffpunkten.

Erlebnisse

Kirmes. Petra (12) ist mit mir im Raketenkarussell. Vor einer Stunde habe ich sie mit den anderen aus der Gruppe getroffen. Ich spüre, wie sehr ich noch ein »richtiger Erwachsener« bin. Ich merke, dass ich mich so benehme, wie es sich eben gehört, wenn man mit Kindern zur Kirmes geht. Als das Karussell abhebt und wir langsam aufsteigen, dann schneller werden – da sehe ich zu ihr und sie sieht zu mir: und es ist, als löse ich mich mit ihrem Lachen vom Erwachsenenstern, um mit ihr dorthin zu gleiten, wo sie und ihresgleichen leben – in ihre souveräne und fantastische Welt.

*

Es hat geregnet, die Wiesen und der Wald sind feucht. »Wer kommt mit spazieren?« Moni (11) hat Lust. Wir ziehen durch den Wald. Ich lasse mir von ihr zeigen, wie sie dies alles erlebt. Sie führt mich durch den Wald und zu den Blumen. Und sie führt mich zu einer Art des Erlebens zurück, die bei mir in Vergessenheit geriet. Wir überqueren einen Bach, und es ist, als betrete ich verlorenes Land. Die Blume, die wir von dort mitbringen, wächst wieder in mir.

*

Ich treffe Alexander (5), Florian (6), Reinke (4) und Julian (4) am Kindergarten. »Was machen wir heute?« »Wir könnten mal in den Wald fahren.« Die Kinder kennen eine schöne Stelle. Jetzt sind wir mitten in der Stadt, und ich glaube nicht, dass sie den Weg finden.

»Ich rufe bei Euch zu Hause an und lass mir erklären, wo es ist.« Nein, sie wissen es selbst. Ich glaube es kaum, aber ich lasse mich darauf ein. Wenn wir woanders landen – na gut. Nach 20 Minuten sind wir da. Sie wussten genau Bescheid.

*

Es ist heiß. Ich habe Miriam (3), Reinke (4) und Julian (4) vom Kindergarten abgeholt. »Es ist so warm.« Ich schlage vor, etwas zu Trinken zu besorgen. Wir fahren zum Supermarkt. Sie suchen und zeigen mir dann, welche Limonade sie wollen. Ich bin auf sie konzentriert. Wir sind eingeflochten in unser Miteinander.

So war ich noch nie in einem Supermarkt! Ich erlebe die Kinder – nicht den Supermarkt. Die Regale und die Erwachsenen treten zurück. An der Kasse tauche ich kurz auf, um zu bezahlen. Wir sprechen keine Worte – wir sprechen mit unseren Augen.

Draußen gehen wir ein paar Meter abseits. Ich knie mich hin und mache die Flasche auf. Wir trinken und sehen uns an. Reinke geht etwas weg. Wir bilden einen Ruhepol im Gewimmel der Fußgänger. Und wir haben alle Zeit.

*

Wir fahren ins Ferienhaus. Moni (11), Silvia (11), Claudia (12), Jürgen (13) und ich. Ich bin neugierig, ob sie sich allein verpflegen können. Und ich habe auch keine Lust, für sie vier Tage lang zu kochen. »Wir fahren in den Supermarkt. Kauft Euch, was Ihr für vier Tage braucht.«

Sie haben Geld mitbekommen und teilen es sich ein. Sie beraten sich, und ich berate sie ab und zu auch. Sie kaufen teils gemeinsam, teils jeder für sich. Die vier Tage machen sie es dann selbst: sich ernähren. Manchmal koche ich etwas für sie mit, manchmal sie für mich. Wenn sie sich allein ihr Essen machen und dann zufrieden essen, dann finde ich sie sehr souverän.

*

Claudia (12) muss heute auf einen Hund aufpassen. Wir fahren zu meiner Wohnung, und ich sage: »Der Hund bleibt im Auto. Er ist mir zu schmutzig, und ich habe keine Lust, nachher extra sauber zu machen.« Er starrt wirklich vor Dreck! Nach einer Weile schleppt Claudia den Hund in die Wohnung.

Ich bin sauer und fühle mich nicht akzeptiert. »Ach, der tut doch nichts«, sagen die anderen. Sie verstehen nicht, wieso ich gegen den Hund bin. Aber sie bekommen mit, dass ich nicht will. Sie reden auf Claudia ein, den Hund wieder rauszubringen. Aber sie will nicht. Ich ärgere mich.

Erst als wir wieder zurückfahren, nach zwei Stunden, werde ich gelassener. Sie hat eben gewonnen, sage ich mir. Das kommt vor. Ich kann die Niederlage jetzt annehmen und habe zu Claudia wieder gute Gefühle. Und ich denke listig, dass wir nicht wieder zu meiner Wohnung fahren, wenn »so ein süßer Hund« dabei ist.

*

Claudia (12) hat wieder den Hund dabei. »Der kommt nicht in die Wohnung.« Das steht fest. »Wir können ja auch woanders hinfahren«, biete ich an. »Ist gut, er kann im Auto bleiben«, Claudia ist einverstanden. Dann aber, in meiner Wohnung: »Der ist doch so allein im Auto.« Dass sie mit ihm im Auto bleiben kann, oder dass wir alle woanders hinfahren, will sie nicht. »Lass ihn doch rein.«

Als ich dann mal nicht aufpasse, ist der Hund da. Ich kommandiere ihn auf den Balkon und lasse mich auf nichts ein. Claudia ist wütend. Sie geht mit auf den Balkon. Sie redet nicht mehr mit mir. Ich habe blöde Gefühle, aber auch keine Lust, mich ausnutzen zu lassen.

»Claudi friert«, sagen die anderen. Sie sind auf ihrer Seite. Bin ich zu kleinkariert? Ich will eben nicht. Wir hatten schließlich ein Abkommen, und wir hätten ja auch woanders hinfahren können. »Dann bringt ihr doch eine Jacke«, reagiere ich.

Auf der Rückfahrt sagt mir Claudia, wie gemein ich bin. Ich lasse ihr ihre Meinung und denke nicht daran, sie »umzustimmen«. »Ich hatte keine Lust auf den Hund in meiner Wohnung«, ist alles, was ich sage. Und: »Letztes Mal hast Du gewonnen, heute Hubertus. Ihr könnt Euch wieder vertragen«, sagt Moni (11). »Besser, Du bringst den Hund nicht mehr mit«, sagt Jürgen (13). Beim nächsten Treffen verstehen wir uns wieder. Über die Hundegeschichte wird nicht mehr geredet.

*

Es ist 23.00 Uhr. Ich bin mit drei Kindern und Brigitte (24) im Ferienhaus. Claudia (12) hat etwas vor die Nase bekommen, sie ist riesig dick. »Kriegst du Luft?« Es sieht nach Bagatelle aus, morgen wird es weg sein, denke ich. Sie sagt, dass sie zum Arzt will. Wir fahren ins Krankenhaus, klingeln die Nachtbereitschaft raus, und die Nase wird untersucht. Es dauert insgesamt drei Stunden, bis wir zurück sind. »Morgen soll sie zum Nachsehen und Röntgen kommen«, sagt der Arzt.

Am nächsten Morgen hat Claudia keine Lust dazu. Okay, ich akzeptiere. »Aber die Kinder können das doch gar nicht überblicken«, höre ich in mir. Wenn Claudia Brigitte wäre, würde ich ein »Ich hab keine Lust« auch akzeptieren. »Du wusstest doch, dass es nicht so schlimm war, wieso fährst Du dann überhaupt los?« höre ich in mir. Ich respektiere Claudias Wunsch, so wie ich Brigittes Wunsch respektiert hätte. »Und deswegen erst um zwei im Bett?«

Ich habe ganz andere Perspektiven. Ich habe mit Claudia erlebt, wie das von elf bis zwei war: Die Angst, ihr Vertrauen »Fährst Du mich zum Arzt?«, die Fahrt, die Ankunft vor dem Krankenhaus, im Fahrstuhl, die Untersuchung, die Rückfahrt und die Erleichterung. Wir waren unter uns, ich fühlte mit ihr und sie vertraute mir ihre Sorge an.

*

Antje (13) und Doris (13) sind mit mir, Brigitte (24) und Karin (21) zum Essen ausgegangen. Beim Nachtisch sehen sie auf die Zigarettenpackung auf dem Tisch. Ich sehe zu ihnen. Was stimmt nicht? Sie rauchen beide, sonst. Hinterher frage ich sie, warum sie meine Freundinnen nicht gefragt haben, ob sie eine Zigarette abbekommen können. Sie sind sonst problemlos damit.

Es waren die beiden Großen. »Meine Freundinnen, vor denen habt ihr Angst?«, wundere ich mich. Ich merke, dass ihr Vertrauen ein kostbares Gut ist. Sie übertragen es nicht leicht, auch nicht auf Freundinnen von mir.

*

Ich stehe am Auto. Ricky (11) kommt mit einer Krach-Pistole auf mich zu. Er schießt, es ist riesig laut und dröhnt mir in den Ohren. »Hör auf, ich kann's nicht ab!«, fahre ich ihn an. Als er wieder schießt, schreie ich ihn so laut an, wie ich kann – er

»fliegt« ein paar Meter weg. Ich bin wütend, setze mich ins Auto und drehe eine Runde.

Dann bin ich wieder ruhig und denke, dass ich ihm dieses Ding wegnehmen werde, wenn er damit nochmal auf mich losgeht. Als er mich sieht, entschuldigt er sich. Ich merke, dass er mitbekommen hat, dass ich angemacht war. Mein Gefühl hat ihn erreicht, und wir verstehen uns wieder.

*

Britta (7) und Elke (10) sind sauer auf mich. Weil ich Sandra (9) mal vorn im Auto sitzen lasse. Wir sind abseits der Straße, auf einem Feldweg. Die beiden steigen aus. Es fängt an zu regnen, ein Aprilschauer. »Kommt in den Wagen«, rufe ich. Sie gehen den Weg weiter. Ich denke, dass sie sich erkälten werden, und fahre mit dem Auto langsam hinter ihnen her.

Sie merken es und fangen an zu rennen. Blödes Spiel! Ich will doch keine Verfolgungsjagd machen. Ich bleibe stehen und lasse sie laufen. Als sie gerade noch zu erkennen sind, fahre ich wieder los. Ich bewundere, dass sie so einfach weglaufen, sie wissen doch überhaupt nicht, wo wir sind. Auf ihrer Höhe angekommen, ruft Sandra, dass jetzt Elke wieder vorn sitzen kann. Sie möchte, dass die beiden wieder mitmachen.

Ich hätte nicht gewusst, wie ich das hinkriegen sollte, dass sie wieder einsteigen. Außer warten – Zeit hatte ich. So aber regeln sie das unter sich. Und dann helfe ich wieder: »Wir fahren zu mir nach Hause, da lassen wir Eure Sachen trocknen«, schlage ich vor. Das ist ihnen eigentlich egal, aber da es mir wichtig ist, machen sie mit.

*

Melanie (3) ist mit mir im Kaufladen. Sie streicht um die Regale. Die Verkäuferin erwartet von mir, dass ich sage, was das Kind will. Ich sage nichts, gehe hinter Melanie her und lasse sie tun, was sie tun will. Wir kommen hierhin und dorthin.

Ich bin neugierig, was sie sucht. Aber ich frage sie nicht. Ihr Suchen ist ein feines Netz, und meine Fragerei könnte es zerstören. Sie weiß, dass ich da bin, und wenn ihr danach ist, wird sie mich zu Hilfe holen. Dann landen wir am Eingang, bei der Eistruhe.

Melanie will ein bestimmtes Eis. Ich verstehe nicht, welches. Aber ich sehe die Auswahltafel, löse sie vom Haken und halte sie ihr hin. Sie zeigt auf das Eis. Ich kaufe es ihr und mir auch eins. Wir setzen uns auf den Bordstein vor dem Geschäft und essen Eis. Ich nehme ihr Papier und bringe es weg. Sie sieht mir zu. Wir haben keinen Satz miteinander gesprochen, doch wir verstehen uns und wissen um uns.

*

Eine Schaukel im Hinterhof. Ich bin mit Melanie (3) nach draußen gegangen. Sie will auf dem Sitz der Schaukel stehen. Ich rücke mir eine Kiste zurecht, dass ich nah sitze und zugreifen kann, wenn sie fallen sollte. Ich soll sie höher schaukeln. Ich bin sehr aufmerksam und konzentriert. Wegen der »Gefahr«.

Für Melanie muss es sehr schön sein. Als sie sich wieder setzt und sich weiter schaukeln lässt, sieht sie mich an – und sie lacht und ist glücklich. Wir sehen uns durch und durch an: sie ist befreit, seit einer Stunde sind wir zusammen, und ich habe sie noch nicht gestoppt.

Ich spüre, wie sie hier – beim Schaukeln, wie sie es will – zu sich kommt, wie sie mir ihr Innen zuwendet: »Ich kann die sein, die ich sein will. Du lässt mich Ich sein.« Sie lässt den Kopf nach hinten fallen und macht die Augen zu. Sie setzt sich wieder hin und sieht mich an und lacht.

Ich bin glücklich, dass ich mich durch die Angst der »Gefahr« hindurch getraut habe. Ich kann ihr dort begegnen, wo sie jetzt gerade ist.

*

Melanie (3) will Rad fahren. Sie hat ein Rad mit Stützrädern. Ich soll sie schieben. Ich fasse in die Mitte des Lenkers und tue es. Wir wandern so eine Dreiviertelstunde. Durch die Straßen bis zum Feld. Sie kennt sich aus. Sie sagt mir, wo es langgehen soll. Ich staune, dass sie so gut Bescheid weiß.

Ich mache eine Entdeckung: Sie will meine Schiebekraft, nicht meine Führung. Ich soll nicht lenken beim Schieben. Ich soll nur schieben. Immer wieder ertappe ich mich, dass ich drauf und dran bin, beim Schieben auch zu lenken. Zehn Zentimeter vor dem Gitter dreht sie den Lenker, und ich hatte mich schon zum Stoppen bereitgemacht.

Einmal kriegt sie die Kurve nicht hin. Ich sah es kommen und habe es geschafft, nicht einzugreifen. Sie sieht mich an – tja, Rückwärtsgang!

*

Ich möchte zu Sechsjährigen Kontakt bekommen und eine neue Gruppe bilden. Ich frage Susi (13), ob sie nicht jemanden kennt. Es geht um ein paar Ecken: Susi kennt Elke, die ist zehn. Und Elkes Freundin Martina (10) hat eine Schwester, Claudy, die ist sieben. Nach ein paar Minuten sind wir bei Martina. Sie sagt, dass Claudy im Jugendzentrum sei. Sie gehen mit mir dorthin und zeigen sie mir: »Dahinten sitzt sie.«

Sie ziehen wieder ab. Claudy spielt mit zwei anderen Kindern und zwei Erwachsenen ein Würfelspiel. »Hallo Claudy«, sage ich, »ich habe grad mit Martina gesprochen.« Ich beginne, ihr zu erzählen, was ich will. »Wo ist Martina?« fragt sie. Wir gehen sie suchen.

*

Es ist Zeit zum Zurückfahren. Claudy (7) will nicht ins Auto einsteigen. Sie ist das zweite Mal in der Gruppe dabei. »Hör mal, ich muss noch andere Kinder besuchen«, sage ich. Die anderen steigen wieder aus und sehen sich an, was los ist. Claudy will nicht. Was tun? Da ich wirklich unter Zeitdruck bin, fahre ich schweres Geschütz auf: »Wenn Du nicht einsteigst, habe ich keine Lust, wenn Du in der Gruppe mitmachst. Wenn es drauf ankommt, will ich mich von Euch nicht im Stich gelassen fühlen. Und ich habe versprochen, um sechs Uhr bei anderen Kindern zu sein.«

Die anderen reden auf sie ein. Aber Claudy will nicht. Okay, ich sehe ein, dass ich verloren habe und gehe wieder in meine Wohnung. Natürlich zwinge ich sie nicht mit Anfassen oder Anschreien. Stehen lassen kann ich sie auch nicht, wie sollte sie nach Hause kommen? Wenn sie älter wäre, würde ich ihr Geld geben, die Bushaltestelle erklären und bei ihr zu Hause anrufen. So aber hat sie mich.

Ich bin nicht einmal wütend. Sie hat eben gewonnen, aus. Aber ich weiß auch, dass ich keine Lust habe, mit so jemandem etwas zu unternehmen. Ich fühle mich nicht geachtet. Und ich habe auch keine Energie, nachzuforschen, was bei ihr los ist. Dafür sind einfach zu viele Kinder um mich herum, die ich neu kennenlerne. Da brauche ich erst einmal ein gutes Grundgefühl, ehe ich mich weiter einsetzen kann. Sonst wird es Krampf.

Ich merke, dass ich zu Claudy kein solches gutes Gefühl habe und dass wir nicht Freundschaft schließen werden. Es tut weh – aber das gibt es eben auch. Nach einer halben Stunde kommen die anderen und sagen, dass Claudy jetzt nach Hause will. »Kann sie das nächste Mal wieder mitmachen?«, fragen die anderen. »Nein«, sage ich.

*

Es ist 23.00 Uhr. Antje (13) kommt zu spät nach Hause. Alle Kinder wissen, dass ich es ihnen überlasse, das Signal für »Ich muss nach Hause« zu geben. Ich soll mir jetzt etwas ausdenken, damit ihre Mutter nicht schimpft. Das finde ich überhaupt nicht gut. Ich unterstütze sie ja – aber so direkt lügen (»Wir hatten eine Autopanne …«) fällt mir schwer. Außerdem mag ich Antjes Mutter.

Dann habe ich es: »Ich gehe mit zur Tür und werde ein bisschen mit Deiner Mutter reden.« Ich mache ein Ablenkungsmanöver – aber es ist nicht nur Manöver, denn ich komme ganz gerne mit.

*

Beate (12) ist mit Petra (12) und Belinda (14) zu Besuch. Wir verlängern um eine Stunde, um noch eine. Dann taucht die Idee auf, ins Kino zu fahren. Prima Idee – ich werde sie einladen. »Das darf ich bestimmt nicht. Es wird zu spät«, sagt Beate. Ich steige in die Erwachsenenwelt um und rufe ihre Mutter an.

Ich stelle mich als ehemaligen Lehrer von Beate vor, das schafft erst mal Vertrauen. Ich erzähle ihr dann, wie schön es heute Nachmittag ist und dass ich die Kinder ins Kino einladen möchte. »Um halb elf ist Beate zu Hause, ich fahre sie vorbei.« Da morgen Sonntag ist und ich mich mächtig ins Zeug gelegt habe, ist ihre Mutter einverstanden.

*

Arnd (14) und Netty (14) sind beim Rudern auf dem See ins Wasser gefallen. Es war sehr lustig. Aber: »Wenn meine Eltern merken, dass ich ins Wasser gefallen bin, kriege ich Ärger.« Ich manage: »Los, es ist vier Uhr. Wir fahren zu mir, ich bringe Eure Sachen in die Schnellreinigung. Das könnte bis sechs fertig werden.« War es dann auch. Und das Wassererlebnis blieb schön bis zum Schluss.

*

Arnd (14) und Theo (15) haben das Auto gerollt, als ich gerade nicht da bin. Dabei stand die rechte Tür offen, sie stieß vor einen Balken und hat sich verzogen. »Die Tür geht nicht mehr zu.« Ich kann nicht gelassen reagieren, ich bin sauer. Aber sie sind so verdattert, dass ich schnell wieder zu dem komme, wie ich sonst bin.

Ich denke an die Beulen auf dem Dach und daran, dass ich erwachsenen Freunden dazu gesagt habe »Souvenirs von den Kindern«. Genauso ist es doch mit der Tür! Oder mit ihren Schreibereien und Bildern innen unter dem Autodach.

Ich gehe ins Jugendzentrum und hole ein Brecheisen. Ich biege die Tür zurecht, sie geht wieder zu, sieht aber etwas mitgenommen aus. »Ist es schlimm?«, fragen sie. »Die Tür geht doch zu«, sage ich.

*

Stefanie (6) schläft. Ich setze mich neben sie und höre ihr zu. Wir sind im Ferienhaus, zwei Kinder und acht Erwachsene. Die anderen sind draußen am Feuer. Ich nehme die Ruhe des Raumes auf und spüre die Ruhe, die von ihr ausgeht. Ich sinne über ihre Tränen nach und über meine. Ich habe mir Zeit genommen, neben diesem schlafenden Kind zu sitzen und die Stille und ihr Leben in mich aufzunehmen.

*

Andi (7) weint. Wir sind in einem Zeltlager, ich bin zu Besuch. Ich kenne sie erst ein paar Stunden. Die anderen sind gerade nicht da. Ich knie mich vor sie hin, sie steht drei Schritte weg. Sie hält die Arme vors Gesicht, sieht ab und zu her und weint. Ich bin ganz konzentriert und mache mich auf. Ich höre ihr zu und ich habe Raum in mir für ihre Tränen.

Ich sage mit meinen Augen: »Hallo Andi, ich höre Dir zu und habe Platz für deine Tränen. Du kannst mir Dein Leid erzählen.« Sie kommt langsam auf mich zu, bleibt stehen, sieht her und weint weiter. »Du kannst kommen und Dich in den Arm nehmen lassen. Du kannst aber auch dort bleiben und mich zuhören lassen«, sage ich ihr mit meinen Augen und mit meinen Gefühlen aus dem Bauch. Ich beginne, mich weiter zu ihr fallen zu lassen, sie beginnt, weiter auf mich zuzugehen.

Plötzlich kommt ihre Gruppenleiterin – Glas zerbricht, eine Kreissäge kreischt, Singvögel fallen zu Boden. »Wer wird denn weinen«, sie nimmt Andis Hand und zieht sie ins Zelt. Ich bleibe voll Schmerz zurück, voll Schmerz über diese Erwachsene.

*

Jessica (8) war ein paar Tage bei ihrer Tante in den Ferien. In dieser Zeit habe ich am Buch gearbeitet und auch etwas Aktuelles über ihre Schwester Diana (5) geschrieben. Als ich Jessica erzähle, dass Diana im Buch vorkommen wird, merke ich, dass sie auch gerne vorkäme. »Leider warst Du nicht da«, sage ich.

Als sie nach Hause geht, denke ich nach. Jessica wäre auch gerne im Buch. Warum nicht? Wo ist da das Problem? Ich kann doch tun, was ich will. Und ich kann mit Jessica so spielen, wie wir das wollen. Sie hat einen Wunsch, und ich kann ihn erfüllen. Ich nehme ein Beispiel aus dem Text und schreibe dies hier. Morgen werde ich sie damit überraschen.

*

Die Zwillinge Yvonne (7) und Karina (7) hatte ich auf dem Geburtstag von Meike (8) kennengelernt. Eine Woche später bin ich bei Freunden und sehe sie wieder. Nachbarskinder. Ich repariere an meinem Auto rum. Sie kommen und helfen Rost abzuschmirgeln. Es ist schönes Wetter. »Wenn Ihr Lust habt, fahren wir ein bisschen raus«, schlage ich vor. Sie haben Lust, und ruckzuck fahren wir los. Ich sage meinen Freunden Bescheid.

Wir fahren zum Kanal und sehen den Schiffen zu. Ringsum sind Wiesen. Es ist warm und wunderschön. Sie erzählen von wichtigen Dingen, und ich habe Zeit zum Zuhören. Sie werfen Steine ins Wasser, sammeln Blumen, malen Bilder in den Sand. Wir haben uns getroffen und sind losgefahren.

*

Tanja (3) wohnt ein Stockwerk unter uns. Wir sehen uns gelegentlich. Heute ist sie nach oben gekommen und hat geklingelt. Ich mache auf. Sie hat einen Ball mitgebracht. Ich knie mich hin und sehe sie durch die Wohnungstür draußen im Treppenflur. Wir sehen uns an. »Hallo«, sage ich. Sie lacht. Sie kommt auf mich zu, bis zur Tür, und gibt mir den Ball. Ich rolle ihn ihr zu. Sie freut sich riesig, und wir spielen eine Viertelstunde. Dann wird sie gerufen und geht zurück.

*

Heike (4) kommt zu mir auf den kleinen Berg, der von den Bauarbeiten noch da ist. Ich sitze dort in den Blumen und spiele Mundharmonika vor mich hin. Es ist Fete, Freunde haben mich eingeladen. Als es mir mal zu viel wird und ich einen Moment Ruhe brauche, gehe ich ein Stück abseits auf den Erdhügel.

Ich freue mich über Heikes Besuch. Sie setzt sich einfach neben mich und hört zu. Dann kramt sie im Sand. Ich mache sie auf Scherben aufmerksam und merke, dass sie es nicht als Verbot auffasst.

Später, als ich wieder bei den Erwachsenen bin, soll ich mal mitkommen. Aufs Feld. Sie zeigt mir einen wild bewachsenen Tümpel. Ich fühle mich geehrt. Auf dem Rückweg frage ich sie, ob sie mich führt, wenn ich die Augen zumache. Sie versteht und tut es. Ich spüre, wie ich ihr Schritt für Schritt mehr vertraue.

Als mir einmal ein Ast durchs Gesicht streift, fällt mir ein, dass sie ja so viel kleiner ist als ich. »Sieh mal ab und zu nach oben, damit ich mit dem Kopf nicht irgendwo anstoße«, sage ich. Als ich nach Hause muss, schenke ich ihr die Mundharmonika.

Am Baggersee

Wir sind am Baggersee. Britta, Sandra, Elke, Oliver, Holger – zwischen sieben und zehn Jahre alt – und ich. Wir haben ein Feuerchen gemacht und rösten Kartoffeln. Um das Feuer auszumachen, holen wir Wasser aus dem See.

Das Wasser interessiert sie. Erst geht Oliver mit seinen Gummistiefeln am Ufer lang. »Pass auf, dass Dir kein Wasser reinschwappt.« Er könnte sich erkälten. Dann will auch Elke im Wasser laufen. »Kann ich Deine Gummistiefel haben?« Sie sind im Auto.

Ich habe Bedenken: Sie lässt Wasser reinlaufen, sie bekommt nasse Füße, die anderen wollen auch. Aber okay, ich gebe sie ihr. Was ist mir wichtiger: meine Gummistiefel, die ich ja zu Hause wieder trocknen kann, oder Elkes Wunsch?

Elke geht dorthin, wo es für meine Stiefel zu tief ist. Sie setzt sich über mein »Kein Wasser in die Stiefel« hinweg. Ich akzeptiere: Wenn es ihr Spaß macht – sie ist mir eben wichtiger als trockene Stiefel. Das ist ein Signal. Auch Oliver lässt seine Stiefel volllaufen. Mein Ärger, dass dies nun doch passiert, hält sich die Waage mit meiner Freude über den Spaß, den sie dabei haben.

Jetzt hält es auch die anderen nicht mehr. Britta und Holger gehen zum Wasser. »Zieht doch Eure Schuhe aus« – nichts da. Patsch, sind sie mit ihren Schuhen drin. In mir rumort es: »Kinder sollten sich nicht die Schuhe nass machen. Was werden ihre Eltern sagen? Sie bekommen garantiert eine Erkältung.« Und: »Wie sie sich freuen!«

Sandra bleibt bei mir. Ich nehme dies auf: Wenn ich jetzt mit Sandra ein Stück in Richtung Auto gehe, kommen die anderen aus dem Wasser. Meine unwohlen Gefühle wachsen. »Wir müssen nach Hause.« Vorgeschobener Grund. »Ich habe Angst, dass Ihr Euch erkältet.« Schon ehrlicher.

Dass mir am meisten Sorgen macht, von ihren Eltern Ärger zu bekommen, sage ich nicht. »Wieso – wir erkälten uns nicht.« Ich spüre ihre Gelassenheit parallel zu meinen Bedenken.

Dann geht Elke einfach tiefer ins Wasser. Mit allen Sachen! Schon ist sie bis zum Bauch eingetaucht. Das darf doch nicht wahr sein! Und: Wie sie sich freut, das muss ja unheimlich Spaß machen. Oliver folgt, Holger schreit vor Vergnügen. Britta taucht plötzlich bis zum Hals ein. Jetzt geht auch Sandra zum See. Dann sind alle dabei, auf- und abzutauchen.

Es kommen andere Bedenken: Sie könnten sich verschlucken, sie könnten in zu tiefe Zonen kommen, ich verliere den Überblick, es wird gefährlich, ich sollte jetzt auch ins Wasser gehen, um sofort eingreifen zu können.

Und es kommen andere Gefühle: Sie sind so souverän, sie reizen die Situation aus, sie werfen die behindernden Erwachsenenregeln über Bord: »Man geht nicht mit Anziehsachen ins Wasser.« »Man geht überhaupt nicht in ein Baggerloch.« »Man muss wenigstens ein Abtrockentuch dabeihaben.«

Sie leben jetzt – und wie! Elke schwimmt. »Ich kann nicht mehr stehen.« Holger setzt sich, nur sein Kopf ist noch zu sehen, Britta schmeißt ihre Schuhe an Land, Sandra marschiert drauflos, Oliver taucht: »Hallo, ich ertrinke!«

Ich bin eingespannt in die Situation, wie sie von den Kindern gelebt wird. Ich bin fasziniert. Und hellwach und aufmerksam, um sofort helfen zu können, falls das nötig werden sollte.

Ich bin voll von ihrem Vergnügen und ihrer Sicherheit. Ich bin wieder im Vertrauen zu ihnen und zu mir, wie vor Beginn der Wasserszene. Ich sitze am Ufer und genieße – mich, sie und das Leben. Es ist fantastisch und befreiend. »Komm doch auch.« »Nee, ich hab keine Lust.« »Na gut, aber wir.«

Dann kommt Sandra ans Ufer. »Mir ist kalt.« Dann Oliver. »Leute, ich habe jetzt Angst, dass es zu kalt wird. Kommt raus, ich hole etwas zum Abtrocknen aus dem Auto.« Ich spiele mit, ich plane mit. Ich manage und weiß, wie man jetzt wieder warm wird. Ich stehe auf ihrer Seite, ich stehe ihnen zur Seite.

Sie kommen nach und nach. Die Abtrockensachen – Pullover, die im Auto sind – reichen gerade. »Wer trocken ist, rein ins Auto. Lasst die nassen Sachen liegen und wickelt Euch in die Autodecken.« In mir ist Gewissheit, wir bekommen das hin. Wenn sie sich ausziehen und einwickeln, kann es keine Erkältung geben.

Das Abtrocknen ist ein Riesenspaß. Ich packe ihre Sachen zu »Familienhaufen« zusammen, damit es nachher beim Aussteigen schneller geht. Dann ist es soweit, wir fahren ab. Heizung volle Kraft, die Scheiben beschlagen, der Wagen voller Leben, Spaß, Vertrautheit, Abenteuer und Glück.

Als ich sie mit einem gewissen Herzklopfen bei ihren Eltern abliefere, jeder in eine Decke gewickelt, sprudelt es nur so aus ihnen heraus: Freude, Abenteuer, leuchtende Augen. Die Eltern schwingen ein und bedanken sich bei mir. Es war schön am Baggersee.

5 »Wie sind Sie dazu gekommen?«

Ich werde oft gefragt, ob der Grund für meine Einstellung zu Kindern in meiner eigenen Kindheit zu finden ist. Es wird vermutet, dass ich eine schwere Kindheit hatte und dass sich als Gegengewicht meine besondere Haltung entwickelt hat. Nein, so ist es nicht.

Der Umgang meiner Eltern mit meinen drei Geschwistern und mir war für damalige Verhältnisse modern, demokratisch-partnerschaftlich würde man es heute nennen. Meine Eltern hatten die übliche erzieherische Einstellung und fühlten sich für uns verantwortlich.

Sie umsorgten uns, und ihre Wertschätzung und Liebe waren ein verlässliches Kontinuum. Diese Wohlgesonnenheit war auch in der ganzen großen Verwandtschaft zu spüren.

In meiner Erinnerung liegt über meiner Kinderzeit aber auch eine lähmende Schwere. Ich war zurückgezogen, gedämpft, schüchtern – wenn ich es mit Erwachsenen zu tun hatte. Da gab ich nichts preis, weder zu Hause noch in der Schule. Die Erwachsenen – vor denen zog ich mich zurück.

Ja, es gab Ausnahmen. Aber unterm Strich: Ich war ein braves Kind, wie man das so nannte. Und ich versteckte mich hinter den sieben Bergen.

Diese Zurückgezogenheit erkläre ich mir so: Mit drei Jahren bekam ich Scharlach. Damals mussten scharlachkranke Kinder einige Wochen ins Krankenhaus und wurden streng isoliert. Die Wohnung wurde desinfiziert und Bücher und Spielsachen sollten verbrannt werden. Ich kam von jetzt auf gleich raus aus der familiären Geborgenheit in ein Gitter-Kinderbett der Isolierstation.

Zutritt nur für das Krankenhauspersonal. Ich erinnere mich noch heute an das Gesicht meiner Mutter hinter der Türglasscheibe … fern, so fern. »Das Kind ist ja völlig verändert«, war das Statement, wenn uns später die Verwandten besuchten. Da hatten sie recht.

Mein Rückzug galt nicht bei meinen drei Geschwistern und Freunden. Da fühlte ich mich wohl, war aktiv und ein munteres Kind. Ich war in sicherem Verbund mit den anderen Kindern, wir waren eine fröhliche Gemeinschaft. Im Haus, im Garten, im Wald, auf dem Gutshof bei meinen Großeltern in den Ferien – wir Kinder unter uns: das war die Basis. Eine verlässliche Basis.

Zusätzlich zu dieser Kinder-Lebensmusik gab es in meiner Kindheit auch viele unterstützende Dinge. Die pädagogische Einflussnahme der Erwachsenenwelt, die mich ja erst zu einem vollwertigen Menschen machen wollte, wurde immer wieder in die Schranken gewiesen durch große und kleine Situationen und Erlebnisse.

Sie sicherten meine Souveränität und meinen Glauben an mich ab, sie waren Pluspunkte für meine Selbstkraft. Von einigen will ich erzählen.

*

In den unaufgeräumten Zeiten nach dem Zweiten Weltkrieg war alles nicht so perfekt. 1947, als meine Geburt anstand und meine Mutter ins Krankenhaus fahren wollte, fand sich kein Auto, kein Krankenwagen, kein Taxi. Nach einer ganzen Weile hin und her gab es dann einen Feuerwehr-Mannschaftswagen der Papierfabrik, in deren Gartenhaus wir damals wohnten.

Als meine Mutter eingestiegen war und der Fahrer losfahren wollte, sagte sie: »Stehen bleiben, das Kind kommt!« Der Fahrer war überfordert, es war nur ihre Schwägerin da. Die beiden Frauen standen die Geburt ohne ärztliche Hilfe durch. Ich wollte aus einem ganz bestimmten Grund nicht im Krankenhaus geboren werden …

Meine Mutter ist auf einem Gutshof groß geworden und kannte sich mit Geburten aus, zwar Tiergeburten, aber immerhin. Außerdem war ich ihr zweites Kind. Sie wusste also, dass die neuen Lebewesen das Atmen schon gut selbst hinbekommen. Als ich da war, legte mich meine Tante auf den Bauch meiner Mutter und das war's.

Ich konnte wie bei einer perfekten Leboyer-Geburt meine Umstellung auf die Luftatmung selbst managen. Ich habe meinen ersten Atemzug in eigener Regie und Verantwortung tun können und wurde nicht durch das Zudrücken der Nabelschnur dazu veranlasst. Volle Souveränität! Das war schon mal eine gute Grundlage.

*

Mein Vater hatte damals keinen richtigen Job, er hat sich viel um mich und meine Geschwister gekümmert. Wenn Väter sich um ihre kleinen Kinder kümmern, das weiß man heute, hat das einen großen positiven Einfluss auf die Entwicklung der Kinder.

Es gibt so ein Foto, wo ich auf dem Arm meines Vaters bin und in die Welt strahle. Ein unschätzbarer Pluspunkt.

*

Da ich in eine adelige Familie hineingeboren wurde, gab es einen weiteren Pluspunkt für mich: Ich war der erhoffte Namensträger der Familie, ich würde als Sohn den Familiennamen weitergeben. Mein Vater, mein Großvater und die ganze Verwandtschaft waren stolz auf den Stammhalter. So wenig zeitgemäß das von heute aus auch aussieht – damals war es ein Plus für mich in Sachen Selbstwertgefühl und Wertschätzung.

*

Ich erinnere mich an ein grandioses frühes Geborgenheitserlebnis. Ich war drei und wachte eines Morgens auf, irgendwo in einem großen Bett. Die Decke war halb über mir, und ich wusste nicht, wo ich war, und bekam Angst. Es war ein fremdes Bett – wir waren nachts zu Besuch bei meinen Großeltern angekommen – und ich stemmte mich weinend hoch. Als ich meine Mutter dann irgendwo im Bett entdeckte, ließ ich mich erleichtert und glücklich zurückfallen und genoss und genoss: Geborgenheit pur.

*

Ab meinem vierten Lebensjahr wohnten wir im Wald in der Nähe einer großen Villa. Die Villa war vom britischen Militär als Schule für die jüngeren Kinder der Besatzungsfamilien beschlagnahmt. In den Pausen waren die Kinder draußen im Park, und Tag für Tag hallten ihre Stimmen zu mir herüber. Keine fünfzig Meter entfernt, richtig laut, voller Dynamik und emotionaler Botschaften.

Und da Kinder in den Pausen so ganz unter sich sind und herumfuhrwerken, wie sie wollen, also mit ihren Kronen herumtollen, erhielt ich mehrfach täglich eine volle Dosis Souveränitätsenergie. Und es waren Kinder eines demokratischen Landes, ihre Stimmen waren offen und selbstbewusst. Ich höre heute noch diese Musik und denke, dass das viel mit mir gemacht hat.

*

Einmal war der Bus, der die englischen Schulkinder abholte, gerade losgefahren. Ich sah, wie ein Mädchen dem Bus hinterherrannte und verzweifelt »Daddy! Daddy!« rief. Aussichtslos. Nein, der Bus hielt an, der Vater stieg aus, nahm seine Tochter auf den Arm.

Die ganze Szene hat mich angerührt. Nicht nur, dass die Erwachsenenbetriebsamkeit für ein Kind in meinem Alter (6) angehalten wurde. Im Subtext ging es um ihre Würde – und um meine. Ich sah, dass wir Kinder wichtig waren. Sie wurde ernst genommen: der Bus hielt.

*

Wir wohnten im Wald, bis ich zehn war. Zur Schule waren es etwa 45 Minuten zu Fuß, die erste Hälfte des Schulwegs ging durch den Wald. Ich war umgeben von Natur, Waldwesen. Mit meinen Geschwistern und meinen Freunden spielte ich dauernd im Wald. Er war unsere Welt, wir waren unter uns. Meine Mutter rief dann abends übers Feld, dass wir nach

Hause kommen sollten. Und wir riefen zum Wald: »Bis morgen!«

*

Der Wald – er findet statt. Alles dort ist voller Souveränität, und unsere Kinder-Souveränität war in direkter Resonanz. Bäume, Sträucher, Gräser, Blumen, Waldtiere haben keine pädagogische Haltung, sie erziehen nicht. Unsere Beziehungen Kind-Natur und Natur-Kind waren gleichwertig.

Wenn wir uns beim Spielen weh taten, wenn ein Ast brach und wir runterfielen, dann gab es keinen Vorwurf und keine Schuldzuweisung. Kein »Kannst Du nicht aufpassen?!« – ein Baum macht so etwas nicht. Er nimmt mir nicht die Würde. Es war ein tagtägliches Erleben von Souverän zu Souverän. Wir waren souveräne Menschen in einer Umgebung voller Souveränität.

*

Eines Tages gab es Besuch in meinem Gymnasium, genau an meinem 12. Geburtstag. Alle Schüler und Lehrer waren in der Aula, ich saß mit meiner Klasse vorne. Vor uns auf der Bühne stand ein Mann mit beeindruckender Mähne und Bart und hielt eine Rede. Danach spielte er auf unserer neuen Orgel und weihte sie ein.

Dieser wuchtige Mann ging auf dem Weg zur Orgel nah an mir vorbei. Sein Auftreten, seine ganze Art, seine Souveränität und sein Wille, zu sich zu stehen und zu dem, was er sagte – all das beeindruckte mich sehr. Es war Albert Schweitzer, und erst später wurde mir bewusst, wie berühmt er war und was es mit ihm auf sich hatte.

*

Ein anderer Besuch in unserem Gymnasium, alle wieder in der Aula. Ein indigener Chief aus Nordamerika reiste herum, besuchte Schulen und erzählte in traditionellem Federkleid von seiner Kultur. Ich war in Bann gezogen von diesem Federwesen vor mir. Er war so – souverän. Woran ich mich besonders erinnere, und was einen tiefen Eindruck auf mich gemacht hat:

Die ganze Mannschaft, alle Schüler und das gesamte Kollegium waren still, konzentriert und so etwas wie achtungsvoll, ja ehrfürchtig. Es gab nur Wertschätzung, keinen Hauch von Belustigung. Was ja auch gut möglich gewesen wäre, einem solchen exotischen Menschen gegenüber. Diese Wertschätzung für den so ganz anderen, die Achtung vor dem Fremden, hat mich sehr berührt.

*

In der Pubertät war ich gut im Sport, in Leichtathletik. Ich konnte sehr gut sprinten und gewann viele Wettkämpfe, regional und überregional. Es gab auch Wettkämpfe in England und Frankreich. Mit 16 wurde ich bei den Deutschen Jugendmeisterschaften in Fulda Vizemeister der A-Jugend im Sprint über 100 Meter. Mit 10,7 Sekunden, was wirklich gut war, der Weltrekord war damals 10,0 Sekunden. Diese ganze Sportzeit war ein wirklich großer Pluspunkt.

*

Unser Trainer war wieder so ein besonderer Glücksfall: Er hatte keine Drübersteh-Einstellung zu anderen Wettkämpfern. Er hatte das Sagen im Verein und er vermittelte uns Sportlern, dass alle Wettkämpfer von gleichem Rang sind. Egal, wer gewinnt. Egal, wer verliert.

Wir gaben unser Bestes und dann sahen wir, was es gebracht hatte. Auch bei meinem Superlauf zur Vizemeisterschaft hatte ich kein Konkurrenzgefühl zu den anderen rechts und links neben mir in den Startblöcken. Das war schon sehr grundlegend.

*

Ich habe das auch ganz anders erlebt, bei anderen Vereinen. Da wurde total auf Sieg gesetzt, und es war dort völlig enttäuschend, wenn jemand verlor. Mir war das dann irgendwie peinlich, ich hatte gewonnen, und die Verlierer kriegten was zu hören. Oh Mann! Aber *ich* war in einem Gleichwertigkeitskontinuum, und mir wurde dann bewusst, dass ich verlieren konnte, ohne dass an mir rumgemeckert wurde. Da war ich bei meinem Trainer gut aufgehoben und fühlte mich beschützt.

*

Bei den Olympischen Spielen in Tokio 1964 gab es auch ein Olympisches Jugendlager. Klar, dass ich da hin wollte. Es gab die große sportliche Qualifikation: Sprint, Weitsprung, Hochsprung, 1000-Meter-Lauf. Ich brachte Superleistungen. Tokio, ich komme! Zum Schluss mussten 50 Meter geschwommen werden.

Wegen meines vielen Sprinttrainings war ich kaum geschwommen und schwamm sauschlecht. So schlecht, dass alle meine guten Leichtathletikpunkte nicht ausreichten, um die miesen Schwimmpunkte auszugleichen: ich war der 3. Teilnehmer unter dem Limit. Kein Tokio! Pluspunkt? Der kam schon noch.

*

Als ich die Ergebnisliste sah, dachte ich überrascht: »Tja, hat halt nicht geklappt.« Ich war weder enttäuscht noch niedergeschlagen. Ich wär schon gerne mitgefahren, aber Wettkampf ist Wettkampf, und mit Verlieren kannte ich mich genauso aus wie mit Gewinnen. Ich gewann zwar oft, aber eben auch nicht immer.

Meine Eltern und mein Trainer: es gab keine blöden Bemerkungen, eher Sorge, dass mich das zu sehr mitnahm. Mein Trainer freute sich über meine 6,66 Meter im Weitsprung, eine neue persönliche Bestleistung. Diese ganze Tokiosache wurde kein Desaster, kein Minuspunkt. Sondern ein Pluspunkt: alle hielten zu mir.

*

Eines Abends schmiedeten meine Freundin Mechthild und ich den Plan, morgen, wenn das Wetter schön ist, gehen wir nicht zur Schule, sondern fahren mit unserem Paddelboot raus auf die Ruhr. Machten wir auch, es war ein herrlicher Sommermorgen. Wir landeten irgendwo in den Flusswiesen und fuhren dann nachmittags zurück, als die Schule aus war.

An nächsten Morgen sagte ich meinem Klassenlehrer, dass mir die Paddeltour wichtiger war als zur Schule zu gehen. Ein hochriskantes Statement! Aber, wieder so ein Pluspunkt, er sagte nur: »In Ordnung.« Wertschätzung und Verständnis pur. Wobei auch klar war, dass sich das nicht wiederholen durfte. Jedenfalls nicht so schnell …

*

Unser Direx schrieb mit grüner Tinte. Wir hatten Philosophie bei ihm. Wenn er Klassenarbeiten korrigierte und seinen Namen daruntersetzte, dann in Grün. Wir hatten keine Ahnung, was das sollte, es war seltsam, Lehrer korrigieren rot. Aber grün? Niemand schrieb mit Grün.

Eines Tages dachte ich mir: »Das mache ich auch.« »Das lässt Du besser«, sagten meine Klassenkameraden. Tja. Erst mal war es nicht einfach, an grüne Tinte zu kommen. Und dann schrieb ich die nächste Philosophiearbeit in Grün. Der Direx sagte nichts dazu, kein Kommentar. Ich war akzeptiert, so wie ich war! Nur mein Klassenlehrer machte eine kurze Bemerkung, aber nicht abwertend, eher amüsiert.

*

Später fragte mich der Direx, ob ich an einem 10-Tage-Seminar über Soziale Marktwirtschaft teilnehmen wollte – mitten in der Schulzeit! Ausgerechnet mich suchte er aus – als einzigen von der ganzen Schule. Ich war begeistert. Und die 10 Tage an der Akademie waren eine ganz außergewöhnliche »Schulzeit«.

Wir Elftklässler wurden wie Studenten behandelt, auf gleicher Augenhöhe. Wir hatten in Eigenverantwortung zu forschen, diskutieren, schreiben, referieren, wie ich mir das in meinen schönsten Träumen nicht vorstellen konnte. Wir konnten sogar darüber entscheiden, wann wir ins Bett gehen wollten. Pluspunkte …

*

Ich hatte ein Schüler-Theaterabonnement. Einmal ging ich eines Abends nicht im Anzug, sondern mit Pullover in die Stadthalle – unvorstellbar! Niemand machte das und verstieß gegen die Etikette. Aber ich hatte keine Lust mehr auf diesen blöden Anzug. Ich traute mich.

Und fühlte mich total beobachtet, aber das war eben so! Meine Freundin saß neben mir und wir haben das zusammen durchgestanden: das, was mir wichtig war. Selbstbewusstsein, ohne Überheblichkeit. Es war anstrengend, aber ich stand zu mir und ich hatte durch sie vorbehaltlose Unterstützung.

*

Ich war der erste Abiturient unserer Schule, der zur mündlichen Prüfung nicht im Anzug erschien, sondern im Pullover. Das war 1966 Revolution! Im Stadttheater hatte ich das ja schon mal ausprobiert. Aber beim Abi? Ich riskierte einen vollen Anschiss.

Dass dann aber kein Lehrer davon – Pullover statt Anzug – Notiz nahm: das war wirklich faszinierend. Für mich war es wieder eine große Unterstützung meiner Souveränität. Diese Lehrerschaft war erstaunlich offen und tolerant für die damalige Zeit. Ein echter Pluspunkt.

*

Es gab in meiner Kindheit und Jugend somit immer wieder kleinere und größere Begebenheiten, die meine Selbstkraft und mein Souveränitätsgefühl gestärkt haben. Genauer: die dafür gesorgt haben, dass meine Selbstkraft und mein Souveränitätsgefühl nicht allzu sehr verringert wurden.

In dem braven Kind, das ich war, versteckt hinter den sieben Bergen, lebte der Glaube an sich selbst ungebrochen fort. Das »Ich liebe mich, so wie ich bin« hat sich als meine unaufgeregte Selbstverständlichkeit erhalten, bis zum heutigen Tag.

Und als ich dann im Zuge des Lehrerstudiums Mitte zwanzig auf Kinder traf, trat die über all die Jahre bewahrte Selbstkraft in Resonanz mit der Selbstkraft der Schulkinder. Ihre Souveränität konnten sie ohne Scheu vor mir leben und sie zeigen, Souveränität war die Basis unserer Kommunikation.

Ich hatte nicht meine Erinnerung daran verloren, wie Kinderbeziehungen funktionieren, wie der Code unserer Kommunikation war: von Gleich zu Gleich. Und es wäre absurd gewesen, sie irgendwie pädagogisch anzugehen.

Diese ursprüngliche kindersolidarische Erfahrung lebte also in mir fort und bewirkte, dass ich im Laufe des Erwachsenwerdens nicht von einem Kind zu einem *pädagogischen* Erwachsenen wurde. Mein Kinderplanet konnte nicht pädagogisch terraformiert (umgeformt) werden.

Als Botschafter dieses Souveränitätsplaneten würde ich dereinst zu den erwachsenen Altersgenossen gehen. Ihnen vom Gleich-zu-Gleich berichten und sie daran erinnern, dass sie in ihrer eigenen Kindheit lange Zeit in gleichwertigen Beziehungen mit Kindern gelebt hatten. Und wie sich das anfühlte.

Ich würde ihnen sagen, dass sich so etwas trotz aller Unterschiede von Erwachsenen und Kindern – von erwachsenen und jungen Menschen – auch heute gut realisieren lässt: »Ihr befreit Euch und unterstützt die Kinder. Ihr werdet eine schöne Zeit miteinander haben.«

Epilog

Innehalten

vielleicht
können wir
ab und zu
innehalten

wenn wir
die kinder
beim
honigschlecken
überraschen

und uns
zurückziehen
die küchentür
leise schließen

überwältigt
von ihrem glück

Anhang

Zwei Wegmarken

Zwei mächtige Hintergrundströmungen haben großen Einfluss auf mich genommen und sind Teil meiner Biographie.

Zum einen: Ich bin ein Kind der Postmoderne. Was es damit auf sich hat, stelle ich im ersten Abschnitt »Postmoderne« vor. Damit beantworte ich auch eine häufige Vortragsfrage: »Was bedeutet eigentlich ›Postmoderne‹?«

Der andere große Hintergrund ist meine christliche kulturelle Prägung. Ich mache in diesem Abschnitt deutlich, wie ich sie in Bezug auf »Gut und Böse« hinterfragt habe. Und beantworte so die ebenso häufige Vortragsfrage, die eigentlich mehr eine Feststellung ist: »Aber es gibt doch Gut und Böse?«

Postmoderne

Umbruch

Ich komme aus einem philosophischen Großraum, der »Postmoderne« heißt. Die Anfänge der Postmoderne liegen gut hundert Jahre zurück, als sich nach dem Ersten Weltkrieg die alten Sicherheiten auflösten. Nichts stimmte mehr wie vorher. Millionen Söhne, Brüder und Väter kamen nicht wieder, das politische System war weggefegt. Worauf konnte man sich noch verlassen? Gott, Ehre und Vaterland waren dahin. Nichts gab mehr wirklichen Halt. In dieser Zeit brach sich das Denken Bahn, dass es keine wirklichen, verlässlichen, objektiven Gewissheiten gibt.

Neuartige Kunst

Es entstanden neuartige Phänomene. In der Kunst etwa hatte sich bereits kurz vor dem Krieg der Kubismus von den Grundlagen der überkommenen Malerei gelöst. Die seit Leonardo da Vinci gültige Definition der Kunst als »Angelegenheit des Geistes«, die 400 Jahre lang galt, wurde transformiert. Dann, nach dem Krieg, lehnten die Künstler im Dadaismus die Gesellschaft und das überkommene Wertesystem ab und agitierten satirisch. Und der psychoanalytisch begründete Surrealismus stellte sich als Lebenshaltung und Lebenskunst gegen die traditionellen Normen.

Neuartige Physik

Die 1905 und 1916 entwickelte Relativitätstheorie von Albert Einstein zeigte ein neuartiges vierdimensionales Raum-Zeit-Kontinuum, in dem Raum und Zeit miteinander verschmelzen. Und allein der Name »Relativitätstheorie« spiegelte den neuen Zeitgeist wider und war Programm: Was in der Physik schon seit Galileo Galilei 400 Jahre lang diskutiert wurde, die Relativität, galt nun auch gesellschaftlich – alles war relativ.

Paradigmenwechsel

Das konnte man negativ sehen, das konnte man positiv sehen. Der positive Blick führte dazu, dass man sagte: Alles hat gleichen Rang, gleichen Wert, nichts steht über dem anderen, es kommt auf den Bezugspunkt an, alles liegt im Auge des Betrachters, jedes Phänomen hat seine Berechtigung. Widersprüche werden neu gesehen, sie sind in der Balance durch ihre Gleichwertigkeit. Es begann ein Grundlagenwechsel in der Weltsicht, ein sogenannter Paradigmenwechsel. Es galt jetzt das Paradigma der

Gleichwertigkeit. Das machten anfangs noch nicht allzu viele Zeitgenossen mit, aber eine neue Zeitströmung hatte begonnen.

Gleichberechtigung der Frau

Die Gleichwertigkeitsidee flutete in die gesellschaftlichen Räume. So forderten die Frauen ihre Gleichwertigkeit ein. Sie wollten auch politische Gleichwertigkeit, und in Deutschland gab es seit 1918 das Wahlrecht für Frauen, andere Länder zogen nach. Es gingen immer mehr Frauen auf die Universitäten. Der Feminismus erstarkte. Schließlich gab es 1949 den Gleichheitsartikel im Grundgesetz: »Männer und Frauen sind gleichberechtigt.« Nach und nach übernahmen die Männer die Gleichwertigkeitsidee in ihre Einstellung zu den Frauen, und das heutige »Ein Nein ist ein Nein« ist noch nicht der Endpunkt.

Zweiter Weltkrieg

Durchschlagskraft erhielt die Postmoderne nach dem Zweiten Weltkrieg, als sich die Auflösung aller Werte katastrophal wiederholte. Holocaust, Atombombe, Kalter Krieg: Man fand sich in einer unsinnigen Welt wieder. So demoralisierend und destruktiv das alles auch war: ein neues Fundament – die Gleichwertigkeit aller Phänomene – schälte sich mit Nachdruck heraus. Als Haltung nun vieler Zeitgenossen. Die UNO als Völkergemeinschaft der Gleichwertigen wurde gegründet.

Entkolonialisierung

Die Gleichwertigkeit von Weiß und Schwarz begründete die Entkolonialisierung, die Völker Afrikas erhielten ihre Unabhängigkeit zurück. Was ohne eine psychische Umorientierung der

Weißen nicht zustande gekommen wäre. Die Sicht, dass Weiße und Schwarze gleichwertig sind, entfaltete politische Wirkung. Und heutzutage gibt es keine Negerküsse mehr, sie heißen Schokoküsse, die Gleichwertigkeitsidee der Postmoderne geht in die Nuancen.

Ökumene

Seit dem Zweiten Vatikanischen Konzil 1962 erstarkte der ökumenische Gedanke, der von der Gleichwertigkeit der Konfessionen ausgeht. Das war ein unerhörtes Unterfangen aus historischer Sicht, denn früher gab es Mord und Totschlag wegen religiöser Differenzen. Es gab vor 400 Jahren den Dreißigjährigen Krieg, der als Religionskrieg begann, und jetzt fanden gemeinsame Gottesdienste statt. 1943 heirateten mein katholischer Vater und meine evangelische Mutter. In meiner Familie gab es in Glaubensdingen Eintracht und Frieden, auch von der großelterlichen Seite her. Ich bin in dieser ökumenischen Gleichwertigkeit aufgewachsen.

Ökologie

Dann die ökologische Umwälzung seit 1970. Wir verstehen uns heute als Teil der Natur, als Teil des Ganzen, als achtsame Bewohner des Planeten. »Macht Euch die Erde untertan« ist vorbei, es ist gleiche Augenhöhe angesagt. Tschernobyl und die Klimakrise weisen uns unseren Platz zu.

Kinder- und Klassenzimmer

Der postmoderne Impuls mit seiner grundlegenden Gleichwertigkeit ist ein Grundpfeiler meiner Identität. Im Lehrerstudium wurde ich damit konfrontiert, Kinder zu erziehen. Ich sollte sie als unfertige Menschen ansehen, die mit meiner Erwachsenenhilfe vollwertige Menschen würden. Da rebellierte meine Gleichwertigkeitsidentität, meine postmoderne Grundposition lief Sturm: Die Gleichwertigkeit gilt doch nicht nur bei Männern und Frauen, Weißen und Schwarzen, Katholiken und Protestanten, Mensch und Natur, sondern auch zwischen Erwachsenen und Kindern, im Kinderzimmer und im Klassenzimmer! Anders war das mit mir nicht zu machen. Ich war verblüfft und konsterniert. Und perplex, dass ich da so alleine stand.

Postpädagogische Beziehungen

Aber ich habe mich nicht beirren lassen. Ich war, bin und bleibe ein Kind der Postmoderne, egal, wie alt ich bin – und *alle* Kinder sind aus postmoderner Sicht vollwertige Menschen. Nie im Leben müssen junge Menschen erst zu vollwertigen Menschen gemacht werden! Der erzieherische missionarische Formungsauftrag wird vom Children's Rights Movement, der Antipädagogik und der Amication als kultureller Imperialismus und Adultismus erkannt, abgelehnt und durch postpädagogische Beziehungen auf gleicher Augenhöhe ersetzt.

Große Ebene

Es gilt das Paradigma der Gleichwertigkeit, dies ist das Grundelement der Postmoderne. Anschaulich dargestellt im Bild der Großen Ebene, auf der alle Phänomene versammelt sind. Alles: Dingliches und Nichtdingliches, alles was da so kreucht und fleucht. Steine, Tiere, Pflanzen, Liebe, Hass, Schönes, Hässliches, Kluges, Dummes, Helles, Dunkles, Heilige, Räuber, Ärzte, Mörder, Schokolade, Senf, Nudeln, Stickzeug, rechtsrum, linksrum, vor, zurück, Teufel, Gott und die Welt – einfach alles und jedes ist dort zugegen. Das Bild der Großen Ebene. Dort gilt die Gleichwertigkeit, alles hat gleichen Rang, nichts ist über dem anderen, nichts ist unter dem anderen.

Orientierung

Wenn nun alles gleichwertig ist – rechts herum zum Bahnhof oder links herum oder gar kein Bahnhof, Rauchen oder nicht Rauchen und so weiter und so fort – wonach soll man sich denn dann richten? Gibt es eine Orientierung? Nun, in dieser großen Vielfalt wählt der Einzelne aus nach der Frage: »Was ist für *mich* richtig? Welchen Weg will *ich* in dieser großen Vielfalt gehen?« Der Einzelne hört auf sich, in sich, orientiert sich an sich und seinen Werten und seinem Wissen und seinen Heiligkeiten. Also: links herum zu Bahnhof und kein Rauchen. Was ja gleich anders sein kann als eben, aber jetzt ist es so.

Persönliche Verantwortung

Die große Vielfalt der Postmoderne wird somit erweitert und spezifiziert durch die persönliche Verantwortung des Einzelnen. Es gibt somit nicht eine Beliebigkeit, die endlos ist und ins Chaos führt, sondern die Vielfalt wird orientiert und ausgerichtet: An dem, was dem Einzelnen wichtig ist. Damit wird die Gleichwertigkeit nicht aufgegeben, sie gilt uneingeschränkt. Es wird jedoch ausgewählt. Wobei das nicht herabsetzt wird, was nicht gewählt wird. Ohne all die anderen Möglichkeiten und Wege herabzusetzen wählt der Einzelne in der großen Vielfalt seinen Weg in seiner Verantwortung für sich.

Gut und Böse

Wirklich gut und wirklich böse?

Gibt es das Gute und das Böse wirklich? Tja, in der Postmoderne gilt die Gleichwertigkeit, und von daher gibt es kein wirkliches Gut und Böse. Gut und Böse stehen sich gleichwertig gegenüber. Es gibt keine objektive Oben-Unten-Bewertung, es gilt deswegen nicht: das Gute steht über dem Bösen. Wenn etwas geschieht, wird – postmodern – rein subjektiv Stellung bezogen, etwas ist *für mich* gut oder *für mich* nicht gut. Wobei das, was für mich nicht gut ist, nicht herabgesetzt wird. Es wird nur nicht von mir gewählt. Meine Bewertungen bleiben subjektiv und werden nicht zu einem objektiven Urteil. Die Fragen: »Ist das jetzt *wirklich* gut?« und »Ist das jetzt *wirklich* böse?« werden nicht mehr gestellt.

Hintergrund

Wie ist es eigentlich zu Gut und Böse gekommen? Ich habe mich mit der Entwicklung des Paars Gut und Böse ausführlich be-schäftigt. Besonders aufschlussreich fand ich das Buch von Ge-rald Messadié »Teufel, Satan, Luzifer: Universalgeschichte des Bösen«. Gut und Böse gehören zu unserer Kultur. Aber unsere Kultur hat ihre Geschichte und ihren Hintergrund. Ich stelle meinen Flug über die Jahrtausende vor, meine Tour d'Horizon der kulturellen Entwicklung von Gut und Böse.

Die Dämmerung

Hier, wo wir leben, ist ursprünglich europäisches Waldland ge-wesen, mit den europäischen Waldvölkern. Fern vom Äquator auf der Nordhalbkugel der Erde, mit Morgendämmerung und Abenddämmerung. Es gibt eine lange Dämmerung mit einem fließenden Übergang von Hell und Dunkel. Kein scharfer Gegensatz. Die aus der Natur kommende Welterfahrung unserer Vorfahren war die der langsamen Übergänge.

Kontinuum der Übergänge

Der Tag gleitet abends langsam in die Nacht, die Nacht gleitet morgens langsam in den Tag. Dieser Rhythmus war das verlässliche alltägliche Grundmuster, die Natur trat nicht gegensätzlich in Erscheinung. Abruptes und Plötzliches kommen vor, sind aber eingebettet in das Kontinuum der Übergänge. Leben und Tod sind wie Hell und Dunkel trotz der Unterschiede keine Gegensätze, sondern Teil der Einheitlichkeit des Lebenskreises. Zwar verschieden, aber wie alle anderen Phänomene von gleicher Art. Es gibt nur gleichwertige Erscheinungen des Lebens und keinen Oben-Unten-Gegensatz.

Kosmos der Gleichwertigkeit

Diese fundamentale Naturerfahrung wirkt sich auf die Deutung der Welt aus. Und auf das Handeln in der Welt, auf das Zusammenleben der Menschen und ihre Werte und Ethik. Und weil die grundlegende Naturerfahrung der Menschen damals nicht gegensätzlich war, bildeten sich in ihrer geistigen Welt auch keine Oben-Unten-Gegensätze aus. Das Denken in objektiven Gegensätzen lag nicht an, dies zu bewirken fehlte ja die Welterfahrung. Mithin entstanden gar nicht erst ein objektives Gut und Böse, Gutes oben und Böses unten. Wenn getötet wird, geschieht dies in einem Kosmos der Gleichwertigkeit, ohne Herabsetzung, mit Achtung und Wahrung der Würde. Einem Regelverstoßer gebührt Respekt, auch wenn er hingerichtet wird. Gleichwertiges Handeln im Lebenskreis.

Wüstenland

Unsere heutige Kultur – die Kultur, in der wir leben – ist die christliche, wie direkt oder indirekt auch immer. Diese Kultur stammt aus einer anderen Weltgegend, aus dem Wüstenland des Orients. Dort, näher am Äquator, gibt es einen schnellen Wechsel von Hell und Dunkel, Tag und Nacht. Von Sonnenuntergang bis zur Dunkelheit dauert es eine Viertelstunde: so gut wie keine Dämmerung. Und es gibt noch einen anderen scharfen Gegensatz: Leben da, wo Wasser ist – Tod gleich nebenan, wo Wüste ist.

Gegensätzlichkeit

Die Gegensätzlichkeit ist dort Grundelement der Wahrnehmung, Tag für Tag. Und sie schlägt durch auf Ethik, Philosophie, Religion. Es gibt Oben-Unten als Grundmuster, objektives Gut und Böse, Schuldzuweisung oben und Schuldgefühl unten. In der Wüstenregion des Orients, aus dem das Christentum kommt, existiert eine gänzlich andere existenzielle Grundlage als bei den europäischen Waldvölkern.

Sumer

Es begann vor 5000 Jahren in Sumer, bei einem Volk im mittleren Osten, zwischen Euphrat und Tigris zu Hause. Die schriftlichen Überlieferungen aus Sumer – die ersten in der Menschheitsgeschichte überhaupt – belegen, dass dort eines Tages »Gut und Böse« als objektive Kriterien auftauchten. Der Hintergrund war, dass die Priester, die damals in einer Theokratie über das Volk herrschten, in Not gerieten. Die vielen Nachbarvölker bedrohten die Sumerer nicht nur machtpolitisch. Es bestand durch die vielen Einflüsse von außen auch die Gefahr, dass die Sumerer kulturell auseinandergerissen würden und der Staat von innen her zerfallen würde.

Erfindung von Gut und Böse

Um Volk und Staat zu konsolidieren, erfanden die Priester für das Volk Gut und Böse als übergeordnete objektive Mächte. Und jeder war verloren, der nicht an die Führung der Priester glaubte. Denn nur sie hatten die Kraft, das Seelenheil der Untertanen zu retten, nur durch sie konnte der Einzelne dem Bösen entkommen. Das funktionierte gut, und Sumer bestand noch etliche Zeit.

Altes Testament I

Sumer ging schließlich unter, Gut und Böse lebten in den Kulturen in unterschiedlicher Weise fort. Für den Siegeszug von Gut und Böse von Sumer bis zu uns ist nun das Alte Testament wichtig. Dort gibt es Gott und den Teufel. Der aufständische Erzengel Luzifer wird von Gott besiegt. Nach seiner Niederlage steht Luzifer zunächst in einem speziellen Verhältnis zu Gott. Wer der Verführung durch Luzifer, den Teufel, nicht widersteht und sündig wird, der fällt nach dem Tod an Luzifer. Luzifer ist also Partner von Gott, um die Menschen zu prüfen, und nimmt an der Ratsversammlung Gottes teil. Eine Win-Win-Situation für beide. Gut (Gott) und Böse (Teufel) befinden sich nicht in einem wirklichem Gegensatz wie in Sumer, sondern sie stehen sich gleichwertig gegenüber.

Altes Testament II

Dann gibt es im Alten Testament einen Bruchpunkt. Auf einmal ist da ein scharfer Gegensatz von Gott und Teufel, es gibt das wirkliche Gute und das wirkliche Böse. Das lässt sich im Alten Testament gut verfolgen (Buch Henoch). Was ist passiert? Das jüdische Volk war ebenso wie damals das Volk von Sumer in Gefahr, seine Identität zu verlieren, in kultureller Desorientierung.

Denn der Hellenismus war eine starke Strömung und er drohte die Macht der traditionellen jüdischen Priester und die jüdische Kultur zu zerstören. »Das Volk entgleitet uns.« Man erinnerte sich an uralte Schriften, an Sumer und daran, wie die Priester damals ihre Vorherrschaft gesichert hatten.

Garanten des Seelenheils

»Lasst uns Gott und Luzifer als Gegner etablieren. Luzifer soll als der wirklich Böse im Gegensatz zu Gott als dem wirklich Guten auftreten. Die Menschen sind dann in Gefahr, vom Teufel vereinnahmt zu werden. Wir werden für sie die Garanten ihres Seelenheils sein, so wie es damals in Sumer war. Wir sagen den Menschen, wenn sie ihrer Religion treu bleiben und unsere heiligen Lehren befolgen, sind sie gerettet und der Teufel bekommt sie nach dem Tod nicht. So werden wir unsere Macht festigen und unsere Religion und Kultur bewahren.«

Das Böse ist zurück

Das hat funktioniert. Im Alten Testament lässt sich die neue Position und »Aufgabe« Luzifers deutlich feststellen. Es kommt zu einer Festigung der Macht der Priester und zu einer Stabilisierung von Kultur und Staat. Und das Böse ist als wirklicher Gegensatz zum Guten wieder in der Welt.

Jesus

Für unseren Denkbogen kommt nun Jesus ins Spiel. Was er selbst erzählt hat, wissen wir nicht. Er hat nicht ins Mikrofon gesprochen, es gibt kein Video. Hat er den scharfen Gegensatz von Gut und Böse gelehrt? Oder doch das Böse nur als einen anderen Weg als das Gute gesehen, beides Werte auf einer gleichwertigen Basis? Viele seiner überlieferten Aussagen weisen in diese Richtung.

Paulus

Als Jesus gestorben war, wollten seine Freunde seine Lehren verbreiten. Haben sie von der Gleichwertigkeit und seiner Liebesbotschaft erzählt? Sicher. Aber einer von ihnen sah das ganz anders. Er war erst ein engagierter Gegner der Lehren von Jesus. Durch eine plötzliche Wendung seines Schicksals wurde er aber der glühendste Anhänger und Verfechter dieser Lehren: Paulus.

Paulustum

Paulus war gewohnt, im Gegensätzlichen zu leben und zu denken: erst ein scharfes Dagegen-Sein, dann ein scharfes Dafür-Sein. Damit die Verbreitung von Jesus' Lehren gut funktionierte, hat er entsprechend agitiert: Er setzte in die Lehre von Jesus das objektive Gut und Böse mit Nachdruck hinein: Gott, Teufel, Sünde, Schuld, Hölle, Erlösung, Paradies. Die Leute beeindrucken, das hatte in Sumer und im Judentum funktioniert, warum sollte das nicht auch jetzt funktionieren? Es klappte. Seine Schriften sind voll davon. Aber ist das noch die wirkliche Botschaft von Jesus? Das Christentum ist ein Paulustum. Nun ja, Paulus war erfolgreich, sein Christentum breitete sich im Römischen Reich aus.

Konstantin

Die römischen Machthaber waren nicht begeistert über den Erfolg der Christen und ihrer Lehre und bekämpften sie. Aber Kaiser Konstantin (+ 337) war ein wohlwollender Förderer der Christen. Das römische Reich war von vielen äußeren Feinden bedroht, und auch der innere Halt ging verloren. Die Götterwelt der Römer gab keine Gewissheit mehr. Konstantins Ratgeber empfahlen ihm, das Christentum zur Staatsreligion zu machen. Sie erkannten die stabilisierende Kraft dieser Oben-Unten-Religion. Und sie wussten um das ganze bedrohliche Angstszenario mit dem objektiven Gegensatz von Gut und Böse.

Staatsreligion

Konstantin war dagegen: »So etwas geht nicht, unsere Kultur hat eine ganz andere Grundlage. Unsere Götter verhalten sich wie wir Menschen, sie stehen nicht als Erleuchtete über uns, Götter und Menschen sind von gleicher Art.« Aber zum Schluss schwenkte er um, um das Reich zu retten. Er unterschrieb auf dem Sterbebett, dass das Christentum Staatsreligion sein sollte. Gut und Böse als objektiver Gegensatz war nun in der damaligen Welt fest verankert. Das Christentum stabilisierte die Verhältnisse. Als das römische Reich dann nach 150 Jahren doch unterging, blieb das nun weit verbreitete Christentum mit seiner Oben-Unten-Lehre weiter in der Welt.

Pelagius

Zwischendurch gab es um das Jahr 400 eine sehr grundsätzliche Auseinandersetzung über Gut und Böse. Zwei renommierte Kirchenleute stritten sich um die Deutungshoheit in dieser Frage. Der eine, Pelagius, ein britischer Laienmönch, war in keltischer Tradition verankert. Dort gab es keinen objektiven Gut-und-Böse-Gegensatz. Regelverstöße wurden geahndet, aber niemand wurde als Bösewicht gebrandmarkt und verlor seine Würde. Pelagius folgt diesem Grundsatz. Für ihn geleitet Gott jeden Menschen per Geburt durch einen Gnadenakt auf die Welt. Nach dem Tod braucht es keinen weiteren Gnadenakt, um ewiges

Seelenheil zu erlangen. Der Mensch kann von daher überhaupt nicht böse sein und als böse gedacht werden. Erbsünde und das Böse existieren nicht.

Augustinus

Ganz anders Bischof Augustinus: Selbstverständlich gibt es für ihn Gut und Böse. Der Mensch kommt per Erbsünde als sündiges Wesen auf die Welt, er kann dem Bösen verfallen. Um dennoch in den Himmel zu kommen, ist der Mensch nach seinem Tod auf einen zweiten, besonderen Gnadenakt Gottes angewiesen. Der Geburtsgnadenakt, mit dem Gott dem Menschen das Leben schenkt, reicht da nicht aus. Der Streit zwischen Pelagius und Augustinus spitzte sich zu. Es gab hierüber zwei große Versammlungen (Synoden) in Karthago und in Mileve. Bei der entscheidenden Abstimmung hatte Augustinus mehr Anhänger als Pelagius, der verlor knapp und war kaltgestellt. Augustinus ging als großer Kirchenlehrer in die Geschichte ein. Das ganze ist als »Gnadenlehre« Bestandteil der religiösen Überlieferung des Christentums, es gibt auch heutzutage noch aktuelle Abhandlungen darüber. Jedenfalls waren Gut und Böse als objektive Grundgrößen bestärkt und abgesichert.

Liebesbotschaft

Wie anders wären die Jahrhunderte verlaufen, wie anders hätte sich die Welt entwickelt, wenn Pelagius sich durchgesetzt hätte! Von den Kanzeln wären die Menschen bei jeder Predigt in einem positiven Selbstbild unterstützt worden. Dass sie Ebenbilder Gottes sind, dass es kein wirkliches Oben-Unten gibt, kein wirkliches Gut und Böse mit all seinen destruktiven Implikationen. Eine Hymne der Freude hätte die Menschheit begleitet! Keine Kreuzzüge, keine Hexenverbrennungen, keine Reformationskriege, kein Eroberungsgemetzel in Amerika, keinen Kolonialismus. Sicher Konflikte und geopolitische Machtspiele. Aber kriegerische Auseinandersetzungen mit Mord und Totschlag? Wenige? Viele? Überhaupt? Seit Jahrhunderten hätte sich die Liebesbotschaft Jesus' in das kulturelle Bewusstsein, in das Gefühl der Menschen, in gelebte Ethik, in die gesellschaftlichen Machtstrukturen eingebrannt. Die Welt sähe heute anders aus!

Karl der Große

Nun, wie ging es weiter? Als ein neuer Machthaber sich die Welt untertan machen wollte, es aber nicht so gut gelang, schlugen ihm seine Ratgeber das vor, was schon damals Kaiser Konstantin gesagte wurde: das Christentum als Stabilisationsfaktor zu verwenden. Als Karl der Große um das Jahr 800 die Völker rechts und links mit dem Schwert nicht so richtig unterwerfen konnte, wurde ihm geraten: »Zerstöre Deinen Feinden ihren inneren Halt, verbiete ihre Religion. Führe das Christentum mit Gut und Böse, Schuld, Sünde, Teufel und Erlösung ein. Das schwächt die Menschen in ihrem Selbstbewusstsein und Kampfeswillen. Sie werden abhängig von den christlichen Priestern.« Und sie erzählten von Sumer, dem Alten Testament, Paulus, Konstantin und Augustinus.

Gut und Böse triumphieren

Karl der Große ging darauf ein und nahm denen, die sich immer wieder wehrten, die innere Stärke und den Mut zu Aufruhr und Widerstand: Bei Todesstrafe war es fortan verboten, die traditionellen Gottheiten zu ehren. Die heiligen Stätten der Kelten, Germanen und Slawen wurden zerstört. Keine heiligen Quellen durften mehr besucht werden, auch das hochreligiöse Symbol dieser freien Waldvölker, die Irminsul, wurde zerstört. Gut und Böse triumphierten.

In alle Welt

Das Christentum, das eigentlich ein Paulustum war, begann seinen globalen Siegeszug. Im 15. Jahrhundert brachen die europäischen (Raub)Völker auf, die ganze Welt zu erobern. Mit ihren Segelschiffen befuhren sie den Globus und unterwarfen mit ihrer überlegenen Waffentechnik die indigenen Völker. Und sie trugen die christliche Oben-Unten-Religion in alle Welt: Von den Kanzeln der Kirchen hörten die Leute, dass sie Sünder seien, dass es tatsächlich Gut und Böse gäbe, dass sie erlöst werden müssten. Obwohl sich die Zuversicht, ein Ebenbild Gottes zu sein, nicht aus der Welt schaffen ließ und auch die christliche Liebesbotschaft eine wichtige Rolle spielte, waren Gut und Böse der Grundton, der sich bis heute durch die Jahrhunderte zieht.

Das letzte Wort

Das Christentum hat sich durchgesetzt – und seit 2000 Jahren ist das objektiv daherkommende Gut und Böse in immer mehr Weltregionen zum Standard geworden. Aber das Paar Gut und Böse als gegebene Tatsache des Lebens, als objektiver Gegensatz in unser Weltwahrnehmung – das muss nicht das letzte Wort sein. Es ist *eine* Sichtweise auf das Geschehen ringsum, und es hat einen Hintergrund. Man kann das, was geschieht, auch ohne diesen Gegensatz wahrnehmen. Ich jedenfalls habe mich von dieser überkommenen Gut-oben-Böse-unten-Sichtweise gelöst. Ich bin in der Postmoderne mit ihrem Paradigma der Gleichwertigkeit zu Hause. Hier ist einfach mehr Glück und Frieden.

Publikationen

Lange Zeit bin ich nicht zum Bücherschreiben gekommen. Ich wollte lieber Vorträge halten, und rund 2000 sind es im Laufe der Zeit dann ja auch geworden. Die hier aufgeführten Texte sind also schon vor einiger Zeit erschienen, inhaltlich jedoch aktuell und geben meine Ansichten gut wieder.

Ich stelle eine Auswahl meiner Publikationen vor und erläutere sie mit den von mir verfassten Verlagsbeschreibungen. Meine Publikationen sind im Amication – Förderkreis e.V. (vormals Freundschaft mit Kindern – Förderkreis e.V.) erschienen und werden auf der Website des Förderkreises beschrieben (www.amication.de), teilweise mit Leseproben. Alle Publikationen sind im Buchhandel erhältlich, können aber auch direkt vom Förderkreis bezogen werden (aktuelle Bestelladresse auf der Website).

Die Publikationen enthalten die Fachausdrücke für meine Ideenwelt: Amication, amicativ. (»Amication« habe ich in der Einführung erklärt.)

Amication – Erste Informationen
Unterstützen statt erziehen / Ich liebe mich so wie ich bin
Broschüre. 36 Seiten. Münster 2006
ISBN 978-3-88739-020-4. EUR 5,-
Die Broschüre zum Vorstellen und Weitergeben. Was ist Amication? Woher kommt Amication? Wer vertritt Amication? Mit einer ausführlichen Vorstellung amicativer Literatur.

Grundlagen der erziehungsfreien Lebensführung
Anthropologisch-philosophische Grundpositionen der Amication
Broschüre. 36 Seiten. Münster 1997
ISBN 978-3-88739-017-4. EUR 5,-

Die Broschüre enthält eine Einführung in den amicativen Gesamtzusammenhang und ist als Ersteinstieg gedacht. Die »Grundlagen« sind verständlich geschrieben und richten sich an jeden Neuinteressenten.

Amication live
Die neue Welt des Kindes – Unterstützen statt erziehen
Audio-CD. 78 Minuten. Nienhagen 2008
ISBN 978-3-88739-033-4. EUR 5.-
Auch kostenfrei zu hören auf der Website des Förderkreises, www.amication.de.
Was bedeutet es, wenn man Kinder einmal ohne Pädagogik und Erziehung sieht, was passiert, wenn man ihnen auf gleicher Augenhöhe begegnet? Die Mitschnitte der CD entstanden auf einem Vortrag vor Schülerinnen der Bundes-Bildungsanstalt für Kindergartenpädagogik in Klagenfurt in Österreich. Hubertus von Schoenebeck stellt sein Konzept einer Beziehung ohne Erziehung vor und geht auf Statements und Fragen der Schülerinnen ein. Er berichtet dabei auch von Erlebnissen aus seinem Forschungsprojekt.

Kinder der Morgenröte
… unterstützen statt erziehen …
Taschenbuch. 142 Seiten. Nienhagen 2004
ISBN 978-3-88739-025-9. EUR 9,80
Dies ist das grundlegende Buch zur erziehungsfreien Theorie und Praxis und die erste Empfehlung zur Information über den amicativen Umgang mit Kindern. Was charakterisiert eine erziehungsfreie Beziehung? Wie sieht die erziehungsfreie Praxis aus? Wie kann man damit anfangen? Aus der Fülle langjähriger Erfahrung erziehungsfreier Kommunikation wird den vielfältigen Fragen zum amicativen Leben mit Kindern nachgegangen.
Ein anrührender Prolog und viele anschauliche Beispiele eigener Praxis runden dieses persönlich geschriebene Sachbuch ab.

Text der Buchrückseite: »Kinder und Morgenröte – machtvoller Aufbruch, voller Leben, das längst begonnen hat und sich selbst gehört. Wir, einst früher Tag gewesen, können neu verstehen lernen, welche Aufgabe uns das Leben zugewiesen hat.«

Amication – Themensammlung

100 ausgewählte Aspekte amicativer Thematik
Taschenbuch. 298 Seiten. Nienhagen 2004
ISBN 978-3-88739-024-2. EUR 15,80

Die Themensammlung ist ein Reader zur Amication mit 100 Texten über Theorie, Praxis, Erleben, Kinder, politische Emanzipation des Kindes, Wahlrecht für Kinder, Schule, Erwachsene, Selbstliebe, Partnerschaft, Ethik, Emotionalität. Jeder Aspekt ist mit einer signifikanten Überschrift versehen und durch ein übersichtliches Inhaltsverzeichnis leicht zu finden.

Die Themensammlung gibt zu einzelnen Aspekten konzentriert Auskunft, schneller als dies ein breit angelegtes Buch leisten kann. Und sie ist auch ein Lesebuch für alle, die sich nur hin und wieder mit der amicativen Thematik beschäftigen wollen.

Die antipädagogische Argumentation

Antworten auf pädagogische Kritik
Taschenbuch. 280 Seiten. Münster 1996
ISBN 978-3-88739-030-3. EUR 14,80

In diesem Buch werden 30 Einwände fundiert beantwortet, die von Erziehungswissenschaftlern gegen die erziehungsfreie Theorie und Praxis erhoben wurden. Den ausführlich zitierten pädagogischen Textstellen stehen jeweils sorgfältig ausgearbeitete amicative Repliken gegenüber. Das anspruchsvolle Buch wurde für die wissenschaftliche Diskussion über das erziehungsfreie Konzept geschrieben und richtet sich an pädagogische Fachleute und interessierte Laien.

Es wird deutlich, weshalb dem pädagogischen Denken der erziehungsfreie Ansatz immer wieder entgleitet – entgleiten muss –, und wie faszinierend die Schlüssigkeit amicativer Argumentation ist. Dem Leser erschließt sich durch die unzähligen amicativen Überlegungen, Nuancen und Querverbindungen in den 30 Kritik-Replik-Paaren nach und nach das Gesamtbild des post-pädagogischen Projekts.

Ich liebe mich so wie ich bin

Der Weg aus Selbsthass, Ohnmacht und Egoismus
Taschenbuch. 152 Seiten. Münster 2002
ISBN 978-3-88739-026-6. EUR 9,80

Amication für Erwachsene: Dieses einfühlsame, mit Gedichten ergänzte Buch handelt von der pädagogischen Demoralisierung des Kindes und ihrer Überwindung. Rückblickend auf die Kindheit werden auf alte Fragen und Erlebnisse neue Antworten gegeben. Antworten, die einen von Erziehung und Selbsterziehung freien Weg zum Ich aufzeigen.

Ein Leben ohne Schuldgefühle und Selbstwertzweifel und zugleich voller beiläufiger Sozialität ist möglich! Die Selbstliebe wird als die uralte und zugleich postmoderne Kraft erkennbar, die einen jeden konstruktiv leitet und die auch im Umgang mit dem Anderen Bestand hat.

zauberpfade

Figurative Aphorismen
Gebundenes Buch. 162 Seiten. Münster 2001
ISBN 978-3-88739-031-0. EUR 14,80

Der Band enthält amicative Gedichte und Aphorismen. In poetischen Botschaften werden Situationen aus der Beziehung zu sich selbst und den anderen – Erwachsenen und Kindern – mitgeteilt. Ein Buch, das als Alternative oder in Ergänzung zur intellektuellen Rezeption dazu einlädt, ganz vom Gefühl her auf die neuartigen Aussagen der Amication zuzugehen.

Die Gedichte und Aphorismen sind figurativ gestaltet und fordern allein schon dadurch zum Assoziieren und Einschwingen heraus. Durch den festen Einband und das stimmungsvolle farbige Titelbild eignen sich die »zauberpfade« auch als ansprechendes Geschenkbuch.

Schule mit menschlichem Antlitz
Realität und Vision
Taschenbuch. 152 Seiten. Münster 2001
ISBN 978-3-88739-027-3. EUR 9,80
Hier wird in großer Breite und Tiefe die amicative Position zur Schule vorgestellt. Die Realität der Kinder, der Eltern und der Lehrer im Schulalltag aus amicativer Sicht. Wo liegt die wirkliche Macht der Eltern? Wissen Lehrer eigentlich, was sie tun? Welchem Leid sind die Kinder in der Schule ausgesetzt? Was lässt sich gegen die Schultraumatisierung tun? Hält die Schule vor den Menschenrechten stand? Wie kann eine Schule der Zukunft aussehen? Was kann ein Lehrer heute tun, damit die Schule kinderfreundlicher wird?
Auf diese Fragen gibt es unkonventionelle und überzeugende Antworten und viele praktische Tipps und Denkanstöße für Eltern und Lehrer. Doch Vorsicht: Das Buch lässt niemanden unberührt, es macht betroffen und ist keine leichte Kost.

Kinderkreis im Mai
Die Revolution der Schule
Taschenbuch. 258 Seiten. Nienhagen 2006
ISBN 978-3-88739-028-0. EUR 14,80
Dieses Schultagebuch ist eine Einladung, über die Schule einmal sehr grundsätzlich nachzudenken. Was bedeuten banale Anordnungen wie »Sitz still!«, »Konzentrier Dich!«, »Schlag Dein Buch auf!« eigentlich aus der Sicht der Kinder? Warum gelten für die Kinder in der Schule grundlegende Rechte wie Gedankenfreiheit, Meinungsfreiheit, Freizügigkeit, Körperliche Unversehrtheit nicht? Anhand von anschaulichen und nachdenklichen Tagebuchaufzeichnungen reflektiert der Autor sein Verhalten als Lehrer.
Ihm wird klar, dass er das Leid der Schulkinder durch sein unabwendbares Oktroyieren selbst verursacht. Er sucht und findet immer wieder neue und unkonventionelle Möglichkeiten, Kinderfreundlichkeit auf Schleichwegen in das Klassenzimmer

zu transportieren. Damit verlässt er die traditionelle Lehrerrolle und handelt als authentische Person. Und er sieht die Kinder nicht länger als »Schüler«, sondern als vollwertige Menschen mit eigener Personalität, eigenen Rechten und unantastbarer Würde. Ein spannender und bewegender Geheimbericht vom Innenleben der Schule.

Kinder in der Demokratie
Politische Emanzipation / Deutsches Kindermanifest / Wahlrecht für Kinder
Broschüre. 48 Seiten. Münster 2001
ISBN 978-3-88739-021-1. EUR 5,-
Dieser Text ist eine unverzichtbare Einführung für jeden, der sich über die politische Emanzipation des Kindes (Children's Rights Movement) informieren möchte. Im Deutschen Kindermanifest sind in einer Präambel und in 22 Artikeln die Bürgerrechte dokumentiert, die Kindern zustehen sollten.
Es wird der historische Zusammenhang dieser Bürgerrechtsforderungen aufgezeigt, und es wird deutlich, welchen Sinn es macht, die Forderung nach der Gleichberechtigung des Kindes heute zu erheben. In einem eigenen Kapitel wird das Wahlrecht für Kinder (Wahlalter Null) fundiert und ausführlich mit allem Pro und Contra vorgestellt.

Dissertation 1980
Determinanten personaler Kommunikation mit jungen Menschen – das Kommunikationsmodell Amication
Ergebnisse von Kleingruppenforschung mit Teilnehmern im Alter von drei bis siebzehn Jahren, basierend auf Kommunikationsvorstellungen von Carl R. Rogers und der Antipädagogik. Inaugural-Dissertation zur Erlangung des Grades eines Doktors der Philosophie im Fachbereich I »Erziehung und Sozialisation« der Universität Osnabrück, Abteilung Vechta.
DVD-ROM (PDF). 731 Seiten. Wienhausen 2023
ISBN 978-3-88739-036-5. EUR 5.-

Die Dissertation wurde 1980 erstellt. Hubertus von Schoenebeck überprüfte in einer 28 Monate dauernden wissenschaftlichen Feldstudie mit Kindern im Alter von drei bis siebzehn Jahren, wie amicative (erziehungsfreie, postpädagogische) Kommunikation realisiert werden kann. Er arbeitete im Anschluss an die Praxisphase des Projekts etwa 800 Größen für den erziehungsfreien Umgang mit Kindern heraus, die »Determinanten personaler Kommunikation mit jungen Menschen«.

Inhaltsverzeichnis

E-Mail-Adresse

Ich freue mich, wenn Sie mir schreiben:

Hubertus von Schoenebeck
amication@t-online.de